中华文化大博览丛书

古韵犹存的

岩画石窟

郭艳红　编著

中国出版集团　现代出版社

图书在版编目（CIP）数据

古韵犹存的岩画石窟 / 郭艳红编著. -- 北京 ： 现代出版社，2017.8
ISBN 978-7-5143-6502-3

Ⅰ．①古… Ⅱ．①郭… Ⅲ．①岩画—介绍—中国②石窟—介绍—中国 Ⅳ．①K879.42②K879.29

中国版本图书馆CIP数据核字(2017)第223454号

古韵犹存的岩画石窟

作　　者：郭艳红
责任编辑：李　鹏
出版发行：现代出版社
通讯地址：北京市定安门外安华里504号
邮政编码：100011
电　　话：010-64267325 64245264（传真）
网　　址：www.1980xd.com
电子邮箱：xiandai@vip.sina.com
印　　刷：天津兴湘印务有限公司
字　　数：380千字
开　　本：710mm×1000mm　1/16
印　　张：30
版　　次：2018年5月第1版　2018年5月第1次印刷
书　　号：ISBN 978-7-5143-6502-3
定　　价：128.00元

　　习近平总书记在党的十九大报告中指出："深入挖掘中华优秀传统文化蕴含的思想观念、人文精神、道德规范，结合时代要求继承创新，让中华文化展现出永久魅力和时代风采。"同时习总书记指出："中国特色社会主义文化，源自于中华民族五千多年文明历史所孕育的中华优秀传统文化，熔铸于党领导人民在革命、建设、改革中创造的革命文化和社会主义先进文化，植根于中国特色社会主义伟大实践。"

　　我国经过改革开放的历程，推进了民族振兴、国家富强、人民幸福的"中国梦"，推进了伟大复兴的历史进程。文化是立国之根，实现"中国梦"也是我国文化实现伟大复兴的过程，并最终体现在文化的发展繁荣。博大精深的中国优秀传统文化是我们在世界文化激荡中站稳脚跟的根基。中华文化源远流长，积淀着中华民族最深层的精神追求，代表着中华民族独特的精神标识，为中华民族生生不息、发展壮大提供了丰厚滋养。我们要认识中华文化的独特创造、价值理念、鲜明特色，增强文化自信和价值自信。

　　如今，我们正处在改革开放攻坚和经济发展的转型时期，面对世界各国形形色色的文化现象，面对各种眼花缭乱的现代传媒，我们要坚持文化自信，古为今用、洋为中用、推陈出新，有鉴别地加以对待，有扬弃地予以继承，传承和升华中华优秀传统文化，发展中国特色社会主义文化，增强国家文化软实力。

　　浩浩历史长河，熊熊文明薪火，中华文化源远流长，滚滚黄河、滔滔长江，是最直接的源头，这两大文化浪涛经过千百年冲刷洗礼和不断交流、融合以及沉淀，最终形成了求同存异、兼收并蓄的辉煌灿烂的中华文明，也是世界上唯一绵延不绝的古老文化，并始终充满生机与活力。

　　中华文化曾是东方文化摇篮，也是推动世界文明不断前行的动力之一。早在五百年前，中华文化的四大发明催生了欧洲文艺复兴运动和地理大发

现。中国四大发明先后传到西方，对于促进西方工业社会发展和形成，起到了重要作用。

中华文化的力量，已经深深熔铸到我们的生命力、创造力和凝聚力中，是我们民族的基因。中华民族的精神，业已深深植根于绵延数千年的优秀文化传统之中，是我们的精神家园。

总之，中国文化博大精深，是中华各族人民五千年来创造、传承下来的物质文明和精神文明的总和，其内容包罗万象，浩若星汉，具有很强的文化纵深，蕴含着丰富的宝藏。我们要实现中华文化的伟大复兴，首先要站在传统文化前沿，薪火相传，一脉相承，弘扬和发展五千年来优秀的、光明的、先进的、科学的、文明的和自豪的文化现象，融合古今中外一切文化精华，构建具有中国特色的现代民族文化，向世界和未来展示中华民族的文化力量、文化价值、文化形态与文化风采。

为此，在有关专家指导下，我们收集整理了大量古今资料和最新研究成果，特别编撰了本套大型书系。主要包括巧夺天工的古建杰作、承载历史的文化遗迹、人杰地灵的物华天宝、千年奇观的名胜古迹、天地精华的自然美景、淳朴浓郁的民风习俗、独具特色的语言文字、异彩纷呈的文学艺术、欢乐祥和的歌舞娱乐、生动感人的戏剧表演、辉煌灿烂的科技教育、修身养性的传统保健、至善至美的伦理道德、意蕴深邃的古老哲学、文明悠久的历史形态、群星闪耀的杰出人物等，充分显示了中华民族厚重的文化底蕴和强大的民族凝聚力，具有极强的系统性、广博性和规模性。

本套书系的特点是全景展现，纵横捭阖，内容采取讲故事的方式进行叙述，语言通俗，明白晓畅，图文并茂，形象直观，古风古韵，格调高雅，具有很强的可读性、欣赏性、知识性和延伸性，能够让广大读者全面触摸和感受中国文化的丰富内涵，增强中华儿女民族自尊心和文化自豪感，并能很好地继承和弘扬中国文化，创造具有中国特色的先进民族文化。

岩画古韵

古代岩画与艺术特色

北系岩画

我国古代北系岩画分布在今黑龙江、内蒙古、宁夏、青海、甘肃和新疆等省、自治区。其中，内蒙古阴山山脉、贺兰山北部、乌兰察布高原等地的岩画，多表现狩猎、战争、舞蹈等活动，描绘有穹庐、车轮、车辆等器物，还有天神地祇、日月星辰、原始数码以及手印、足印、动物蹄印等图像。

我国北方岩画作品风格写实，技法多是磨刻，主要反映了古代北方各狩猎游牧民族的宗教信仰、审美观念等方面的情况。

数量极其庞大的阴山岩画

　　在内蒙古巴彦淖尔市境内的阴山山脉中，东起乌拉特中旗的阿其尔山，西至磴口县的布敦毛德沟，东西横跨240千米的山地和草原的石壁上，镌刻、凿磨着精美的古代岩画，它们分布在153个区点上，共有

■原始人生活场景

5.3万余幅，是我国岩画数量最多的地区。

■ 狩猎的原始人

这些岩画分布面积广，题材数量多，内容丰富，艺术地表现了我国古代北方草原、山地狩猎游牧人的社会生活和意识形态，是中华民族艺术渊源的组成部分，他们像一颗颗璀璨的明珠闪烁着不朽的光辉。

早在5世纪时，内蒙古自治区乌拉特前旗、乌拉特后旗、乌拉特中旗、磴口县境内的阴山岩画就被北魏地理学家郦道元所发现，他在著名的《水经注》中做了详细的记述。这些记载是世界上对阴山岩画最早的记录。

阴山岩画分布非常广泛，最多的地方在乌拉特中旗南部的地里哈日山的黑山上，东西延伸5千米，仅此一处，岩画就有1000幅以上。

在地里哈日山东北不远的山南坡和山顶部也有大

《水经注》 6世纪我国北魏时郦道元所著，全书30多万字，详细介绍了我国境内1000多条河流以及与这些河流相关的郡县、城市、物产、风俗、传说、历史等。该书还记录了不少碑刻墨迹和渔歌民谣。《水经注》文笔雄健俊美，既是古代地理名著，又是优秀的文学作品。

■ 岩画

古韵犹存的岩画石窟

獯鬻 即匈奴，是一个或两个古代生活在欧亚大陆的游牧民族，他们在蒙古中心建立国家。后来内迁到我国中原的匈奴人在十六国时期成立地方政权。匈奴在夏朝时称"獯鬻"，商朝时称"鬼方"，周朝时称"猃狁""獯鬻"，战国后才称"匈奴"。公元前3世纪，我国的编年史上已清楚地记载了"匈奴"这个名词。

量岩画，和地里哈日山岩画毗连一起，成为一个岩画集中分布区。

此外，在地里哈日山西南约8千米的瓦窑沟北山，每隔2—10米或稍远一些便有一处岩画，总数在900幅以上。

其次，在磴口县的北托林沟山地的黑石上，一般2—3米就有一幅岩画，最远间隔不超过10米，其总数在500幅以上。

最密集的一个岩画群在默勒赫图沟一处迎北的崖壁上，由80个人头像组成。另一个在格和尚德沟中段的一块朝西的石壁上，由50幅个体画组成。

岩画面积最大的是乌拉特后旗大坝沟口西畔石头上的正方形岩画，面积达400平方米。

阴山岩画的创作年代可上溯到1万多年前，历经了十分漫长的岁月。阴山岩画题材之广、内容之丰，世上罕见。与其他岩画相比，阴山岩画的主要特点有：

岩画的作画时代跨度大，可分为旧石器时代晚期、新石器时代、青铜时代、战国时期、秦汉时期、南北朝时期、隋唐时期、西夏时期、蒙元时期、明清时期共10个阶段。

分布范围相当广阔，在全国十分罕见。阴山岩画分布在祖国北疆少数民族地区，在古代先后是獯鬻、土方、鬼方、林胡、楼烦、匈奴、鲜卑、突厥、回鹘、党项、契丹、蒙古等少数民族繁衍生息、游猎驻牧的地方，这里留下的大量岩画是他们的杰作，是他们生产、生活和生存的历史见证，再现了他们当时的审美观、社会习俗和生活方式。

题材内容十分丰富，在全国乃至世界各地已发现的岩画题材和内容，大多都可以在这里找到。

阴山岩画达到鼎盛是中原地区战国到汉代的一段时期。这些岩画

■ 模糊的山羊岩画

鹿 在古代被视为神物。古人认为，鹿能给人们带来吉祥幸福和长寿。作为美的象征，鹿与艺术有着不解之缘，历代壁画、绘画、雕塑、雕刻中都有鹿。现代不少街心广场、庭院小区矗立着群鹿、独鹿、母子鹿、夫妻鹿的雕塑。一些商标、馆驿、店铺匾额也用鹿，是人们向往美好、企盼财运兴旺的心理反应。

是当时我国北方的少数民族匈奴人创作的，许多岩画刻画了鹿的各种姿势，并且与内蒙古南部鄂尔多斯高原出土的匈奴铜鹿的形象相同。据郦道元在其所著《水经注》一书中的记载，岩画中一部分虎、马图形和鹿、马蹄印是在北魏以前雕刻的。

属于突厥风格的阴山岩画形成时间是从4世纪至10世纪早期，一些山羊图形的岩画与在蒙古国发现的唐代碑刻上的典型突厥风格的野山羊岩画相似。时间较晚的一组岩画属于蒙古、回鹘、党项等少数民族岩画。阴山岩画有相互重叠或新旧杂陈的现象，也有把早刻的图形加以补刻或增刻的痕迹。

但由于图形色泽、制作技术、画的风格特点不同，据此可以判断其年代的早晚。

阴山岩画大体上可以分为4个时代、5个时期：

第一代岩画，是旧时器时代晚期至青铜器时代中

■ 野马岩画

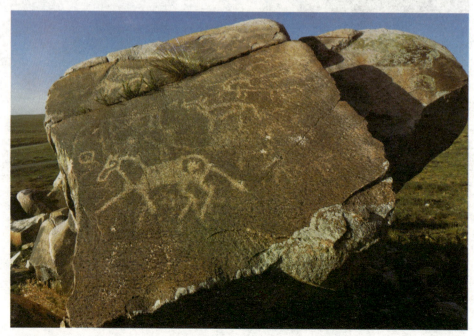

期原始氏族部落的岩画。这是岩画的鼎盛时期，数量多，分布广，制作认真。

第二代岩画，是春秋时代晚期至两汉时期匈奴人的岩画。

第三代岩画为中世纪岩画。这代岩画又可分为两个时期，即北朝突厥人岩画和五代至宋代回鹘、党项人的岩画。突厥人岩画数量较少、内容以表现家畜为主，其中山羊占有突出地位。

阴山岩画的表现手法有抽象化、图像化的特征。回鹘岩画的突出特点是用铁刃画刻而成，线条细而浅，题材多为仿前代作品，并有少数植物图案和回鹘文字。党项人岩画大多是敲凿而成，做工粗糙但色泽新鲜，多如新作一般，并伴有西夏文字，形象性很强。

第四代岩画是元代以后蒙古民族的作品，属近代岩画。岩画分敲凿岩画和颜料岩画两种。颜料岩画为蒙古民族特有，岩画内容除一部分反映生活、生产，如奔马、双峰驼、牧工图等之外，多数是与藏传佛教有关的图案。

阴山岩画的题材非常广泛、内容十分丰富，大致有以下几大类：

四不像岩画

古韵犹存的岩画石窟

■ 四不像 即麋鹿，又名"大卫神父鹿"，因为它头脸像马、角像鹿、颈像骆驼、尾像驴，因此称"四不像"，原产于我国长江中下游沼泽地带，广布于东亚地区。后来由于自然气候变化和人为因素，汉朝末年就近乎绝种。我国近年来建立了麋鹿保护区，种群数量不断增加，据统计有1000多头。

　　第一类是动物图像。动物与当时尚处于狩猎或放牧时代的游牧民族来说是息息相关的，它们是游牧民族主要的食物来源，而兽皮则用作缝制衣裳。

　　因此在岩画中，动物图像占的比例是最大的。其中有马、牛、山羊、长颈鹿、麋鹿、狍子、驼鹿、狐、驼、龟、犬、鹰等各种飞禽走兽。这些动物的刻画，大都采取了写实手法，一般都很形象而生动，有的甚至达到了写实与艺术的完美结合。

　　在乌拉特后旗有一幅群虎图，堪称是一幅精彩之作，九只老虎被刻画得栩栩如生，结构安排也很巧妙，浑然天成。

　　动物图像的代表作品是《动物百态图》，它分布在狼山炭窑口。

炭窑口是一个奇妙的地方，青翠的山脚下，一道红色的山岭由西向东延展开来，那散布着的石块宛如人工建造的防护堤，摞叠有序。

在那裸露的石壁、山崖上面，凿刻着许多十分生动的大型动物形象。有山羊、绵羊、羚羊、大角鹿、马、骡、驴、骆驼、野牛、野猪、狼、虎、豹、野驴、鸵鸟、四不像等，还有一些绝迹了的动物。

这些动物形象极具动感，或引颈长嘶，或回首短鸣，或慢步缓行，或四蹄腾跃；有的彼此含怒欲斗，有的相互舔吻亲热。

尤其半山腰陡壁上的一幅画有一头1米多高的骆驼岩画，由于崖壁坐北朝南，避开了猛烈的西北风的侵蚀，岩画保存得很好。那骆驼高昂着头，驼峰高耸，脚下踩着一只小动物，越发衬托出它的强健有力。

动物是古代草原民族赖以生存的衣食之资、生活之源，如此多的动物图像正是先民们对动物崇拜的印证。阴山岩画的动物图像极其丰富，占到总数的90%以上。除了炭窑口那些单独描绘的动物图像，大

■ 人物面部岩画

■ 人物岩画

古韵犹存的岩画石窟

多数的动物图像则是与当时的狩猎生活联系在一起。

第二类就是牧猎场景。在游牧民族生活中，行猎、放牧是他们维持生存的手段。在狩猎上，有单人行猎、双人行猎、集体围猎。猎人所用武器，主要是弓箭、棍棒。

行猎图中突出的一点是猎人必有所获。他们追捕的动物，每每带箭受伤，反映了作画者祈求收获的愿望。而放牧图一般布局比较匀称，并且动物排列有序，形状优美。

牧猎场景的代表作品是《围猎图》，位于磴口县托林沟的一块岩石上。画面上4个手持弓箭的猎人成扇形围住了一群野山羊，惊慌的山羊群朝一个方向奔逃，唯恐落单。画面气氛热烈而紧张，是先民真实狩猎生活的表现。

在遥远的年代，这样的岩画或许起着传授狩猎阵

阵法 指我国古代军队的野战队形，盛行于冷兵器时代，消亡于热兵器时代。我国最早的阵法，传说始于黄帝，黄帝为战胜蚩尤，从九天玄女那里学到天一遁甲阵法。我国古代作战是非常讲究阵法即作战队形的，称之为"布阵"。布阵得法就能充分发挥军队的战斗力，克敌制胜。

法的作用。

《双人猎》中，两个猎人拉满了弓，将箭射向一只长角羚羊。长角羚羊被技艺高超的射手追捕，自然无法逃脱，飞出的箭正中其头部和胸口。

猎人们已经是胜券在握，只等着挣扎的羚羊耗尽体力倒下。这样的画面生动地表现了作者作画时的激动心情，它寄托了那个遥远年代里的人们对生活的无限企盼。

狩猎图中，还有些带着原始宗教意味的内容。在乌拉特中旗吉公海勒斯太的石壁画中有一匹浑身中箭的野马，密如雨点的箭头插在野马的各个部位，反映出在弓箭狩猎时期，一弓一箭很难射死野马的实际生活内容。

第三类岩画是表现古代车辆画面的。车辆是山区

原始宗教 原始社会发展到一定阶段产生的以反映人和自然矛盾为主要内容的初期状态的宗教。人们以集体的力量和简陋的工具与自然界做斗争时，对自然界的千姿百态、千变万化得不到正确的理解。于是，恐惧与希望交织在一起，对许多自然现象做出歪曲的、颠倒的反应，把自然现象神化，原始宗教便从而产生。

■ 风雨侵蚀的岩画

■ 动物岩画

重要的交通工具之一，在某种程度上能反映当时的生产水平。

　　阴山岩画中，反映车辆的画面也为数不少，在磴口县西北的一座小丘下，凿刻有一幅《车辆图》，很具代表性，车辆的结构尚可辨认，由辕、轮、舆、轴构成，两轮大小稍有不同，左轮辐条8根，右轮辐条9根，舆作圆形，两毂间贯以车轴，辕在舆底轴上。联系其他画面，这车可能是用于载运猎物的，可见作画时期，山区车辆使用已相当普遍了。

　　第四类是描述战争场面的。古代部落间的战争，在历史上是很常见的，岩画中也多有所反映，阴山岩画的《战争图》也大都反映了某次重大的战役。

　　磴口县的格和撒拉沟有一幅《战争图》最为复杂，作品表现了部落之间的一场战争，画面用意明显，是在歌颂胜利的一方，这似乎是某一部落为了纪念某次战争胜利而特意制作的。

在乌斯太沟内还有一幅岩画，画面中"双辫长羽毛部落"和"光头部落"正在激战，前者挽弓搭箭，而后者却只持小腰刀。输的当然是"光头"一方，有的正在逃跑，有的身首分离，惨烈异常。整个画面胜败对比明显，很可能也是某部落为纪念一次战争胜利而特意刻下的记功图。

第五类是反映舞蹈场面的，随处可以见到。舞蹈是游牧民族生活的一个重要组成部分，因此舞蹈对于他们来说，不只是一种娱乐活动，在很大程度上还与巫术有关。

岩画中舞蹈的形式，有单人舞、双人舞、集体舞。磴口县西北部斯台沟岩画、乌拉特中旗的乌珠尔岩画都可以看见牧人的舞姿。他们在山色秀丽、风景优美的山沟中，在面向太阳的巨石上翩翩起舞。无论单人舞、双人舞还是集体舞，舞姿多是双臂高扬或双腿叉开。

他们或许是在庆功或许是在举行某种宗教祭祀仪式，或许也只是牧人们沉醉于那里自然景色的美好，来表露自己舒畅的心情吧！

■野鹿岩画

■ 牧人骑猎岩画

西夏文 又名"河西字""番文""唐古特文"，是记录我国西夏党项族语言的文字。西夏景宗李元昊正式称帝前，命大臣野利仁荣创制。3年始成，共5000余字，形体方整，笔画烦冗，结构仿汉字。曾在西夏王朝所统辖的广阔地带中，盛行了两个世纪。元、明两朝，仍在一些地区流传了大约3个世纪。

第六类是反映生殖的岩画，在阴山岩画中曾多次出现。在科学不很发达的当时，人们对生殖的原理还没有完全了解，但是为了祈求部落昌盛、人丁兴旺，这种思想也自然地表现在岩画中。

古老的年代有这样一种狩猎风俗，捕获到野物以后，猎人们一定欢呼雀跃，然后将猎物抬到石壁上留下一只蹄印，再由岩画艺术家加工成画，留作纪念。

也可能是某个猎手见到或猎获过一种动物，于是就在发现这种动物的地方刻下它的巨大蹄印，向其他猎手指示它的踪迹。

在磴口县西北默勒赫图沟的崖壁上，还有由80余个人头组成的圣像岩画。

据推测，这些可能是同一个部落中受人尊敬的已故长者或部落英雄。它们寄托着人们的怀念，也向后人讲述着部落的历史。

此外，还有用西夏文、回鹘文、藏文、蒙文记载的《书法图》、描写祭祀场面的《祈祷图》、描绘日月形象的《天文图》等，阴山岩画丰富的内容犹如一部记载游牧先民生活的岩刻图书。

阴山岩画的艺术魅力，无疑是来自它的质朴。在那还没有文字记载的年月，它是人们表达的重要方式，它融入了游牧先民最真实的情感，书写了人类文明史的动人一页。

岩画具有独特的价值，它以美术的图解形式，将古代居民的世界观，形象而真实地展现了出来。阴山岩画的发现，将缺乏文献记载的我国古代游牧民族的历史状况，生动地展示在人们面前，在我国岩画史上独具风格。

由于阴山岩画的题材广泛、内容十分丰富、文化内涵和底蕴又非常厚重，因此有的画面无法解读其中的秘密，也无法对岩画进行准确断代。

岩画的价值不仅体现在原始美术这一领域里，

■ 狩猎岩画

而且它融合了原始文化的各个方面，是原始社会的大百科全书。它之所以被称为"边缘交叉学科"，是因为它包含民族史、民族学、民俗学、语言学、原始宗教史、艺术史、经济史、神话学、哲学、天文学、美术史等各种学科内容。

岩画为这些学科提供翔实而形象的图像。它将对史前历史文化的深入认识，产生深刻的影响。同时，阴山岩画以图画的形式承载着我国北方民族自强不息、百折不挠的精神，蕴含着中华民族特有的文化价值，体现着中华民族旺盛的生命力和不竭的创造力，凝聚着中华民族杰出的智慧，是弥足珍贵的文物资源，是连接民族感情的纽带。

在中外岩画史上，像阴山岩画如此数量庞大的岩画群是极为罕见的，堪称我们中华民族古代艺术宝库中的瑰宝。

阅读链接

从郦道元之后的若干世纪里，再没有人去关注、报道过阴山的岩画。直至20世纪30年代末，中瑞西北科学考察团才发现了几幅岩画。对岩画的全面考察是从1976年开始的。

此后，每年都有许多专家、学者和游人到巴彦淖尔境内考察和参观，先后共发现岩画1万多幅，其中做过拍照和临摹的岩画有近千幅。

20世纪70年代末，内蒙古著名考古学家盖山林先生对阴山岩画进行了全面考察，前后历经10多年，拓描阴山岩画1500多幅，并于1986年出版了《阴山岩画》专著，系统、全面地介绍了阴山岩画的内容和艺术成就。

2006年，阴山岩画作为新石器至青铜时代石刻，被国务院批准列入第六批全国重点文物保护单位名单。

内涵深厚的贺兰山岩画

贺兰山位于宁夏平原西北部，是宁夏回族自治区和内蒙古自治区的界山，也是古代农耕民族和游牧民族生存与生活的交界之地。早在新石器时代，这里就有人类的足迹。贺兰山东麓分布着大量的岩画，

贺兰山岩画

■ 贺兰山特有的原始文字岩画

突厥 中亚和西亚等民族的主要成员之一。从古代就生活在我国北方新疆和青海等地，自远古以来就是北方民族与中原民族交错杂居的地带，各族人民间的往来，通过各种渠道，在这里汇聚，因此，北方游牧民族与中原华夏汉族之间相互区别而又相互依赖的历史文化，在这里融合。

堪称是我国游牧民族的艺术画廊。

贺兰山在古代是匈奴、鲜卑、突厥、回鹘、吐蕃、党项等北方少数民族驻牧游猎、生息繁衍的地方。在绵延250千米的贺兰山东麓，在南北长200多千米的贺兰山腹地，自北向南20多个山口内的悬崖峭壁上和山口外洪积扇的山地草原上，分布着数以万计的古代岩画作品。

古代的少数民族把他们生产生活的场景，凿刻在贺兰山的岩石上，来表现对美好生活的向往与追求，再现了他们当时的审美观、社会习俗和生活情趣。

原始先民锲而不舍地将史前游牧民族狩猎、放牧、祭祀、娱乐等生活场景，磨刻在亘古不变的岩石上，成为现代人回望过去的"刻在石头上的史诗"。

贺兰山古代岩画记录了远古人类在10000年前至

3000年前的生活场景，以及羊、牛、马、驼、虎、豹等多种动物图案和抽象符号，揭示了原始氏族部落自然崇拜、生殖崇拜、图腾崇拜、祖先崇拜的文化内涵，是研究我国人类文化史、宗教史、原始艺术史的文化宝库。

贺兰山岩画分布在贺兰山东麓3市9县共27个地点。其中银川市境内的贺兰山东麓共有12个岩画点，从北到南计有大西峰沟、小西峰沟、白虎沟、插旗口、贺兰口、苏峪口、回回沟、拜寺口、水吉口、滚钟口、红旗沟、柳渠口。

银川境内贺兰山岩画的分布，有着明显的地貌特征，一般分布在沟口内外山体上和沟口外洪积扇荒漠草原上。依据岩画分布状况，贺兰山岩画可分为3种类型：山前草原岩画、山地岩画和沙漠丘陵岩画。

在苏峪口以北至大西峰沟，岩画多分布在沟口内外的山体上，山前洪积扇荒漠草原上也有大量岩画分布。而苏峪口以南至柳渠口，山体岩画数量很少，荒漠草原上几乎没有

史诗 我国古代叙述英雄传说和重大历史事件的叙事长诗。是一种庄严的文学体裁，内容涉及历史事件、宗教或传说。史诗是人类最早的精神产品，在神话世界观的基础上产生，发展最终又是对神话思想的一种否定。根据反映内容，史诗分为创世史诗和英雄史诗。

021

磨刻技法

北系岩画

中国象形文字

中国象形文字

（距今约3000年前）

人工复原后清晰的岩画

岩画分布。

在沟口内外山体上的岩画，多集中在距离沟谷山根以上约10米的范围内，并呈片状分布。

这里最高处的岩画不超过50米，再向上则很少有岩画发现；沟口内的岩画，纵深分布在500米的范围内，数量以沟口为最多，越深入沟谷，两侧山体上的岩画就越稀少。

在山前洪积扇荒漠草原上的岩画，有"大分散，小集中"的分布特点，多数磨刻在可以移动的独石和出露地表的立石上。从沟口到洪积扇，岩画的空间布局明显地呈现出由密集到稀疏的扇状分布特征。

山前草原岩画主要分布于贺兰山北段的石嘴山市惠农县境内；山地岩画主要分布于贺兰山中北段，多凿刻于深山腹地的崖壁上；沙漠丘陵岩画主要分布于贺兰山南段卫宁北山。

石嘴山岩画具体又可以分为麦如井、黑石峁、韭菜沟几个小地区。

麦如井岩画是贺兰山最北端的一个岩画点，一般画面较小，多为个体图案，组合图案极少。画面以动物居多，也有个别的人物、植物或符号图案。岩画采用敲凿和划刻两种方法。

黑石峁岩画分布比较集中，主要采用敲凿法，少量为磨刻的图案，个别采用划刻法。

韭菜沟这一带的岩画中有虎的形象，形体强健，身体上饰有条纹装饰，由双钩刻线构图。另一种岩画内容是塔。

平罗县岩画具体可以分为龟头沟、白芨沟、大西峰沟3个地点。

龟头沟岩画多朝向西，并且保存得较差，相当一部分脱落或不清楚，基本上都用敲凿法，凿点大而深，图像粗糙而不规范，岩画内容以动物为主，也有个别人物图像。

白芨沟岩画的人物形象中有征战的乘骑者和狩猎的猎人；动物包括北山羊、蛇、狗等。这里的岩画还表现了生殖崇拜和太阳崇拜的内容。另有些其他标识

太阳崇拜 世界上的太阳崇拜有五大发源地：中国、印度、埃及、希腊和南美的玛雅文化。人类所塑造出的最早的神是太阳神，最早的崇拜形式是太阳崇拜。据《山海经》记载，我国的太阳崇拜起源于山东东部沿海的日照一带。整个珠江流域大多有太阳崇拜文化，特别以古骆越地为最，民间有祭天习俗。

023

磨刻技法

北系岩画

■ 简洁写实的狩猎岩画

羚羊岩画

古韵犹存的岩画石窟

■ 羚羊 我国古代《山海经》中《西山经》提到麢，就是现在的羚羊。其中藏羚羊是我国青藏高原的特有动物，生活于青藏高原广袤地域。在那十分险恶的地方，时时闪现着藏羚羊鲜活的生命色彩、腾越的矫健身姿，它们真是生命力极其顽强的生灵。

和符号。

大西峰沟岩画内容有人面像、人物和动物，岩画共有8个地点。

贺兰县岩画具体可以分为小西峰沟、白头沟、插旗口、贺兰口、苏峪口及回回沟。

小西峰沟岩画内容以动物为主，制作手法多为凿刻法，也有个别的使用磨刻方法。

白头沟岩画分布在叉子渠渠口的北山坡的拐弯处，均面向东南。凿刻了羚羊、岩羊、北山羊、飞雀等动物，还有牧马图，其中的人物系有尾饰。

插旗口岩画内容有人面像、符号和动物。

苏峪口及回回沟原有岩画200幅，但大部分岩画已被毁，现存的岩画仅有几十幅，以兀立山头巨大的贺兰口岩画题材多样、因位于贺兰山峰，人迹罕至、使得岩画保存完整，极少遭到人为破坏。《神牛图》最为著名。

青铜峡市岩画具体可以分为口子门沟、四眼井、芦沟湖、砂石梁、广武口子门沟砂石梁子山等地点。

口子门沟岩画内容以动物为主，制作手法为凿刻法。岩画主要散布在一座座山梁上，每一座山梁上的岩画数量都较少，而且比较分散。

四眼井岩画凿刻于贺兰山山体东侧的一道道的崖壁和岩石上，每一岩画点的岩画相对比较密集。

芦沟湖岩画散布在沟两侧山崖上。

砂石梁岩画石质为红色，作画于岩石自然平整处。

广武口子门沟砂石梁子山岩画位于贺兰山余脉的内蒙古阿拉善左旗头道乡与青铜峡市广武乡的连接处，凿刻着顶角的北山羊与狼，人骑、手印和脚印，等等。

中卫市沙坡头区地处黄河前套上首，邻临腾格里沙漠。主要有苦井沟、大麦地、东沟、钻洞子沟、大通沟等地点。

苦井沟岩画分布极广，也比较密集。几乎每一条岩脉上都凿刻有岩画。它的制作绝大多数使用的是敲凿法。

大麦地岩画有1000多幅。题材以动物为主，反映了狩猎和放牧的生活特点，除此之外还有星辰、西夏文题刻等内容。

东沟山沟呈南北走向，俗名为"中豁子口"。岩画分东

侧和西侧两个部分。

钻洞子沟岩画制作于山沟北侧的崖壁上面。内容包括羊群和马群、鹿和驼等动物；骑猎射猎的场面中有猎鹿和猎羊的情景，还有部落战争的场面；另有双人舞、符号和人面像等。

大通沟岩画有31组，凿刻着动物、人物与人面像或符号。

贺兰口岩画是贺兰山岩画中最主要的代表，内容丰富多彩。位于贺兰山中段的贺兰县金山乡境内，山势高峻，海拔1450米，俗称"豁子口"。山口景色幽雅，奇峰叠嶂，潺潺泉水从沟内流出，约有千余幅个体图形的岩画分布在沟谷两侧绵延600多米的山岩石壁上。

贺兰口岩画分布在沟谷两岸的断崖石壁上，以沟口北崖向阳的岩画数量居多。岩画保存情况不一样，位于沟崖北侧的岩画保存状况明显好于南侧的崖面。

贺兰口是贺兰山岩画最为集中的一处，内容绝大多数是人面像，另有人物和马、羊、虎、牛、驴、鹿、鸟、狼等动物。岩画以敲凿法和磨刻法为主。

从画面的风格、题材和内容及剥落的情况看，贺兰口岩画的凿刻延续时间很长。画面艺术造型粗犷浑厚，构图朴实，姿态自然，写实性较强。

岩画中人面像画面简单、奇异，有的人面长着犄角，有的插着羽毛，有的戴尖形或圆顶帽。表现女性的岩画，有的戴着头饰，有的维着发髻，风姿秀逸，再现了几千年前古代妇女对美的追求。

另外，还有的人面像，大耳、高鼻、满脸生毛，有的口衔骨头，有的面部有条形纹或弧形纹。还有几幅似一个站立人形，双臂弯曲，两腿叉开，腰佩长刀，表现了图腾巫觋的造型形象。

岩画中动物图形构图粗犷，形象生动，栩栩如生。有奔跑的鹿，有双角突出的岩羊，有奔驰的骏马，有摇尾巴的狗，有飞鸟的图形和猛兽的形象，有部分人的手和太阳的画面，还有原始宗教活动场面。

根据岩画图形和西夏刻记分析，贺兰口岩画是不同时期先后刻制的，大部分是春秋战国时期的北方游

巫觋 原始社会专门管理氏族宗教信仰，侍奉氏族里的鬼神，男的称为"觋"，女的称为"巫"。巫觋的特点被认为能通鬼神。人类刚刚有信仰时，还没有专门的执事人，当时的人大多都会施巫，随着氏族的出现，信仰活动的增加，氏族长才较多承担宗教事务，后来连氏族长也难以监管了，才出现了专门的巫觋。

磨刻技法

北系岩画

■ 贺兰山岩画独特风格的太阳神

贺兰山宗教岩画

牧民族所为，也有其他朝代和西夏时期的画像。刻制方法有凿刻和磨制两种：凿刻痕迹清晰，较浅；磨制法是先凿后磨，线条较粗深，凹槽光洁。

贺兰口岩画的题材、内容与表现手法都十分广泛，富有想象力，给人一种真实、亲切、肃穆和纯真的感受。众多岩画为我们了解和研究古代游牧民族的历史、文化、经济状况、风土人情提供了极为珍贵的文物资料，是一处堪称珍贵的"民族艺术画廊"。

贺兰口曾经是史前人类做祭祀活动的场所，贺兰口沟口内成片的人面像岩画，应该就是史前人类祭祀的神灵。就像在欧洲也有人面像岩画存在的石壁，人们称它为"圣像壁"。

在这面积不到1000平方米的沟谷两侧石壁上，集中分布有8处人面群像，而且每一处人面群像的构图风格、表现形式都不一样，人面的形象也不雷同，可能是不同氏族部落在不同时代制作的。

因此，远古时代，贺兰口作为不同氏族部落的祭祀场所，可能存在了几千年。

贺兰口最有代表性的一幅岩画是《太阳神》。这幅《太阳神》岩画是贺兰山岩画中的精品，它磨刻在距地面40余米处的石壁上，头部有放射形线条，面部呈圆形，重环双眼，长有睫毛，炯炯有神，看上去很威武。这就是古代游牧民族心目中的"太阳神"。

在远古时代，人们把畜牧的丰收、水草的丰茂，都归功于苍天的恩赐；而年景不好、缺吃少穿，则认为是上天对人类的惩罚。

太阳高居天体之上，主宰万物，所以人们特别信仰太阳，便把太阳人格化，刻画成岩画上的样子，表示对太阳的崇拜。

另一种可能，这是古代部落首领的头像，一些有功于氏族部落的首领也往往会被刻在石壁上，成为人们崇拜、祭祀的对象。

太阳神 世界各国都有太阳神。我国有太阳女神，这位太阳女神名叫羲和。我国最早的大百科全书《山海经》中有这样一个故事：东海之外，甘泉之间，有羲和之国。羲和国中有个女子名叫羲和，她是帝俊之妻，生了10个太阳。"太阳之母"就是关于羲和的传说之一。《楚辞·离骚》说羲和是太阳的赶车夫。

磨刻技法

北系岩画

■ 人物脸谱岩画

在这座山壁上，从上至下刻满了人面像，是贺兰口面积最大的"圣像壁"，有近60个人面像和30多个动物和符号，图形都十分清晰。这两幅人面像面部轮廓线之内的五官构成一个人的形象，是生殖崇拜的产物。

远古人很崇拜生殖巫术，这是当时人们改造自然、祈求人类繁衍、动植物繁殖的需要。

坎坷的人生经历，使他们意识到，冥冥之中有一种超自然的"力"在为难他们，这就是祖先的灵魂。

灵魂主要集中在头部，为了实现人口繁衍、动植物旺盛，他们不得不"迎合"和"抚慰"这些灵魂，人面像便成为灵魂的寄存之所，无穷无尽的生殖力便渊源于此。

在这幅人面像岩画旁边，还题刻有5个西夏文字，用汉字翻译是"能昌盛正法"，还有几个西夏文"佛"字和一个西夏文数字"五"。从刻痕上看，这些西夏文明显要比人面像晚很多年。

据分析可能是西夏时代在贺兰山游牧的党项人发现了这些稀奇古

贺兰山人面像岩画

怪的人面像，把它们认为是佛的化身，希望可以弘扬佛法，并保佑他们永世昌盛。这是西夏人对岩画的一种诠释。

贺兰山岩画不仅见证了生活在这里的少数部族的原始崇拜、生活场景，而且见证了贺兰山地区的人地关系演变。

贺兰山岩画是我国北方系岩画的重要内容，也是世界岩画的重要组成部分，以其时间跨度大、文化内涵深厚、表现形式丰富、分布区域集中、距离中心城市近而蜚声海内外，并以人面像岩画数量多且集中而在世界岩画中占有极其重要的地位。

■ 侵蚀后的岩画

阅读链接

1983—1992年，宁夏文物考古部门曾先后对贺兰山岩画进行过两次普查。1993年，先后出版了《贺兰山岩画》和《贺兰山与北山岩画》。

贺兰山岩画发现后不久，便在考古学界、艺术史学界、宗教史学界和民族史学界引起巨大轰动。1996年，贺兰山岩画被国务院公布为第三批全国重点文物保护单位。1997年，贺兰山岩画被联合国教科文组织国际岩画委员会列入非正式世界文化遗产名单。2002年，中外岩画专家召开"贺兰山岩画申报世界文化遗产研讨会"。

贺兰山岩画申报"世界文化遗产"有着重要意义，它对进一步发展宁夏文化及旅游产业起到积极推动作用。

分布范围广泛的青海岩画

青海地区幅员辽阔，山高水长，青海一直是多种文化交汇的地方。青海岩画便是这多种文化内容之一。青海共发现岩画15处，分布在海南、海西、海北和玉树等牧业区。

青海岩画的族属当是古代的吐蕃。岩画根据内容和时代可分成两类：动物岩画和宗教岩画。其中动物岩画的年代约在6世纪末和7世纪初；宗教岩画最早可上溯至晚唐。

青海岩画

动物岩画以海西蒙古族、藏族自治州天峻县江河乡的卢山岩画和格尔木市郭勒木得乡的野牛沟岩画为代表；宗教岩画则以玉树藏族自治州玉树县巴塘乡的勒巴沟岩画为代表。

勒巴沟藏语意为"美丽沟"。这里的自然风光神奇迷人，沟内有10多处岩画，勒巴沟岩画主要以佛像、菩萨、香客、瑞兽等为主。

勒巴沟岩画位于玉树境内的通天河畔。沿着通天河畔的一条山径来到这里，会让人同时产生两种截然不同的情绪体验：通天河的喧嚣、壮阔和勒巴沟岩画的静谧、神圣。

勒巴沟岩画面江而凿，处于勒巴沟沟口。勒巴沟内翁郁的草木，也难以掩盖住由岩画和不可胜数、遍布沟内的玛尼石刻散发出来的神秘气息。

从沟口唐末释迦像到后世打制的玛尼石，可以发现整个藏族宗教石刻的历史。

勒巴沟岩画共3个地点：

1号岩画画面镌有佛、菩萨、香客、瑞兽等。技法为阴线轮脚打击。佛为立像，低肉髻，身着通肩圆领大衣，右袒，衣服贴身。

菩萨均结跏趺坐。供养人的制作比佛小2/3。这幅岩画带有浓郁的晚唐汉族佛教造像风格。

2号岩画画面为佛教香客，发式为唐代侍女流行的双鬟抱面的抛家髻。衣服为唐开元、天宝年间流行的小翻领、对襟胡服。

这幅岩画的发现，对汉、藏历史上文化交流和唐

■ 勒巴沟麋鹿岩画

玉树　藏语意为"遗址"。玉树素有"江河之源""名山之宗""牦牛之地""歌舞之乡""唐蕃古道"和"中华水塔"的美誉。中华民族的母亲河长江、黄河和东南亚第一巨川湄公河即澜沧江均发源于玉树。

古韵犹存的岩画石窟

青海勒巴沟岩画

结跏趺坐 亦称"金刚结跏趺坐",略称"金刚坐"。又因其为佛禅定时常用之坐势,故亦名"禅定坐"。再以加两跌而坐,亦称为"全跏"。如来佛多为此坐,又称为"如来坐"。结跏趺坐,普通的有两种:一种为吉祥坐,另一种为降魔坐,坐法各不同。

蕃古道等方面的研究,弥足珍贵。

勒巴沟3号岩画为藏地制法,时代显然比1号晚得多。东、西石壁各刻画一菩萨,结跏趺坐。头戴宝冠,身披璎珞。

西壁菩萨上方用阴线打制出一飞天,身着披巾、璎珞。披巾因风荡起,翩若惊鸿,不禁使人想起这样的诗句:

妙手轻回拂长袖,高歌浩瀚发清商。

青海境内发现的岩画多以动物个体形象为主,只有玉树勒巴沟岩画散发出浓郁的宗教文化的神秘气氛,可以感受整个藏族宗教石刻的历史。

勒巴沟除了形态各异、栩栩如生的佛像、供养人像、香客外,到处还可以看到《无量寿佛经》《般若经》《忏悔经》《行愿经》和《六字真言经》的石刻经文。这些精美的岩画带有浓厚的唐代汉族佛教造型艺术风格。

卢山山丘位于江河右岸，海拔3800米，相对高度约40米。山丘南部地势开阔，水草丰美，岩画散布于山丘，在南山坡上30多块有平面的花岗闪长玢岩上。单独的、不相连的有面的岩石，即为一区，共31区。

卢山岩画有270幅个体形象，其中最大的为第一区，岩画约30平方米，画面约20平方米，上面有158个个体形象。最小的岩画仅数厘米，画面有一动物。

卢山岩画画面描绘的主要内容有动物、狩猎、战争、生殖及藏文字等。动物主要以牛、马、鹿、鹰、豹、狗为主，牛最多，鹿次之。

卢山岩画生动地反映了古老的柴达木文化，不仅

胡服 历史上称北方的民族为"胡"。指胡人所穿的衣服，即西北地区少数民族的服装，与当时中原地区宽大博带式的汉族服装，有较大差异。一般多穿短衣、长裤和革靴。衣身紧窄，活动便利，史称"胡服"。

磨刻技法
北系岩画

■ 狩猎岩画

■ 模糊的青海岩画

有很高的艺术价值，也有极高的学术意义。

　　凿画最早刻于魏晋至隋唐时期，下至吐蕃时期或晚唐时期。打制技法分为垂直打击法和阴线轮廓勾勒后加以磨光法两种。

　　另在卢山所在天峻县鲁芒沟内约4千米的东山根，也发现有3处不同形态的兽类岩画。整个场面以写实手法反映了高原动物群居生息的场面，作岩画时间在佛教盛行于当地的元明清代。

　　卢山岩画制作技法精致，绘制风格独特，表现内容广泛，画面上的动物神态灵活，生动逼真，有飞禽，有走兽，更多的是马、牛、羊等家畜。射猎图栩栩如生，活灵活现地刻画了古代先民的狩猎生活。

　　卢山岩画中的生殖图，采用象征手法，寓意深刻，是青海岩画中的珍品，既表现了刺激牲畜生产的巫术思维，也反映了吐蕃民族的文化观念。

　　动物以牛和鹿居多，牛的形态有被狩猎的牛和单

魏晋 是指我国东汉政权瓦解，三国到两晋的时期，也就是220—420年，魏晋是我国历史上政权更迭频繁的时期，这一时期我国文化的发展受到特别的影响。诸多新的文化因素互相影响，交相渗透，使这一时期儒学的发展及孔子的形象和历史地位等问题也趋于复杂化。

独静态的牛，在制作中对小头、大角、肩胛从艺术上做了夸张处理，突出了长形尾巴。对鹿角做了大胆夸张，枝杈打凿得很精细。

狩猎画面4幅，有车猎、单人猎、围猎三种方式，车猎为双辕驾马，人立车上，引弓如月。箭射向车后的野牛。为了形象地表达射猎的意图，制作者将箭矢飞行的弧线也打凿出来。

战争画面有2幅，两人站立对身，腰悬箭囊，两矢相连。

卢山岩画中还有生殖画面1幅，男为侧身，女为正面，突出了生殖器的部位。

卢山岩画在内容上要比野牛沟岩画丰富一些，如生殖、战争等场面。制作技法也不相同。其时代稍晚于野牛沟岩画。

卢山岩画多为倾斜轮廓打击法，而野牛沟岩画则多为垂直通体打击。卢山岩画的倾斜轮廓打击法往往施

吐蕃 7—9世纪时，我国古代藏族建立的政权，是西藏历史上创立的第一个政权。吐蕃和唐代虽然进行了长期的军事斗争，但友好往来一直是双方关系的主流。许多汉族人进入西藏，一些吐蕃贵族子弟也进入长安的国子学学习汉文化。汉文化的输入对吐蕃社会起了巨大的促进作用。

■ 狩猎岩画

■ 青海山崖的雪鹿岩画

护法神 简称"护法"，是佛教的护法者，拥护佛陀的正法。佛陀为顾虑末世会有诽谤正法、破坏寺塔者，就派请四大声闻、十六阿罗汉等护持佛法。梵天、帝释天、四天王、十二神将、二十八部众等听闻佛陀说法后，都誓愿护持正法，这些拥护佛法的众神被称为"护法善神"。

于与野牛沟相似的垂直通体打击法之上，即卢山岩画多为两期加工。或许由于时代稍晚一些，故在制作技法、绘制风格上，卢山岩画都比野牛沟岩画要精致。

卢山岩画的生殖图形打制得非常精细，而且生动形象。画面虽然有些漫漶，但其绘制意图却依然可以看得清楚。

野牛沟位于青海省海西格尔木市郭勒木得乡西北的昆仑山脚下，是一个峡谷地带。碧绿的野牛沟河不仅使野牛沟成为牧人们理想的牧场，同时也是野生动物的繁衍之地。

尽管由于野牛沟河水位下降，河流两岸的植被趋向沙化，但藏族先民们刻凿在石壁上的岩画则默默地告诉人们这里曾有过繁荣的历史。

野牛沟为当地牧民的夏季草场，因为在沟内野牛成群而得名。岩画所处的四道沟山梁东南至西北走向。约有200个个体形象。

牛的形象在野牛沟岩画中占很大的比例。除了少数处于被狩猎状态外，大多为单独的、静态的牛。

在藏传佛教寺院中，几乎所有的护法神都是以牛的形象出现。在玉树一带，许多玛尼石堆和住户大门上方都置放一个绘有六字真言的牛头枯骨。

显然，牛在草原游牧部落中，除了经济诸因素外，还带有宗教神祇的意味。牛以岩画形式出现，显然是受了吐蕃王朝初期佛教传入的影响。

野牛沟岩画系用铁制工具打凿而成，多为垂直通体打击，野牛沟岩画中犏牛驾车的凸凿平面图形，这种凿刻方式在其他地区极为罕见。

玛尼石 是我国藏族的传统民间艺术，大都刻有六字真言、慧眼、神像造像、各种吉祥图案，以期祛邪求福。玛尼石可组成为玛尼堆或玛呢墙，在西藏各地的山间、路口、湖边、江畔，几乎都可以看到。"玛尼"来自梵文佛经《六字真言经》的简称，因在石头上刻有"玛尼"而称"玛尼石"。

磨刻技法

北系岩画

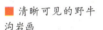

■ 清晰可见的野牛沟岩画

■ 湖里木沟的大角羊岩画

野牛沟岩画有藏传佛教的经文，也有反映早期居民生产、生活的，还有反映动植物的。岩画分布在约长100米，宽50米的地带内，是早期生活在这片土地上的先民生活画卷的生动、形象、真实再现，具有较高的考古价值。

湖里木沟岩画位于海南州共和县切吉乡然乎村东的青海南山山底，创作时间是6—7世纪，时跨中原地区的唐、宋、元3个朝代，有可能延伸到近代。

湖里木沟岩画数量多，内容丰富，是青海岩画的典型代表。岩画表现内容广泛，包括动物、人物、狩猎、放牧、植物、舞蹈以及性爱等方面的内容。岩画上还出现了藏文的吉祥文字、藏族特有的吉祥结和藏传佛教的法器的符号。

岩刻散布在湖里木沟长约100米、宽约40米黄褐

吉祥结 在我国是代表吉祥、富贵、平安的含义，经常出现于我国僧人的服装及庙堂的饰物上，是一个被视为吉祥的结式，因此得名为"吉祥结"。可寓意吉祥如意、吉祥平安、吉祥康泰。吉祥结为十字结之延伸，亦是古老装饰结之一，有吉利祥瑞之意。

色的一座山坡的山梁上。一块黛色巨石，横卧在半山坡的枯草与石子中，几万年的风风雨雨，使它变得光滑而圆润，岩石顶端的一道裂缝却那么扎眼，它深深地嵌进了巨石身躯中。

刻在岩石上的一头野牛，低着头，高高扬起尾巴，像是喷着响鼻低吼着，它的前蹄仿佛就要刨起脚下泥土，就那么愤怒地与眼前敌人对峙着，高高耸起的肩胛骨显示着它的高傲与不可侵犯，而从那健壮的四肢上，仿佛看到血脉在那一刻全然扩张。图边有岩刻羊、马等，同在一块草地上觅食，或在辽阔的草原上结伴同行。

岩画中还有鹿、蛇、狼、大角羊等野生动物的出现，勾画出一幅水草丰美，人与家畜和野生动物在一片蓝天下和睦相处的画面。

其中还有一幅舞蹈岩画，是众人手拉手舞蹈的场

法器 又称"佛器""佛具""法具"或"道具"。就广义而言，凡是在佛教寺院内，所有庄严佛坛，以及用于祈请、修法、法会等各类佛事的器具，或是佛教徒所携带的念珠，乃至锡杖等修行用的资具，都可称之为"法器"。就内义而言，凡供养诸佛、庄严道场、修证佛法，以实践圆成佛道的资具，即为法器。

041

磨刻技法

北系岩画

■ 湖里木沟的野兽岩画

古韵犹存的岩画石窟

吐谷浑 是我国古代鲜卑慕容一支，原为人名，4世纪初，慕容廆继为单于，与慕容吐谷浑不和，吐谷浑遂率所部西迁上陇，以此为据点，侵逼氐羌，成为强部。吐谷浑孙子时，由人名转为姓氏和族名。后被唐代征服，加封青海王。唐代中期，被吐蕃驱赶至河东，五代时期开始受辽国统治。后世与各民族融合。

■ 岩画

面，这与在大通和宗日发现的马家窑彩陶盆上的舞蹈场面非常相似，弥足珍贵。

岩画刻画在一排排高低起伏的细沙岩边上，这些岩画不是远古宗教的遗痕，更不是先民们浪漫的想象，而是一幅活生生的生活图景。

凡是游牧于柴达木的民族，不论西羌、吐谷浑，还是吐蕃、蒙古族，都曾在广阔的草原上留下了逐水草而牧的足印。

他们用灵巧的双手和简单的工具，在岩石上雕下了各种各样的图画，成为记载他们生产生活的宝贵文化遗产。

湖里木沟岩画是由利器雕琢于沙质岩面上的，雕痕最深达2毫米，由于这里独特的气候条件，岩画保存基本完好。

制作的方法是用钝器或花岗岩石块在比较平坦光滑的石头上雕刻，线条没有明显的凹陷。

古代岩画

由于石头和凿磨的线条都被氧化层所覆盖，它们之间的区别只是线条颜色深于石头，依稀可辨。

湖里木沟岩画有很高的学术意义，它弥补了游牧民族居无定所而造成的文物、文献史料不足的缺憾，丰富了中国古代文化宝库，并具有很高的艺术价值，是一个灿烂多彩的艺术"画廊"。

阅读链接

青海岩画最早是于20世纪70年代末在刚察县哈龙沟发现，并在《青海社会科学》上加以报道的；嗣后于20世纪80年代初，由原青海考古队对哈龙沟岩画从考古学角度重新加以考察，并与海西都兰县巴哈默力沟发现的一处新的岩画地点一起加以报道，发表在《文物》杂志上。

1985年，成立青海岩画考察队，对青海地区的岩画进行全面的考察。后来于1997—1998年又对岩画进行直接断代研究，并又进行了一些零星地点的调查和补查。

经过十几年，青海岩画的研究取得了显著成果。在国际岩画专门杂志上发表了10余篇论文，国内学术刊物上近20篇。此外，世界岩画艺术委员会所出版的《世界岩画丛书》也已将《青海岩画》包括进去。

游牧生活写照的甘肃岩画

　　甘肃省位于古丝绸之路，这里简直是一座巨大的艺术博物馆，珍藏了古老的先民图腾祭祀和凿石刻画，所创造的灿烂岩画，以很强的具象性，反映了狩猎时代的一个"横断面"。

■指纹岩画

最为著名的是肃北蒙古族自治县的古代岩画和嘉峪关市的黑山岩画，被人们统称为"祁连山岩画"。

肃北岩画主要分布在野马山北麓的大黑沟、野牛沟、灰湾子、七头驴、石包城灰山子一带，总计55组，图像300多幅。

其中以大黑沟最为丰富，内容大部分为射猎、放牧、练武、乘马、格斗等古代先民的生活场面，人物多戴阔边尖顶帽，身着束腰宽摆长袍。动物有梅花鹿、大角羊、野牛、大象、老虎、野骆驼等。

肃北县东南有一条长长的山沟，俗称"大黑沟"，沟坡长500米，表面陡峭，沟口的河岸两旁就分布着大量的岩刻画，已经发现的清晰可见的画面共有34组，图像190多幅。

这些岩画内容丰富多彩，有狩猎的画面、放牧的景象、练武的姿势、骑马作战的场面等，其景观令人目不暇接。点缀图中的动物都是生活在当地的野生动物，除梅花鹿、大角羊、野牛和野骆驼外，还有令人毛骨悚然的老虎、大象等动物。

在岩刻画的旁边还发现了岩刻画刻制年代的隋唐"开皇"年号和一些人名、题记，这些画面上的人物和动物的形象都是用某种工具敲

甘肃骑猎岩画

古韵犹存的岩画石窟

凿出来的，没有发现刀刻的痕迹。

在肃北县盐池湾乡东南的山川地带，有个叫小阿尔格力太的地方，也发现了岩刻画面，这些画面分布于沟口两边的悬崖上，共有画面9组，图像20余幅，其图像和绘制方法和大黑沟岩画类似，可见古代游牧民族中也是人才济济，他们在繁忙的劳动生产中努力寻求乐趣。

石包城乡东北的灰湾子，在沟口南也发现了两组岩刻画面，虽然这里画面少，但较其他地方所发现的要大得多，其中一组画面高1.6米，宽3米，两组画面共有图像22幅。

在石包城乡东北七头驴沟的岩刻画共有5组画面，图像74幅，画面雄伟壮阔，有的画面高4米，宽3米，其中骆驼图像长达94厘米。

石包城乡境内的两处岩刻画与其他地方的岩刻画都大同小异，主题也都是反映古代游牧民族的现实生活，可以想象到他们当时精湛的技艺、艰辛的付出。

著名的祁连山岩画《行猎图》大概作于春秋至汉代，是在石壁上敲凿出来的，画面高90厘米，宽170厘米。此图场面较大，刻5个猎人攻击一头野牛。猎人手持弓箭长矛，步步逼近野牛，野牛身躯壮大，彪悍凶猛，颇有一场恶战在即的气氛。一旁的山羊和梅花鹿等惊恐万状，四处逃遁，而较远处的山羊和长角鹿，还在山涧林中悠闲吃草。

这种多角度的画面，显示了作者对生活的熟悉和形象思维能力，无疑是这一地区岩画中的重要作品。围猎者身着长袍，足穿长筒靴，头饰尖状物，可能是这一时期活动在祁连山一带的少数民族。

嘉峪关岩画，主要分布在长约10千米的黑山峡谷。黑山，古称"洞庭山"，是马鬃山系的一个小支脉。这里曾经是古丝绸之路的交通要道，峡内南北两山对峙，山势陡峭，怪石嶙峋。

黑山岩画就分布在绵延2千米的黑山峡两侧的峭

游牧民族 游牧是指终年随水草转移进行游动放牧的一种粗放的草原畜牧业经营方式。游牧民族指的是以游牧为主要生活方式的民族，游牧文明在我国古代历史上占据着非常重要的地位，其与农耕文明的冲突与融合构成了我国北方边境历史的主题之一。

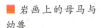

■ 岩画上的母马与幼兽

■岩画上的人物

壁上，古代先民在这里留下了153处岩画。凿刻技法虽极简单，但画境古朴，形象生动，粗犷有力，具有独特风格。

黑山岩画主要集中在四道鼓形沟、红柳沟、磨子沟、石关峡口等处，岩壁黑紫色，刻石较浅，手法古朴，风格粗犷，造型生动。画幅大小不一，画面有的一组由几层构成，有的则只是由一人或一两个动物构成。

黑山岩画形象生动、内容丰富，分人物和动物画像，其中动物有马、牛、羊、鸡、犬、鱼、鹿、虎、狼、蛇、龟、鹰、骆驼等。

而岩画所描绘的场面有舞蹈、狩猎、射雁、骑马、骑骆驼、虎逐牛羊、野牛相抵、狩猎、列队练武射箭等。其中狩猎分为单猎、围猎和群猎。

无论是与人们的日常生活密切相关的动物，还是在生活中常见的动物，都成了当时人们笔下乐于表现并反复描述的对象。画面生动地反映了古代牧民对精神生活的强烈追求。

而画面所反映出的人们的各种活动场面，更是丰富多彩，其中既有游牧民族赶着家畜放牧的场面，又有农闲时节狩猎的活动；既有列队射箭练武的操练演习场面，又有竞相射雁的实战操作；既有自然界生存竞争中虎逐牛羊的惊险情景，又有动物们为了争夺统治权而进行温和的角力场面，如野牛相抵。

而人们平时骑着马或骆驼四处走动，高兴时则欢聚一堂翩然起舞，在狩猎季节，除了个人的捕猎行为，常常还聚集众多的部落成员，进行大规模的围捕猎物的活动，所有这些日常生产生活情景，都构成了岩画画面所表现的重要内容。

黑山岩画不仅内容丰富，还善于表现大型的场面。如人们的狩猎活动，除了表现一人用弓箭射杀山羊或麋鹿的单猎活动外，更多的是表现群猎和围猎的场面。

如在四道沟岩画的一幅围猎图中，许多徒步引弓的猎人，围住了几只野牛和长角鹿，这些牛和鹿体态硕健，扬尾抵角，作困兽犹斗

磨刻技法

北系岩画

■ 岩画中的战争

猎岩画

古韵犹存的岩画石窟

状，于是除了猎人们赶快射箭之外，外围还有骑手引弓以待，防止它们突围，右侧还有人高声呼喊，呐喊助威。

在这一岩画群中，还有一幅大型的操练演武场景，堪称大型活动场面。整幅画面共分为上、中、下3层，共有30多人。

上层共有9人，其中2人横排列队而立，左起第二、第三人一手叉腰，一手向前伸出，其余人均双手叉腰，似在观看操练，而队前一人，面前竖立着靶标，手持弓箭，似在练习射箭。右后方站立一人，远远地观望。

中间共有12人，其中9人横排列队而立，他们一律都左手叉腰，右手握拳向前举起；右起第一人，手牵一犬而立；队前有2人，面前有靶状物，其中一人做练武动作；队伍左侧较远处有一人一手叉腰，似在远望。中间这一层的人物似乎在进行徒手进攻的练习。

下层共画有9人，其中6人横排列队，队前2人做练武动作，队后一人双手叉腰观看，这些人物形象大小不一、神情姿态各异，显示了丰富的表现力。

整幅图中人物的形象和衣着服饰具有鲜明的民族特色和浓郁的民族风情，人物头顶都竖立着高高的尖状饰物，在衣着上，有的长裙束腰，只露出双脚；有的身着短裙，显得灵巧轻便。

在另一些舞蹈场景中，热情的人们身着束腰长袍，头顶羽状饰物，叉腰扬臂，扭动身躯，或列队群舞，或单个独舞，富有生活情趣。所有这些画面，真实地反映了当时这一地区人们的生活情景。

石关峡岩石画中，还有4幅藏传佛教寺庙图画和古藏文遗迹，刻有佛像端坐于佛塔之中。

据考证，黑山岩画属羌族文化遗迹，对研究河西走廊古代羌族的社会生活与历史文化有很重要的价值。黑山岩画凿刻技法虽极简单，但画境古朴，形象生动，粗犷有力，具有独特风格。

吴家川岩画或称"刘川岩画"，位于甘肃省靖远县刘川乡境内的吴家川一带，原有南、北两处，现仅存一处。吴家川南处岩画遗存，位居张家台子，岩画凿刻于2米余高的破裂巨石裂缝断面之上，保存隐蔽，不易发现。

图画面积较小，图形

箭 又名"矢"，是一种借助于弓、弩，靠机械力发射的具有锋刃的远射兵器。因其弹射方法不同，分为弓箭、弩箭和掷箭。箭的历史是伴随着弓的产生，远在石器时代箭就作为人们狩猎的工具。传说黄帝战蚩尤于涿鹿，纯用弓矢以制胜，他是用弓矢之最早者。

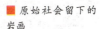

■ 原始社会留下的岩画

古韵犹存的岩画石窟

■ 岩画中的动物

戎人 我国春秋时期，有华夏和戎、狄、蛮、夷的区分。各诸侯国经济文化上较先进而自称"华夏"，他们把较为落后的小国或部称之为"戎""狄""蛮""夷"。亦称"西戎"。生活习惯、礼俗、语言的差异，把戎和华夏区分开来。但戎人中有姜姓、姬姓，显然他们和周人本为同族人，只是出于历史或文化的原因，使他们区别开来。

单一，个体为人骑马形象，线条简单，造型粗犷。由于石质表面剥蚀脱落严重，部分痕迹难以辨认。

北处岩画遗存，位居陈家沟内，小地名谷子地沟。此地周围遍布裸露的红砂石岩丘，岩画刻于一座巨大的粗质山丘上部的红沙岩面之上，自南向西分为两段，故而岩画有东壁、西壁两处。分布较集中。

东壁绘有羊、鹿、犬、马若干，鸟一只，这些动物有立者、行者、奔者，大小各异，方向不同。

其中大的一幅刻有一头多角马鹿，此马鹿身材高挑，四肢修长，大小甚至超过近旁之马，足见刻画之人对马鹿之敬畏。马鹿周围遍及大角羊，其绝妙之处，即为一鸟居于羊角之上，与羊形影相随，此中意境，令观者无不遐想翩翩。

西壁上部刻有人马各七，除一人作指挥状外，余皆奔而相追，可能为马术比赛现场。西壁下部刻有一戴冠之人骑于马上，侧旁一人为之牵引。两人左右有犬、羊、鹿为伴，似为唱颂部落之富足。

西壁中缝东面亦有一岩画，刻有大角羊及犬各一对，双双对峙，一拼高下之势呼之欲出。

据史料记载，在秦以前，靖远为古代我国北方少数民族戎人、羌人所占据。刘川乡一带地处黄河以北，背山面河，地势平坦，远在2000年前，这里水泽充沛，草木繁茂，是游牧民族的理想游牧之地，吴家川岩画即为那个历史时期人类游牧生活的真实写照。

在陈家沟，除了东壁、西壁岩画外，兀岩之处皆见残存画迹。均为人物、动物、植物、符号，内容丰富，造型奇特，笔触粗犷，技法老练。

其中，大角羊形象与天水市张家川县犬戎王大墓

羌人 曾是古东方大族，形成于青藏高原地区，是古中原地区最著名的民族共同体之一。从"三皇五帝"至春秋战国之际，"姜姓"族群在中原政治、经济等领域始终占有重要的地位，是"华夏族"的重要组成部分。实际上，"姜""羌"本是一字，因姓氏称之"姜"，作族名称之"羌"，以羊为图腾。

磨刻技法

北系岩画

■ 原始岩画

古韵犹存的岩画石窟

岩画头像

鞑靼 我国古代北方游牧民族名称，自唐迄元先后有达恒、达靼、塔坦、鞑靼、达打、达达之谓。鞑靼人一名，最早于5世纪出现于游牧部落中，活动范围在蒙古东北及贝加尔湖周围一带。鞑靼人与蒙古人一样，使用蒙古语，在蒙古部出现前，塔塔儿即鞑靼一词，代表说蒙古语的部落。

出土的青铜大角羊如出一辙，可见，吴家川岩画为西周至春秋时期戎族文化遗存。

甘肃省景泰县在历史上曾有羌戎、吐蕃、鞑靼、党项等民族在当地有过较长时间的栖居。他们都是能工巧匠，在岩壁或较平整的石块上，凿刻了许多颇为生动的岩画，展示了6000年前的人类活动。

景泰曾是古丝绸之路的必经之路，也是当时游牧民族从青藏高原通往蒙古高原的主要通道。历史上游牧民族长时间在这里生活，出现岩画是正常的。

景泰县正路乡彭家峡位于祁连山东部边缘，是一条南北走向的峡谷，河谷较宽，终年流淌着其他河道极其少见的河水。这里海拔2100米，山体陡峭，裸露的黑褐色玢岩石质坚硬，切面细腻平滑。

岩石被雨水淋透或被雾岚浸湿，就会发出黑油油的亮光。在这种岩石上绘制的岩画，图像分明，色调对比和谐，会给人留下过目难忘的印象。

彭家峡岩画坐东北向西南，最低处接近河床。岩画上的动物画法简洁，几乎达到了无法再简略的程度。景泰人把这些岩画上的动物一概叫作"板凳羊"，意思是说岩画里的羊就像板凳一样，只有四条腿一个面。其实这些动物很多是北山羊、岩羊和大角羊，大角羊也叫"盘羊"。

20多幅岩画自南向西弧形分布在面积约200平方米的零散石块上。岩画数量多而且形态各异，有北山羊、羚羊、岩羊、大角羊，还有猛兽和人物，还有大幅的难以认定具体表现了什么的抽象岩画。岩画个体形象逼真、栩栩如生，现场在群山之上、蓝天之下，规模宏大，场面壮观，撼人心魄。

经推断，这些岩画创作于6000—7000年前。岩画

党项 我国古代北方少数民族之一，属西羌族的一支。据记载，羌族发源于"赐支"或者"析支"，即今青海省东南部黄河一带。汉代时，羌族大量内迁至河陇及关中一带。他们以部落为划分单位，以姓氏作为部落名称，逐渐形成了著名的"党项八部"，其中以拓跋氏最为强盛。此外还有黑党项、雪山党项等部落。

■彭家峡盘羊岩画

■ 羚羊岩画

图腾 是原始人群体的亲属、祖先、保护神的标志和象征，是人类历史上最早的一种文化现象。社会生产力的低下和原始民族对自然的无知是图腾产生的基础。图腾就是一个群体的象征，主要是为了将一个群体和另一个群体区分开。由一个图腾，人们可以推理出一个族群的神话历史记录和习俗。

中所体现的围猎、交媾、舞蹈、图腾等展示了当时游牧民族的生活场景。它是用一种写实的手法记录了当时人们的一种生活现状，把狩猎的情况用原始的手法雕刻在岩石上。

我们勤劳的古人，以硬器密集点琢手法凿刻出深浅、大小不等、粗拙简朴的画面，真实地记录了当时人们生活中的所见所闻和所期所得。

景泰岩画中大多是羊、牛、鹿、虎、豹等动物图像，或单个或成群，最大的鹿身高60厘米，最小的山羊体长不及5厘米。在岩石平面，虽简为几笔或初具轮廓，却不呆板。

在一幅岩画上，一只体型硕大的猛兽被两个猎人前后堵截，周围的三条猎狗从中间部位扑向猛兽。就在猛兽即将扑倒前面猎人的一刹那，一个有明显男性特征的猎人把一柄长杆武器刺进了猛兽的脖子，后面的一个体形酷似女性的猎人也把一杆利器扎进了猛兽靠近臀部的背上。

如果这个猎手真的是一位女性的话，那么，这幅女人参与打猎的岩画就是非常稀有的珍品。

狗是狼经过长期的驯化，大约在中石器时代首先变成了家狗的。这幅狩猎图中绘有帮助猎人猎杀猛兽的狗，却没有弓箭，依据狗出现在中石器时代的理论，证明景泰县的这一处岩画至少是新石器时代之前的作品。

景泰岩画已经发现的大多分布零散，画幅无论大小，几乎都在靠近河谷的岸边岩石上，而这处罕见的山顶岩画规模之大、数量之多、画幅之精之美，堪称甘肃岩画之最。

其中有一幅岩画反映的是一个抽象的图腾图案，上面有一个圆心，形成一种浪花的感觉。这个地方正好处于沙河边缘上，有一眼泉水，证明过去在那个年代里面，这地方是水草比较茂盛的地带，这里有一条河流。

■甘肃图腾岩画

岩画群

　　在一块岩石的左上角，有一幅男女交媾图，表现了人的本能，也反映了远古草原民族渴望繁衍生殖、增强对抗自然的原始崇拜。

　　岩画前面是开阔的河道，太阳只要出来，每天都能照耀到这里。矗立在河岸上的岩画，似乎渗透着宗教观念，这里极有可能就是远古的一个祭祀场地，这些岩画或许就是祭祀场景的某种特殊符号。

　　人物岩画的出现，对这里是古人祭祀场所的猜想提供了有力的支持。岩画上有两个舞蹈状的人，一男一女，女的有尾饰。这是古代北方游牧人中最时尚的习俗，也是对动物的模仿。女人粗大的辫子漂亮地对称下垂，她的颈项细秀，腰肢纤柔，胳膊和手指夸张的修长，尽可能地伸展，双脚外撇，显得天真纯洁、婀娜有致。而这位男人，则显得健壮威猛、孔武有力。他们是在跳舞或是在祈祷。

　　在原始艺术中，舞蹈的功能大多是愉悦神灵、自我娱乐、欢庆狩猎成功。如果这里是祭祀场所，岩画上的男女双人舞大概是敬奉神灵的一种仪式。再一种可能是，这是一对巫师，他们在用舞蹈取悦至高无上的神灵，祈祷保佑他们的草原风调雨顺、部落繁盛兴旺。

在那个时代，并不是每一个猎人、牧人都能以高超的简约手法来进行岩画创作，尤其是这些写实形式的岩画。因此，这些画可能是受过某种训练的魔法师、巫师或者具有"沟通人神关系的特殊的神秘人物"创作的。

从岩画的痕迹来看，景泰岩画作画的方法主要有两种：其一是敲凿法，用硬器点琢成密集微凹的阴刻状；其二为磨刻法，在玢岩上磨成沟纹状，磨刻线条较粗，图形清晰，有的画面则为敲凿出轮廓后再进行的磨制。

从创作岩画的地点分析，这里是游牧民族在游猎放牧、祭祀祝福聚会之地，有山有水。景泰岩画在艺术技法上虽显粗劣，但有浓厚的北方游牧民族独特的风格和地方色彩，岩画中动物多，说明动物经常

岩画群

出没，见得多就刻画得多。

古代游牧民族岩刻画的共同特点：刻画在避风向阳的山坳的花岗岩或石灰岩上，多以凸刻和凹刻凿制，根据少数民族传统的生产和生活方式，可以猜测：在古代，游牧民族的生产和生活条件十分艰苦，牧场没有专门的房屋和畜圈，避风向阳的山坳可能就是他们的冬春牧场或畜圈所在地；人口相对集中，或是古代游牧民族集会的中心。

从岩刻画的图像中还发现，基本上都是人物、动物和植物，没有发现飞禽类，可能与古代作画民族的宗教信仰和风俗习惯有关。

古韵犹存的岩画石窟

阅读链接

在景泰县，还有一幅令人费解的大幅岩画，上面是一些圆圈。

景泰县博物馆馆长沈渭显认为，我们的祖先都是一些游牧民，他们在闲暇时间利用光线在上面凿了这些画，可能都是与太阳有关。以他的理解，它就是太阳图。

画家阚传好认为，第一个圈圈上面有个小鸟，雏形。后面中间那个稍微大一点的圆是鸟的身子，两边有连带性的两个小圈，恰好是鸟的翅膀，大圆的后面加了个半弧形是它的尾巴。

甘肃省白银市美术家协会副主席苏云来说，按他的理解，原始图案往往代表的是水。但你发现没有，那个图案里面有个方块，里面画个田字。它似乎给人一种代表田地的感觉，这在彩陶文化里面有，它就表现的是土地文化，也就是田野文化，农耕文化就出现了。所以这里面就寓含着水浇灌了田野，然后崇拜。这种感觉是一种形式，各有各的看法。

争论的最后，油画家孟小为和国画家阚传好的说法得到了大家认同：这是一只鸟。

千里画廊的阿尔泰山岩画

阿尔泰山是我国北方重要山脉，也是亚洲中部的古老山系之一，阿尔泰是蒙古语，意为"金山"，因产金子而得名。

我国境内的阿尔泰山脉，属阿勒泰地区，在新疆的最北部，形状似三角形，三角形的东边与蒙古交界，西边和俄罗斯接壤。它是新疆境内的富水地区，山间森林茂密，坡度平缓，湖泊棋布，草深林密，气候凉爽，这里自古以来就是优良的牧场。

在这座山的岩石上，有2000—3000余年前的古代游牧民族留下的岩画。

从新疆维吾尔自治区吉

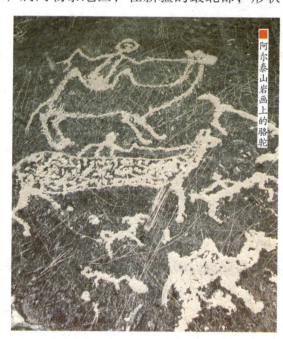

阿尔泰山岩画上的骆驼

阿尔泰山动物群岩画

木乃县、哈巴河县直至阿勒泰地区最东部的青河县，每处山上几乎都有岩画，因此被称为"阿勒泰山千里岩画长廊"。

阿尔泰山岩画是由一代代游牧民族不断补充而成的艺术巨作，分为岩刻和彩绘两种。内容多为狩猎，放牧、舞蹈、宗教活动及家畜和野生动物形象。

阿尔泰山区为早期游牧民族的文化类型，人类从远古时代起，就在这里狩猎，从已发现的遗址可以推算至旧石器时代晚期。

在被誉为"人间仙境"的喀纳斯湖正南的一处牧羊山道上，造型古朴的动物和人的图像岩画延绵5千米，有近百幅之多；阿勒泰市多拉特山谷也密集有百幅以上的岩画，被称为岩画"走廊"；阿勒泰地区吉木乃县的阿乌尔山石岩壁上岩画分布也有5千米之长，是新疆面积最大的岩画群。

新疆境内的各大山系几乎都有内容丰富的岩画遗迹，从昆仑山到天山，再到阿尔泰山，由南向北岩画数量逐渐增多，又以阿尔泰山岩画数量分布最广。

阿尔泰山的这些岩画分布在冬季牧场、中低山区以及转场牧道上，高山草原的山岩上只有零星发现，这是由游牧民族逐水草而居的特点决定的。

阿尔泰山北坡海拔1400米以下的低山地带处在逆温层中，这里气温略高，有利于牲畜越冬。牧民深秋至此，仲春以后转移。

这一地带成为牧民生活中最主要的留居地，婚姻嫁娶、休憩娱乐、宗教祭祀等活动往往都在这一地带举行，与宗教祭祀关系密切的岩画也多在这些区域完成。

阿尔泰山岩画的分布，从地貌上看，主要见于高山牧场，而中低山区以及它们之间的转场牧道上，在部分河谷地带亦有所见。因为这些地方是牧民们一年中居住时间较长的地点，以及四季转移草场时的必经之路。

岩画多凿刻在青褐或黑褐色的岩石上，如平整而硬度较大的黑砂岩、花岗岩和板岩等，方向大都朝东向阳。

据说，朝东向阳的黑石是古代游牧民族一种原始崇拜的对象。凿

■新疆阿尔泰山岩画群

■阿尔泰山岩画上的武士

刻的方法，主要是粗线条的阴刻，或以线条勾画出画面的轮廓，再进行平凿磨研。

阿尔泰山岩画分布较为集中的有位于阿勒泰市西南的切木尔切克乡"玉依塔斯"岩画群，这里有一幅岩画长15米，高2米，为阿尔泰山在我国境内中最大的一幅。

位于阿勒泰市正南的汗德尕特蒙古族乡的雀尔海和多拉特沟岩画也十分出色，内容多为狩猎、征战、舞蹈、放牧活动以及虎、狼、狗、牛、马、驼、鹿等动物形象。

距阿勒泰市22千米的草尔黑岩画，分布在汗德尕特河西岸裸露的岩石上，海拔高度880米，岩画散凿在200平方米范围的岩石上，有10余幅。

草尔黑岩画制作以平铺敲凿为主，内容表现动物居多，包括鹿类、食肉类、羊类和马。此外还有代表性的人物画面：其中一组由6个人和1只野山羊构成，呈上下排列，表现出一种平衡状；另外一组由6个人横向排列，做舞蹈状，构图很是新颖。

位于克兰河西面驼峰附近的骆驼峰岩画，海拔1000米，分布面积约8000平方米，有20余幅。图像中除常见的动物外，还有狐狸和一些符号图案，在整个画面中又穿插着拉弓射箭的人物，形成射猎场面。

奥古孜拜克、杜拉特岩画，地处阿尔泰山系低山带，分布于奥古孜拜克、杜拉特古孜道间的数条小沟中，在城区阿尔泰山岩画长廊东南16千米，海拔1000米，岩画分布面积达11000平方米，有近百幅之多，为阿勒泰地区少有的岩画群之一。

奥古孜拜克、杜拉特岩画在构图中，有的似同类动物成排，对峙呈上下交错布局，有的将食肉类或食草类动物同凿一石，形成追逐、撕咬等场面，有的将动物同人类放在一起，形成一幅远古先民放牧、狩猎的生活画面。

这几处较典型的岩画在构图形式上灵活多样，画面形象自然，有生活气息，属于现实主义的作品，在表现手法上也有它独到之处，这些古代先民善于运用夸张和对比来弥补绘画技巧上的不足，以期达到艺术的效果。

单体岩画石

阿尔泰山岩画中的武士

古韵犹存的岩画石窟

先秦时期 指我国秦朝以前的历史时代，起自远古人类产生时期，至公元前221年，秦始皇灭六国为止。在长达1800多年的历史中，我国的祖先创造了光辉灿烂的历史文明，这一时期的大思想家孔子和其他诸子百家，开创了我国历史上第一次文化学术的繁荣。在这个历史阶段中，我国从分散逐步走向统一。

此外，在哈巴河县、吉木乃县和富蕴县也发现一些用颜色制作的岩画，数量不多，主要在浅洞穴中，颜色有红、黑、白等。

阿尔泰山岩画创作于不同的时代。早期的作品，可能出自先秦时期塞族人之手，晚期则为唐代以后的突厥、契丹等族人民所作。

阿勒泰的岩画，构成一条1000多米长的艺术画廊，其规模之大、内容之丰富都是世上罕见的：或表现古代的狩猎和游牧生活，或描绘久远的群婚制的情景，或追忆部落间的争夺，或刻画劳动后的欢乐。

种种画面描绘了大量不为文献所记载的我国阿尔泰山地区古代的自然和历史，为了解和研究我国各族人民开发阿尔泰山及其周围地区的进程，提供了丰富的形象性资料。

同时，岩画中留下的图形，如单峰骆驼、大象等，这些动物早已从阿尔泰地区消失了，所以这些岩画形象的出现，就成为阿尔泰地区以及我国西北部草原生态变迁的珍贵资料。

阿尔泰山岩画有很多十分优秀的作品，其中有一些非常富有代表性。

《唐巴拉塔斯狩猎图》位于阿尔泰山东段南麓、富蕴县喀拉布勒根乡唐巴拉塔斯村，海拔1000米的半山腰一岩洞内，洞壁上赭绘了一幅祭祀狩猎图。

《唐巴拉塔斯狩猎图》赭绘猎人2个、野骆驼1头、野马1匹、男女舞蹈者30人、脚印1个、印记1个。两个猎人一个赭绘于洞前右壁拐弯处，另一个赭绘于洞的右壁稍前处。

右壁稍前处的猎人为女性，她有3根角饰，手持弓箭，身躯呈三角形，两脚叉开。女猎人左面有1头野骆驼和1匹野马。

洞前右壁拐弯处的猎人为男性，他头戴尖顶帽，手持弓箭，两脚叉开，正挽弓搭箭瞄准前方。此人有

磨刻技法

北系岩画

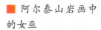

■ 阿尔泰山岩画中的女巫

尾饰，身躯直桶形。

男女舞蹈者主要分成4组，洞窟正壁有2组：

第一组位于洞窟正壁左面，5人形成环形。个个都有尾饰，两手均左右向下斜伸，双脚叉开。这5个人步调一致，动作整齐划一。

第二组位于洞窟正壁中间，4人一组，分上下两排，其舞蹈动作和第一组基本相同。只是这4人均无尾饰。

除第一组右下方一人外，两组舞蹈者似乎都戴有尖顶帽，都在严肃认真地跳。这极可能是信奉萨满教的原始民族在狩猎出发前举行的巫术祈祷仪式。

在第二组下排舞蹈者的左面还有一个脚印，这种脚印在原始社会是常见之物，与神话传说履足迹而孕有关，其内涵表现出生殖崇拜。

在洞窟正壁的右面，有一个饰双角的舞蹈者，两腿叉开，左臂下斜，右臂平伸，臂上直立3根棒状物。这个装饰特别的人正是主持狩猎前后进行宗教仪式的巫师。

第三组舞蹈者位于洞窟右壁，分上、中、下3排，共14人。上排6人、中排3人、下排5人。上排和下排共11人头上都有3根角饰。女人下身好像穿有裙

角饰 一种状如牛角的头部装饰，这是一种极有民族特色的头饰。动物中的牦牛壮实魁伟，有两只犀利刚劲的犄角，十分雄壮。此外，据古籍记载，牛角曾是蚩尤部落作战打仗的重要武器，于是先民把牛的犄角作为一种饰物，绑到发髻上，以示像牛一样勇武健壮，能抵御强敌。

子，身躯赭绘成正三角形。

由此可知，上排左面第一个是女人，第二个是男人，依此循序为一男一女相间排列，然后男女两臂舒展，以手相连，叉开两脚，舞姿非常优美。

其中左面两人的舞蹈动作均做两臂平伸、双脚叉开状。右面一人则是两脚叉开、双手斜向上举，与上下两排舞蹈者手拉着手连在一起跳舞不同，而是各自放开手脚尽情欢跳。

第四组舞蹈者位于洞窟入口拐弯及右壁前部。在洞窟入口靠右拐弯处赭绘有3人、靠里面的2个人头饰双角，两脚叉开，双手向上斜举，欢呼雀跃。

洞窟右壁前部那个手持弓箭的男猎人的左面有两个人也在翩翩起舞。其靠里面的一个人双手斜向上举，两脚叉开；此人与男猎人之间那个有尾饰的人，也是一手向下、一手稍举，舞步轻轻、动作优美。

第四组舞蹈者与一男一女两个猎人和一峰野骆驼、一匹野马所形成的画面，反映的是围猎者归来收获甚富，围绕着猎获物跳啊、唱啊的喜庆场面。

这幅描绘祭祀狩猎前后场面的巨幅作品，真实地再现了信奉萨满教的原始民族在集体狩猎出行前和狩猎载

磨刻技法

北系岩画

■ 阿尔泰山岩画上的猛兽

大角羊 即盘羊，俗称"大角羊""盘角羊"。分布于亚洲中部广阔地区。在我国主要分布于新疆、青海、甘肃、西藏、四川、内蒙古地区。躯体粗壮，头大颈粗，尾短小。四肢粗短，蹄的前面特别直，适于攀爬于岩石间。通体被毛粗短，唯颈部披毛较长。

物归来后所举行的宗教仪式。

在喀拉布勒根乡唐巴勒塔斯一块岩石上，凿刻着一幅情深意切的牧归图，称为《唐巴勒塔斯牧归图》。"唐巴拉塔斯"或"唐巴勒塔斯"在哈萨克语意为"石头章子"，或"有文字的石头"。

牧归图画面左方是一个头戴尖顶帽的骑马人，有一条小狗迎着他跑过来；小狗上方有一只飞禽，飞禽左方绘有两个符号；小狗的右方是一个戴尖顶帽、穿长袍、着长筒靴的人；此人的上方也有一只飞鸟。

这幅作品描绘的是家人迎接放牧者归来的情景。画面布局合理，构思巧妙，充分表达了草原牧民殷切盼望亲人早日放牧归来、全家团聚的心情。

《徐云恰耳狩猎放牧图》位于杜热乡徐云恰耳海拔890米处。

"狩猎图"有一幅，凿刻着一个猎人和两只大角

■ 岩画

羊。猎人位于画面右方，头戴尖顶帽，有尾饰、右腿前弓、左腿后蹬、挽弓搭箭，正瞄准前面领头的一只大角羊。这幅作品反映的情况是：即便是古代狩猎，猎人也是选择肥大的野兽为目标。作品构图简单，却主题明确。

"放牧图"有2幅：凿刻着1个骑马牧人和5只北山羊。骑马牧人位于画面右下方。画面上虽然只刻绘了5只羊，但代表的是一大群羊。俗话说，三五成群，3只羊可以代表一群羊，那么5只羊自然可以代表一大群羊了。

■ 牧人放牧岩画

这幅作品描绘的是，一个牧人骑着马赶着羊群到牧场去放牧，半道上羊群分了家，一伙羊跟着领头羊继续走，少数羊跟着另一只大角羊往另一个方向跑。

牧人发现情况不对，立即策马迁回到羊群的后面进行吆赶，此时一只跟错了队伍的大角羊听到牧人的吆喝声，似乎迷失了方向，掉头就往相反的方向走，岂不知还是不对。牧人张开双臂，上下挥动，让它拐回。此情此景，形象十分生动。

在另一块岩石上，凿刻着3个骑马牧人、1头牛、2只鹿、4匹马、8只北山羊、1只犬及男女生殖器各1个。3个骑马牧人骑了2匹马，其中有一匹马是骑了2人。一匹马骑一大一小两个人，这在草原上是

北山羊 又叫"悬羊""野山羊"等，在我国分布于新疆和甘肃西北部、内蒙古西北部等地。栖息于高原裸岩和碎石地带，冬天也不迁移到很低的地方，所以堪称栖居位置最高的哺乳动物之一。它善于攀登和跳跃，有弹性的踵关节和钳子一样的脚趾，能自如地在险峻的乱石之间纵情奔驰。

古韵犹存的岩画石窟

■ 阿勒泰岩画上的放牧场景

常见现象。

这是一幅牛、马、羊、鹿混合放牧图。画面上牛、马、羊、鹿各具神态，有低头吃草的，有抬头远眺的；有往西行的，有往东走的，形象地表现出草原上水草肥美、牲畜兴旺、牧民安居乐业、一派祥和的景象。

男女生殖器在岩画中的出现，说明这幅岩画大约创作于母系氏族社会向父系氏族社会的过渡时期，年代当在3500年以上。其历史价值、艺术价值都是不言而喻的。

《迦肯村牧犬看羊图》在杜热乡迦肯村的一岩石上，画面凿刻着1只牧犬和2只北山羊。

这幅作品反映的情况：在牧区，通常情况下如果羊群不大，牧犬就可以代替牧人看护羊群。即使有狼骚扰，凶猛的牧犬也能对付得了。

这幅《牧犬看羊图》刻绘的形象非常逼真，牧犬翘着尾巴、舒展着四条腿，趴卧在地上看护着，两只北山羊亲热地一前一后站在牧犬的身旁，它们彼此用目光交流着感情。画面上动物不多，显得十分干净洗练。

《博塔毛音围猎放牧图》位于富蕴县的喀拉通克乡博塔毛音。"围猎图"凿刻在岩石上。图上共凿刻了9个骑马人、1个徒步猎人、1个有尾饰的裸体男子、1只猎犬、2只鹿、1匹马、1头大骆驼、30多只大角羊和1只狼。在画面的中间还有1只形象突出的大骆驼。

画面可以分为左右两部分，从偌大的围猎场面来看，这是一次有计划、有组织的集体围猎行动，行动前首先选择好围猎地点、确定好围猎时间。

围猎开始后，临场有指挥，每个狩猎者既有具

073

磨刻技法

北系岩画

■ 岩画

岩画上的野牛

体分工，又要相互合作。当一群野羊和野鹿、野骆驼等野兽聚集在一起吃草、歇息、共享大自然所赐给它们的幸福时，一伙围猎者突然出现，并且迅速从四面八方围拢过来，一下子打破了草原上以往的平静。

野兽群顿时大乱，东南西北，到处乱窜。徒步进入兽群携带弓箭的猎人则显得不慌不忙，用箭杆挑着弓放在肩头上，小跑的样子往东赶。骑马的猎人则从不同方向把野兽往一起撵，包围圈越来越小。

一只大灰狼不知什么时候钻进了野羊群，还未来得及下手，就被呼啸而至的骑马猎人吓跑了。有6位骑马猎人将一头大骆驼围在中间，其中被裹进来的羊、鹿也吓得不知所措。

在兽群的西面，不仅有骑马猎人，还有一只猎犬把企图逃跑的羊、鹿仍然往包围圈里赶。东面远处一骑马猎人正弯腰曲背、张开双臂，竭尽全力把逃散了的羊、马往包围圈里撵。

那位有尾饰的裸体男子也是挥动着双臂把野山羊往包围圈里赶。整个画面是一幅人与兽、生与死的大搏斗场面。

"放牧图"凿刻在岩石上，一个骑马牧人后跟一只牧犬，驱赶着一只大鹿。大鹿单角、上分四叉。虽然画面上只刻画了一只鹿，但作品表明的是牧人与牧犬驱赶的是一群鹿，故画面上的鹿凿刻得特别大，与牧人骑的马和所带的牧犬形成巨大的反差。

从绘画艺术的角度讲，这是一幅看似纪实、实为写意的作品。同时，这幅作品还揭示出：在很早以前，或者说在原始社会时期，人们就把野鹿驯化成了家鹿。

《多阿特沟放牧图》共有3幅，在阿勒泰市汉达尕特乡多阿特沟一座山崖顶上，东面向阳。

其中一幅图中有骑牛牧童1个、鹿2只、牛2头、马3匹、10多只北山羊。

画面左侧刻有一只远离畜群、头部朝下的鹿，表示此鹿可能已经死亡。画面右下角刻有一只小羊正拱在母羊肚下吃奶。由于岩石破碎，小羊羔仅存上半身。骑牛牧童位于画面右边第一排羊群中间。

此幅作品描绘的是畜群在草原上吃饱以后集体休息的场面，虽然是小马跟着大马、小羊随着大羊、公牛伴着母牛，但整个畜群还是排列成行在一起的。画面左边中间就有一匹小马静卧在一匹大公马的身边。此幅岩画系敲打加磨制而成，部分画面已被很厚的黄色石苔覆

围猎岩画

阿尔泰山岩画

古韵犹存的岩画石窟

盖，其创作年代久远。

另外，在一块岩石上，凿刻着牛、羊、狗、驴、象、人物等。它们或伫立不动，或迈着稳健的步伐朝前行走。

画面右下方刻绘一人，正双腿叉开、两臂平伸做吆喝畜群状。最令人惊奇的是画面上有一头小象，它卷扬着长鼻，摇晃着肥硕的身躯，迈着蹒跚的步伐，形象十分逼真。

这是在阿尔泰山系以至全新疆地区都属于首次发现的大象岩画。它的发现对研究远古时期的阿勒泰地区的地貌特征、气候条件、生态环境、动物群构成抑或历史某一时期的文化面貌及社会生活都有重大价值。

在多阿特沟有一幅岩画，画面上凿刻了1个骑驼牧人、1个骑马牧人、2位斗士、10多只北山羊。

岩画上的两位斗士刻于画面上方，左面斗士右手叉腰，左手抓住对方右肩，两脚前后叉开，侧身而立，臀部后横悬一根棒状物。

而右面的那个斗士左脚在前，右脚稍后，右手抓住藏在身后的棒柄，左手握住棒的中间，也是侧身而立，与对方毫不示弱。斗士双方都列出一副一决高下的架势。

很明显，两斗士一个代表骑驼牧人一方，另一个代表骑马牧人一方，他们是为争夺牧场而决斗。画面为敲打磨制而成，其年代甚为古老，作品反映了阿尔泰草原当时兴旺发达的畜牧业景象。

《杜拉特沟狩猎放牧图》位于阿勒泰市康布铁堡乡杜拉特沟，其中有一幅"狩猎图"凿刻着1个步猎者及大小3只北山羊。

步猎者位于画面的左下方，正在瞄射前面的一只山羊。位于猎人右上方的一大一小两只山羊，见状后吓得不知所措，只好原地不动呆立着。

阿勒泰 位于我国西北的边陲重镇，"阿勒泰"系哈萨克语，意为"六个月"。这里历史悠久、幅员辽阔。生活着汉、哈萨克、回、维吾尔、蒙古等30多个民族，构成了丰富多彩的文化空间。从汉代起，先后为塞种、匈奴、鲜卑、柔然、突厥等的游牧地。明及清初为蒙古瓦剌部的游牧地。

■ 阿尔泰山的人面岩画

"放牧图"共3幅：

第一幅凿刻着1个牧人、1条牛、3只北山羊。这幅作品描绘的情景：一个牧人赶着牛羊去放牧，牛走得比较快，一只小羊羔大概是走不动了，就一屁股蹲在地上不走了。另一只小北山羊也站在那里观望，牧人伸开左臂，举起右手吆喝它们快走。画面把人的动作和小羊羔的姿态刻画得栩栩如生、形象逼真。

第二幅凿刻着1个牧童、7只山羊、2只恶狼。这幅作品描绘的情景：一个牧童正赶着一群山羊去放牧，半道上两只大狼窜进了羊群，羊群顿时大乱起来。多数羊一个劲地往前奔。

跑在前面的一只狼已经咬住了一只小山羊的尾部，另一只尾随在羊群后面的狼也准备选择一只大山羊为捕食对象。

而此时的牧童却被吓得呆在了那里，只好两脚平站，双臂斜垂，无可奈何地站在那里观望。一只大山羊躲在牧童的身后朝尾随羊群的那只狼观望。

阿勒泰放牧岩画

这幅作品揭示的是，在狼群危害严重的草原上，由儿童放牧是十分危险的，一旦遇到狼群来袭的情况，牧童是没有丝毫办法的。

第三幅凿刻着6个牧人、50多只山羊、7只鹿、1只牧犬。这是一幅场面宏大的羊、鹿混合放牧图，牧群以羊为主，鹿随其中。

50多只山羊和7只鹿身躯、姿态各不相同，它们多数向东走，少数向西行；有的在吃草，有的在观望；有的嘴对嘴，有的尾对尾；有的小羊爬到大羊背上，有的羊正向鹿挑衅。

■ 阿尔泰山岩画中的放牧图

6个牧人右面和上面各有1人，正张开双臂、叉开两腿吆喝羊群和鹿群，阻止羊、鹿跑到牧圈以外。右上角有尾饰的人也正在吆喝赶跑出牧圈的羊。

牧群中位于上面的一人则双手叉腰、迈出右脚和一只山羊逗趣。其下一人则双手斜垂、两脚站立，吆喝羊群边走边吃。左面一人则右手抓住羊角，双膝跪在羊背上取乐。

《科曲塔斯牧猎图》位于阿勒泰市克木齐乡科曲塔斯，凿刻着1个持弓猎人、3只野鹿、3只北山羊、1只狐狸；1个骑马牧童、1只牧犬、10多只大角羊。

从此幅作品的整个构图来看，它描绘的是一个成年牧人身带弓箭和自己的儿子共骑一匹马，并由一只牧犬协助、赶着羊群去放牧。

到了牧场之后，他发现不远处有野鹿和野羊，就把看护羊群的任务交给了牧童和牧犬，自己徒步进行狩猎。

在古代，猎人与牧人同行或者牧人放牧捎带狩猎是常有的事。

《玉衣塔斯放牧图》位于阿勒泰市克木齐乡玉衣塔斯，凿刻着1个骑马牧人及鹿、羊各1只、野猪1头。

这幅作品描绘的情景：一个牧人骑着马正兴冲冲地赶着羊、鹿去放牧，半道上突然从草丛中蹿出一头野猪来，顿时羊、鹿受到了惊吓，山羊立刻掉头回返，鹿也停住了脚步。牧人见状，立即策马冲向前方，一边张开双臂驱赶野猪，一边吆喝跑散的羊、鹿。画面上野猪龇牙咧嘴、弓腰蹬腿，一副十分凶猛的样子，气氛显得有些紧张。

《将军山狩猎图》在阿勒泰市旁将军山一块岩石上，凿刻的是一幅单人狩猎图。画面上描绘的情景：一只健壮的大鹿竖起长角正在草原上漫步，不知道什么时候一个手持弓箭的猎人悄悄地出现在了它的背后。它感觉不对，放开四蹄往前狂奔，但此时为时已晚。猎人跨前一步，左手持弓、右手拉箭，说时迟那时快，箭头已瞄准了鹿的头部。看起来这只鹿是在劫难逃了。

古韵犹存的岩画石窟

阅读链接

关于我国阿尔泰地区的岩画，过去除了点滴的报道之外，基本上无人问津。1965年，新疆社会科学院考古研究所曾在该地区进行考古调查，发现了大量的古岩画遗迹。

后来当地的考古工作者又经过了几年的努力，对分布在东起青河，西止哈巴河和吉木乃7县市、18个乡的幽深山谷中的岩画进行了实地考察，共发现了数十个岩画点。

新疆草原文化研究专家经过多方考证认为，阿尔泰山岩画内容之丰富、数量之多堪称中国之最，甚至在整个欧亚草原都非常醒目，是极具研究价值的岩画宝库。

南系岩画

南系岩画在今福建、广西、云南、四川、贵州等省、自治区均有发现。其中云南沧源岩画在阿佤山区，靠近中缅边境。

岩画内容丰富，表现出人们各种生产生活的活动场面。广西左江流域已发现80余处岩画点，其中宁明县花山崖壁画，画面宽约221米，高约40米，为国内规模最大的岩画。

我国西南地区的岩画，主要分布在云南省，表现内容主要是宗教活动，作品技法以红色涂画为主。

佤族历史画卷的沧源岩画

　　沧源岩画是位于云南省沧源佤族自治县勐省、勐来乡境内的一处古老的文化遗址，是我国最古老的崖画之一，先后发现崖画地点11处，一般绘制在垂直的石灰岩崖面上。

■ 表现人类生产的沧源岩画

■ 表现战争场面的
沧源岩画

沧源是一个多山的地方，这里森林茂密，珍禽异兽活跃其中，每年5—9月，充沛的雨水滋养万物生长，优越的自然条件，使这里成为自古以来各民族繁衍生息的家园。

沧源岩画是用赤铁矿粉与动物血调合成颜料绘制在石灰岩崖面上，可辨认的图像有1000多个，包括人物、动物、树木、太阳等，多为狩猎和采集场面，也有舞蹈、战争等内容。

沧源岩画具有3000多年的历史，采用剪影式轮廓画法描绘人物，不仅绘制技法简单、粗率，而且造型稚拙、古朴。

沧源岩画共发现15个点，全都分布在海拔1200—2000米之间的山上。其中，第一、第二、第六、第七号等岩画点，画面内容较为丰富，也更具代表性。

沧源岩画内容极为复杂，以人像居多，人物似为

剪影　剪纸形式的一种。运用剪刀和黑色纸剪制人物、动物或其他物体的典型外轮廓，通过影的造型表现形象。早在我国东晋的《搜神记》中记载：汉武帝宠爱的李夫人死后，他非常想念。李少翁说能招来她的灵魂。夜设帷帐，点亮了灯烛，但见一美女在帷帐中，汉武帝看后更为感伤。这是有关剪纸的最早记载。

裸体，男多女少，部分有头饰、尾饰。次为动物图像，以及太阳、树木、手印、舟船、洞穴、道路等。描绘场面有房屋、村落、舞蹈、归家、娱乐、斗象、杂耍、战争、祭祀、狩猎、放牧、舂米等。

据推测，沧源岩画绘画使用的工具多为树枝、竹片、手指、石头等。岩画的1000多个图形中有人物785个，动物187个，房屋25座，道路3条，各种表意符号35个。

这些图像，从不同的角度描绘了原始生活的场景，连缀起来，就可以作为一幅原始社会的历史画卷。图像显示，先民们的劳动，主要从事狩猎、畜牧、采集。他们张弓搭箭、持棒甩石，猎取野兽，包括猴、牛、猪、羊等。

他们把捕获的一些动物加以驯养，以备日常的需要，骑牛、牵牛、赶猪、养狗、围象的图画频频出现，尤以牵牛的图像较多。看来，当时驯养畜类已经开始。

同时，先民们还从事采摘野果的劳动，低处举手采摘，高处叠立摘取。更加直接地表现了农业生产活动的场面。

岩画的人物图像，身体部分多画

■ 古人类创作岩画

■ 原始社会动物岩画

成较为单一的三角形，面部没有绘制五官，四肢部分变化较多，通过双臂、双足的多种动态，表示人在做何种事情。

身上也未绘衣、裤之类，唯一头上有一些装饰，有的头部扮成鸟形，有的呈现羽状，有的饰以枝条、穗状物；有的翎状头饰，长几乎与人身相当；少数腰部有裙状物。看来，当时的穿衣问题尚未解决。

至于先民们的住房，则有3种：岩洞、巢居、干栏式的简陋房屋，并开始有村落。

岩画中还有一些娱乐活动的场面。如用树藤串上枝叶作为"道具"起舞；大人头顶叠立小人走动、头顶羽状长竿、手提花篓的杂耍，手舞流星般的甩石活动，头戴牛角、臂插角刺的单人、双人舞蹈，甚至有5人围成一圈扬手起舞的生动图景。

还有几个特殊的图画：在光芒四射的太阳图像中

族长 亦称"宗长"。族民们为了自身或共同的利益，一般都推举族内德高望重的男性长者为族长。族长具有很大的宗法权力，宗族内部的管理和各项事务的主持一般都由族长担纲。小如家庭纠纷、婚丧喜庆；大如祭祖、祠庙管理等事务都要主持。他们所拥有的权力，便是族权。

古韵犹存的岩画石窟

■ 原始社会岩画

剿牛祭祀 我国佤族等的传统民俗。传说在远古时期，大地被滔天洪水淹没，佤族的先祖被困在一棵大树上危在旦夕。这时一头水牛游过来让他们骑到自己背上并驮到一个安全的地方。洪水退后，幸存的佤族先人又遭遇饥饿，那头水牛又请求佤族先人将自己宰杀充饥。从那以后，佤族人感恩水牛，每逢重要祭祀活动便要剿牛并奉上最神圣的牛头。

立有一人，称之为"太阳人"，它反映出原始社会人们对太阳的崇拜。

另一幅图像：一头牛拴在木桩上，牛后有数十个戴有角、尾头饰的人物，右侧有人执武器，还有人于左侧列队起舞，其中有一个头戴牛角的巨人在月亮下跳舞，从形象和位置的特殊看，此人似巫师或族长。似乎这是最早的剿牛祭祀活动。从这些图像中，可窥见原始宗教的若干影子。

在佤族，流传着一个创世纪神话：在人类远古的洪荒时代，只剩下一个佤族女人漂泊到司岗里的高峰上幸存下来。这个女人受精于日月，生下一男一女。

一天，阿妈正坐在岩石上采用天上的彩云织布，突然一头牛跑来报信，说她的儿女双双掉进海里去了。那时候司岗里群山的周围是苍茫的大海。

阿妈焦急万分，就请牛去救。牛会浮水，下到海里把兄妹俩驮在脖子上送到了岸边。阿妈感激不尽，便立下规矩，把牛作为佤族永远的崇拜……

沧源岩画出现后，当地佤族人民视为神画。每当春节时，常有人去祭献。

相传，还有人将岩画的图案织在布上，且十分逼真，平时保存在头人家，到春节时才挂出来。勐来岩画点背后那座高山，叫"农格罗"，即木鼓林之意。在古时候，佤族祖先在那座山里放着木鼓祭谷神。

沧源岩画大概有十几个集中地点，其中几个点的画面内容较为丰富，更具代表性。

勐乃乡东北点郁郁葱葱的山上，一块灰黄色的崖壁醒目地突起，就是第一号岩画点。

在这儿附近居住的傣族和佤族都认为，崖壁上住着可以赐福给人的仙人，因此每逢过年他们都会从村

洪荒时代 也就是原始时代。那时尚没有文字记录先民的生活状况，后人往往凭想象、传说、神话去加以了解。现代由于先史学、考古学、人类学、地质学的发达，对于洪荒时代的情况，才推断出一个近似的了解。

■ 岩画狩猎图

■ 岩画石

干栏式 我国住宅建筑形式之一。又称"高栏""阁栏""麻栏""葛栏""干兰"。这种房屋是以竖立的木桩为基础，其上架设竹、木质大小龙骨作为承托地板悬空的基座，基座上再立木柱和架横梁，构筑成墙围和屋盖，柱、梁之间或用树皮茅草或用草泥填实。上层住人，下层用作圈养家畜或置放农具。此种建筑可防蛇、虫、洪水、湿气等的侵害。

寨赶来祭祀，遇到生病或者什么困难，也会到这里来拜求仙人寻找解救之法。30米长的崖壁上，岩画在眼前蔓延开来，崖画的绘画手法像是一种剪影，简单却特点鲜明。

有一处画面上数十只猴子排成一列，在崎岖不平的山路上行进，向上爬的猴子尾巴下垂，向下爬的猴子则长尾上翘，当地人都知道，猴群爬山的情形也的确如此。

猴群之下，是众多的牛的图案，扁长的牛角一看便知是水牛，它们有的被人骑在背上，有的被人牵着，有的被张满弩的人瞄准，有的两两相对，做出格斗的架势。

在牛图像的右边，呈现出一系列丰富的杂技表演：顶杆、弄丸、双人叠立，热闹非凡。画幅的最下面是人们持弩猎象、猎豹的场景。

第二号岩画点位于丁来大寨通往曼坎的路旁，这里最著名的是一幅规模宏大的"村落图"。

干栏式房屋围绕而成的村落井然有序，村子中间的空地上，矗立着两座大型房屋，像是公共集会地或是部落首领的居所。村子外边，肩扛长兵器的战士排着队凯旋。旁边的小路上，人们带着各种牲畜赶往村子，那是这次战争的战利品。

从曼坎前往勐省一路上，是苍翠的阿佤山，甘蔗成林，茂密的云南松像一顶顶绿色的草帽扣在一个个山头上，佤族的村寨包围在大青树和巨龙竹之中。不远处的绿荫之中，又是一处灰黄的峭壁，那就是第六号岩画点。

第六岩画点最多的是各种人物图像，这些人物都格外爱美。他们的肘部、膝部、头上都装饰上羽毛，有的还身披羽衣，张开双臂就如同飞鸟展翅，人称"鸟形人"，华丽异常。

这些人大都是舞者和巫师的装扮，更多的人物则头戴兽角、兽牙，耳朵上挂着如后来佤族妇女佩戴的大大的银制圆饼耳环。人物四肢的描画也不再简单地用直线表示，而是绘出了人的自然曲线，从而显得肌肉发达、强壮健美。

第六号岩画点有一幅描写战争的"庆功舞蹈图"，格外引人注目。画面上有7个战士，全都是一手持盾，一手持棍，两臂张开，双腿下蹲，正随着前面一个高大的领舞者跳舞。7个战士后面还有5个人叉着双手并排舞蹈。

一些伴舞者在主舞者周围高举手臂，其中两个露出女性乳房和生殖器官。整个舞蹈场面气势恢宏，令人看后仿佛听到那神圣的木鼓雄浑激昂的"咚咚"声，战士们正伴随着鼓点有节奏地摆动着。

描写放牧生活的"牧牛图"中，一个人费力地拉着一头牛爬

岩画石

坡，后面跟着牛群。

这种放牧法颇像云南少数民族的"野放法"：将牛羊牲畜放于山上，任其在野外生长、繁殖。因为放得太久，牧人们想要拉回祭祀或屠宰时，往往很费劲。唯有看准头羊或头牛，拿绳索套上它的头强拉回来，其余的牛羊才随其返回。

在第六号岩画点还有一幅"穴居图"。画上，圆形的洞口旁岩石层层叠叠，山洞四周站满了人，另有一人正张着手臂从洞口钻出来。

佤族民间流传着一个"司岗里"的创世史诗，说在远古的时候，人被囚禁在密闭的大山崖洞里出不来，万能的神灵莫伟委派小来雀凿开岩洞。老鼠引开守在洞口咬人的老虎，蜘蛛织网缠住不让人走出山洞的大树，人类历尽磨难，终于走出山洞，到各地安居乐业。

"司岗"就是"洞"的意思，"司岗里"就是"从岩洞里出来"，特指的地理位置在沧源县岳宋乡南锡河对面缅属岩城附近名叫"巴格岱"的地方。过去佤族每年都要到巴格岱"司岗里"处镖牛祭祀纪念"司岗里"。

永德海村东北点有著名的"圆圈舞"岩画，在画面上，有5个人围

动物岩画

■ 放牧岩画

成了一个圈，高举起一只手臂，垂直投影的画法使他们看上去像5片盛开的花瓣。

　　这种抒发人们愉悦心情的舞蹈一直流传在云南少数民族中，是一种群众性娱乐节目。佤族人每逢过年，不论男女老少都要围着篝火，跳上一支"圆圈舞"。

　　沧源岩画均呈红色，是用赤铁矿之类的颜料所绘，画具或用手指。图形较小，以人像为例，大者身高不过20—30厘米，小者身高不足5厘米。

　　红色为很多远古民族最喜爱的颜色，它象征着生命和欢乐。

　　沧源岩画的画面集中，常以连贯的手法表现出当时人们的狩猎、斗象、舞蹈和战争凯旋等场面，内容明显可辨。

　　同时，沧源岩画的人均不绘面部，而着重表现其四肢，通过四肢的不同姿态，可以看出人的动作、行

神灵莫伟 我国佤族传说中人类祖先的化身，他平时住在天宫，不问人间之事。只有听到木鼓之声，才会下凡为人类解危救难。佤族敲木鼓就是为了祭祀"莫伟"神的。佤族人民认为敲木鼓可以通神灵、驱邪魔、降吉祥。当时，遇有战争等紧急事态，用木鼓示警聚众；猎手捕获虎豹等野兽，也要击鼓表示敬意。

为，甚至可以看出身份和地位。

沧源岩画的动物则着重表现耳、鼻、角等特征，通过这些特征可以辨别动物种属。无论动物或人物，一般都是遍身涂色，只有少数图形仅绘轮廓。

或许，沧源岩画是一支在迁徙途中的佤族人所绘。他们沿勐董河逆流而上，到达勐省坝，在石佛洞中安顿下来。为了给后来者留下路标，他们在沿途的石崖上画上岩画，告诉人们他们在勐省坝的生活，希望后来的人能循此找到他们。

于是，他们用手指蘸着红色的颜料，在一块块光滑的峭壁上描绘下美好欢乐的生活，用血液的颜色书写生命的热情。

一幅幅岩画幻化成与真实交织在一起的场景：夕阳的余晖为阿佤山披上了一层金色的霞衣，山路上牛铃叮咚，牛群掀起阵阵灰尘奔向畜圈，剽悍的佤族汉子挎弩、肩扛着犁，带着一天的辛劳在落日的余晖中返回山寨。寨内炊烟袅袅、臼声阵阵。月亮升起的时候，寨子里响起纯净旷远的歌声……

阅读链接

司岗里是佤族老祖先出世的地方。因此，许许多多的佤族人经常会到司岗里朝拜，同时把那里的山崖岩洞、溪水飞瀑、树木花草、飞禽走兽、蓝天白云都绣在他们的衣服上。

佤族人始终记着：我是从神圣的司岗里走出来的阿佤人的后代，司岗里的灵气总会与我同在……

各地区的佤族虽然对"司岗里"解释不同，但都把阿佤山视为人类的发祥地，同时也共同反映他们都是阿佤山一带最早的居民。"司岗里"是佤族对自己本民族古穴生活的回忆。

壮族先民创作的花山岩画

　　花山位于广西壮族自治区宁明县城西南的明江河畔，是一座断岩山，临江断面，形成一个明显内凹的岩壁。岩壁上留存有大批壮族先民骆越人绘制的赭红色岩画，这就是举世闻名的花山岩画。

　　花山岩画是我国战国至东汉年间绘制在崖壁上的图画。是左江流

崖壁上的花山岩画

古韵犹存的岩画石窟

■ 宁明县花山岩画岩壁

西汉 又称"前汉"，与东汉合称"汉朝"。是我国古代秦朝之后的大一统封建王朝。公元前202年刘邦建立西汉，定都长安。西汉开辟了连接欧亚大陆的丝绸之路。确立了儒家的核心地位。西汉是当时世界上最强盛的帝国。对中国2000年封建社会和世界历史进程产生了决定性的影响。

域岩画群的代表，也是我国单体最大、内容最丰富、保存最完好的一处岩画。

花山与"画山"谐音，壮语名为"岜莱"，汉译为"有画的石山"。花山岩画高达40米，宽221米。这里共有图像1800多幅，最大的高达3米，最小的仅0.3米。岩画中的人群分布在几千平方米的崖壁上。岩画气势雄伟，内容丰富，是我国最大的一处岩画点。

花山岩画内容丰富多彩，绘画技巧高超，非常富有特色，可以说是岩画中的精品。

花山岩画的绘制年代早期可追溯至春秋战国时期，距今已有2500多年的历史。历经了战国、西汉、东汉等多个历史时期的不断完善，才形成这震撼人心的鸿篇巨制。

现存的花山岩画长172米，高50米，面积达8000

多平方米，可辨认的图像有111组1800多个，内容包括人物、动物和器物3类，以人物为主。

人物只画出头、颈、躯体和四肢，无五官等细部。基本造型分正身和侧身两种。正身人像形体高大，皆双臂向两侧平伸，曲肘上举，双腿叉开，屈膝半蹲，腰间横佩长刀或长剑，神情潇洒。侧身人像数量众多，形体较小，多为双臂自胸前伸出上举，双腿前迈，面向一侧，做跳跃状。

岩画中的中心人物居于画的中央，身材魁梧，头戴虎冠，身佩长剑，威风凛凛，是队伍中的首领。

一般的头领也是体魄健壮，彪悍异常，与众不同，突出于群体之中。侧身人像数量众多，有的头戴饰物，有的赤身裸体，有男有女，动作刚健有力。

众多的体形较小的人物簇拥在身形高大的"首领"周围，形成众星捧月的构图。远看，岩壁上一片

东汉 我国历史上的一个大一统朝代，东汉又称为"后汉"。东汉时的首都洛阳被称为"东京"，因此又以东京为东汉的代称。公元25年刘秀称帝，仍沿用汉的国号，以这一年为建武元年。汉明帝和汉章帝在位期间，东汉进入全盛时期，史称"明章之治"。

红色涂画

南系岩画

■ 壮观的巨幅岩画

羊角钮钟 我国战国至西汉时期器具。钟为合范铸造，全器呈椭圆形，上小下大，平口；顶部有竖长方形穿孔，并有分歧外侈的羊角形錾钮。全身素地无纹饰。羊角钮钟被视为岭南越族所特有的一种乐器，当为悬挂起来击打奏乐之用。击奏起来钟声洪亮，音域宽广，当为古时在集会、宴饮等盛大的场合中使用。

赤红如血，近看画像密密麻麻，整幅画面把许多元素混杂在一起，喧闹而热烈。

动物图像主要是狗，皆侧向，做小跑状。器物图像主要有刀、剑、铜鼓、铜羊角钮钟。刀、剑一般佩戴在正身人腰部。

画面上的铜鼓数量非常多，只画出鼓面，有的鼓面中心有芒，个别鼓面侧边有耳。这些图像在画面上交错并存，组合成一个个单元，排满整幅画面。

典型的组合是以一个高大魁伟、身佩刀剑的正身人为中心，他的脚下有一条狗，胯下或身旁放置一面或数面铜鼓，他的四周或左右两侧有众多的形体矮小的侧身人。

这些画面可能是一场祭祀活动仪式的记录，是巫术文化的遗迹。岩画由于长期暴露，许多画像颜色逐渐剥脱，模糊不清，有的画壁已崩落，现正在研究保护措施。

■ 宁明花山岩画

■ 花山岩画

花山岩画正面临江，崖壁明显内斜。画面长 172 米，距江面最高90余米，底部高出江面30米，距离山脚一级阶地 3—10米不等。

岩画的绘画颜料是赭红色的赤铁矿粉，用动物脂肪稀释调匀，用草把或鸟羽直接刷绘在天然崖壁上。

花山岩画的画法采用单一色块平涂法，只表现所画对象的外部轮廓，没有细节描绘。风格古朴，笔调粗犷，场面十分壮观。虽然画面上只有一种颜色，人物也仅仅是用线条勾勒出大致的轮廓，但浩大的场面形成奔放、豪迈的气势，令观者产生热烈、宏大、庄严的观感。

仰视岩画，一幅壮丽的画卷展现眼前：铜鼓声声，人欢马跳，群情激奋，欢声雷动。一个个赭红色人像组成的画面，既像庄严隆重的祭祀场面，又像钢筋铁骨的兵马阵，也像先民狩猎归来的丰收欢乐图。

巫术 是一种企图以超自然、神秘方式影响世界的方法。在原始时代，人类对于自然界的认知与改造能力不足，因而对于自然界的千变万化，产生强烈的恐惧和敬畏之心。人类为了生存，凭借着对大自然的一些神秘和虚幻的认识，创造出各式各样的法术，期望能够寄托和实现某些愿望，这种法术一般通称为"巫术"。

图腾崇拜 发生在民族公社时期的一种宗教信仰的现象。一般表现为对某种动物的崇拜，也是祖先崇拜的一部分，图腾主要出现在旗帜、族徽、柱子、衣饰、身体等地方。图腾崇拜是将某种动物或植物等特定物体视作与本民族有亲属或其他特殊关系的崇拜行为，是原始宗教的最初形式。

岩画虽然线条粗犷却又栩栩如生。有的人像双手向上，双腿马步而立，形如青蛙；有的头扎发饰，腰挂环首刀，像英勇的武士；有的则侧身，做捧物状，如在欢歌起舞。

在这些人像之间，还穿插画有一些动物、兵器、乐器等图像，整幅岩画气势恢宏，热情奔放，内容丰富且带有神秘色彩，构成了一幅史诗般壮丽雄浑的壮族历史画卷。

这些崖壁画是壮族先民通过图腾崇拜以祈求五谷丰登、人丁兴旺，其线条粗犷，造型古朴，历经数千年风雨侵蚀，依然清晰可见，不仅在广西，在世界上也极为罕见。

关于花山壁画的传说，也充满了浪漫的色彩。其中流传最广的一个故事是这样的：

古时候有个奇人叫蒙大，他10来岁的时候就食量

■ 宁明花山岩画全景

■ 清晰的岩画

惊人，且力大无比。那年兵荒马乱，官刮民财，老百姓苦不堪言。蒙大忍受不了压迫，决心起来造反，但苦于没有兵马刀枪，怎么办？他每天上山砍柴，总是呆呆地坐在石头上一筹莫展。

一天，来了一位银须白发的老人，送给蒙大一沓纸和一支笔，老人吩咐道："你在这纸上面画兵马刀枪，等到满100天，纸上的兵马就会变成真人真马了，但千万不要让任何人知道。"老人说完便飘然而去。

从此，蒙大每天干活回来，就关在屋里写写画画，废寝忘食。他母亲觉得奇怪，追问他，他总是说："100天后你就知道了。"

谁知在第99天时，蒙大的母亲实在耐不住了，心想：只差一天不要紧吧，待我看看他画的是什么。于是，她趁蒙大不在家，便推门进去打开画箱。刹那间，只见那些尚未成真人真马的纸片哗啦啦飞出屋外，粘在村前的崖壁上，变成了壁画。

有一种理论认为，岩画是骆越民族首领用以显示

骆越民族 骆越是很早以前就居住在我国南方的古老民族。早在周代我国就有骆人的记载，周至汉代活动于今广西地区的人们，有时被称为"骆越"，有时又被称为"西瓯"，有时则西瓯、骆越并称。可见它们间的关系是很密切的。从地理位置上也可以看出，西瓯是指与东瓯相对的居于古岭南地区的人们。

统治力量、宣扬自己文治武功的。

　　据考证，两汉时期，今崇左、宁明、龙州、扶绥等地分散着骆越民族的多个部落，其中宁明当地这个部落势力较为庞大。

　　当时花山部落大首领联合其他小部落结成联盟，而岩画就是记录当时部落会盟的绘画。左江流域几百千米的石山壁都发现了零星的岩画，跟花山岩画相比，其他岩画规模较小，但画中的人形大同小异，由此可以推测，岩画的分布显示了这个部落联盟的范围，同时也象征了各个大小部落头人的权力。

　　另外还有一种说法，认为骆越人绘制花山岩画是为了祭祀神明。古时人们的原始宗教崇拜非常虔诚，对祭祀活动尤为重视，每逢祭祀均耗费大量人力、物力。即便如此，他们还是觉得不足以表达对神明的供奉，于是就把祭祀的场景描绘在岩壁上，用岩画打造一场永不落幕的祭礼。

　　除此之外，还有"誓师""庆功""镇水"等多种说法，尽管每一

■ 壮族蛙舞岩画

100

古韵犹存的岩画石窟

种理论都能自圆其说，但因为没有任何确切史料加以佐证，只能是一种假说。

同时，花山岩画表达着怎样的主题？那些错综复杂的符号各代表了什么意思？人物为何整齐划一地跳起舞来？这些也是难解之谜。

从众多人物的姿态上看，画面更像是一场盛大的祭祀或节日庆典。画中人物大多双臂向两侧平伸，曲肘上举，双腿分开成屈蹲，明显是模仿青蛙的姿态，而蛙神崇拜正是壮族的古老传统，青蛙舞至今仍在民间有所流传。

■ 红色岩画

其次，画面中出现很多铜鼓，这种重要的礼器也多用于祭祀场合。另外，一些人物形象有明显的性别特征，画面出现了身怀六甲的妇女、成群结队的小人，有人认为这反映了古骆越人的生殖崇拜。

据这些内容可以推断，画面表达了一种欢乐、庄严、神圣的场面，如果不是祭祀，也是某种庆祝仪式。而在古代骆越人的生活当中，盛大的节日庆典，往往是和祭祀同时进行的，在举行仪式的过程当中，当然也少不了敲铜鼓、跳蛙舞。

不管画面具体描述了哪一种场景，它都实实在在地反映了古骆越人的生活场景，表达了人们对英雄的

蛙神 我国古代百越人眼里的保护神、精灵。先民注意到青蛙的鸣叫声与风雨有着很大关系，通过"青蛙叫，暴雨到"的现象和两栖生存的能力，认为青蛙是能呼风唤雨、驾驭洪水的神灵物，能给人传递风雨的信息；先民便对它产生了恐惧和崇拜，青蛙成了百越先民们的图腾、崇拜的偶像。

古韵犹存的岩画石窟

■ 绝壁上的岩画

泼墨 我国画画的一种画法，用笔蘸墨汁大片地洒在纸上或绢上，画出物体形象，像把墨汁泼上去一样，画面气势奔放，如泼墨山水。用极湿墨，即大笔蘸上饱和之水墨，下笔要快，慢则下笔墨水渗开，不见点画，等干或将干之后，再用浓墨泼。即在较淡墨上加上较浓之笔，使这一块淡墨增加层次。

崇敬和对力量的歌颂，以及祈望人畜兴旺、风调雨顺的美好心愿。

根据花山岩画上的羊角钮钟、环手刀、铜鼓等器具的形制，基本可以确定岩画创作于战国至东汉时期，距今已有2000多年的历史。

令人称奇的是，经历了如此久远年代的风吹日晒雨淋，壁画的颜色仍然非常鲜艳，不知先民们是用什么颜料作画的。

在如斧劈刀削般、高耸险峻的崖壁上，这些图像又是怎么画上去的？这是古人对花山岩画的感叹，也提出了让人百思不得其解的两个疑问。

关于绘画的颜料，通过检测，发现其中的主要成分是一种天然矿物质原料赤铁矿。然而只有这天然赤矿粉，无法在坚硬、光滑而且直立的崖壁上作画，必须配以黏合剂调和。

经过进一步检验，发现颜料里的确包含有胶着剂成分，但是检测出来的胶类，到底是植物胶还是动物胶？以当时较为原始的提炼工艺，古骆越人又是如何获取这些成分的？胶与赤铁矿又是如何配制的？这又给后人留下了许多谜团。

数千年不变色的颜料配方，或许可以理解为古人偶然得到的，毕竟这还在经验和常识的范畴内。

而他们如何"飞上"半空，在高达40米的岩壁上画画，则令人百思不得其解，发出"悬崖峭壁费登攀，泼墨涂朱更觉难"的感叹。

这里也有几种猜测：

其一，自下而上攀缘法，即利用崖壁画上部或下部的树枝、树根，或岩石裂隙等地形地物，攀缘而上到达作画地点的方法。

然而，在崖壁上有许多倒石锥坡、错落体、台地或石坎，这些画面位置有一定的高度，根本没有支撑点，而且崖壁陡峭光滑，无法攀

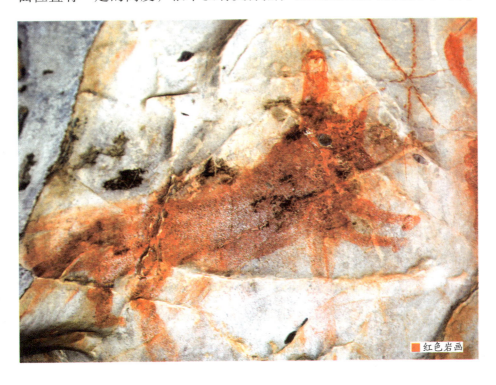

红色岩画

■ 宁明花山岩画

登，站立尚且艰难，作画更不可能。

其二，自上而下悬吊法，此方法是以绳索、藤条之类为辅助工具，利用树根、岩缝等地物，从崖壁顶部悬吊攀缘而下，这样就能顺利到达作画地点。

但是，整座花山崖壁呈向外倾斜姿势，底陷上突，从崖顶到地面的垂直点与岩壁的距离达20多米。如从崖顶往下吊人，无论如何也难以贴近崖壁。

其三，高水位浮船法，这是在山洪暴发、江水上涨之时，利用高水位浮船或木排到画壁下作画的方法。

然而，画像最高处距地面40多米，如果江水真的涨到这一高度，明江流域早已一片江洋，在这种情况下画师还有闲情逸致作画，那他们的心理素质恐怕非比寻常，强大得不可思议。

其四，直接搭架法，在坎坡上构搭一定高度的木架，画者攀在木架上作画。

这种方法看似比较合理，但也有缺陷。从崖底至河边的平台最窄处仅3米宽，要搭架子，必须得从河里搭起，其难度可想而知。总之，这些猜想无一例外地有着重大的缺陷，无法解决登高绘画的问题。

而关于岩画的内容，又是另外一个不解之谜，由于花山岩画历史久远，又缺少相关文献记载，各种观点说法不一，至今还没有定论。

从岩画中，不仅可以看到壮族先民古骆越人的绘画艺术成就，同时还感受到了古代壮族社会生活内容的丰富和勤劳、勇敢、奋斗的民族精神。

阅读链接

花山，早在宋明时期已有关于岩画的记录。1954年，广西壮族自治区文化厅首先组织人到花山进行了初步调查，拍摄了照片。

1956年，广西少数民族社会历史调查组成立后，由广西民族学、历史学、考古学的科学工作者和中央民族学院的师生组成了正式考察队，便前往宁明县明江一带的岩画点进行科研、调查和临摹。这次调查是有史以来对左江流域崖壁画的第一次科学考察。

当年，在广西壮族自治区政协礼堂将崖壁画临摹图及调查所得文物举办一次小型展览，并邀请各界人士召开一次报告会。一些相关报道发表后，引起全国学术界的注意，因此，花山崖壁画就成了我国著名的岩画点之一。

1985年，左江流域崖壁画考察团再次赴左江考察，接着又在南宁举行了学术讨论会，会上许多学者、专家对左江崖壁画的一些主要问题，看法已逐渐趋向一致。

僰人涂画的麻塘坝岩画

　　珙县麻塘坝岩画，位于今四川省珙县胜利乡麻塘坝。麻塘坝一带是僰人悬棺葬的集中地之一。坝的两侧高山耸立，岩壁陡峭。岩间多有天然岩洞，悬棺及岩画分布在这里的岩壁上。在20多处崖壁上有岩画近400幅。

僰人耕作岩画

麻塘坝岩画分东岩和西岩两部分：东岩有棺材铺、狮子岩、大洞、九盏灯、猪圈门、磨盘山、龚家沟的硝洞、邓家岩、三眼洞、玛瑙坡共10处；西岩有龙洞沟、漏风岩天星顶、付大田、白马洞、倒洞、马槽洞、珍珠伞、猫儿坑、九颗印、鸡冠岭、地宫庙、刘家沟共12处。

■ 麻塘坝人类活动岩画

棺材铺有红色岩画20多幅。其中正面人物2个，骑马人物5个，有一个人身系佩带，还有一个人右手执三角形物件，马10匹，鱼1条、鸟1，符号2个。

狮子岩有红色岩画80多幅，是麻塘坝岩画最多的景点。由于风雨和岩缝水的侵蚀，许多岩画或脱落或被岩浆覆盖。现可辨认的有：

人物17个，8个做舞蹈姿势，正面站立人物1个，执刀者3个，一个右手向上举，左手下垂，右脚成弓步，前有一圆球状物，似做踢球状；一个左手举十字形兵器；一个右手举三角形带柄物。骑马人物14个，

■ 僰人悬棺

铜鼓 我国古代西南少数民族的一种具有特殊社会意义的铜器，它原是一种打击乐器，以后又演化为权力和财富的象征。它为民族首领贵族所独占，被视之为一种珍贵的重器或礼器，因此也成为被祭祀的对象。铜鼓是我国古代悠久而灿烂文化的结晶，是我国少数民族先民智慧的象征，它具有东方艺术的特色。

有执十字形兵器者，有佩刀者，有牵马者。白色颜料绘的马2匹，还有一些单个的马、虎、犀牛、鱼、鸟和符号等。

大洞在洞壁上有红色岩画5幅。其中：正面站立人物1个，马1匹，符号3个。

猪圈门有岩画10多幅。其中：人物4个，一个双手举十字形物件，一个右手持三角形物件、左手提一圆形物，一个看似戴面具的做舞蹈状，一个右手拉着一根长线钓鱼状。另外有马1匹，鱼2条，符号2个，武器4件。

磨盘山有红色岩画3幅。其中：动物岩画1幅，符号岩画2幅。

大洞口的岩壁上有红色岩画5幅。其中：人物1个，动物1个，圆点3个。

龚家沟有红色岩画8幅。为人物、马、符号画。

邓家岩有红色岩画32幅。有骑马人物、单个人物、马、虎、鸟、符号画等。

三仙洞有红色岩画15个。此处的岩画经风雨侵蚀比较严重，现可辨认的有站立人物、马、虎、铜鼓、符号画等。

玛瑙包有红色岩画11幅，主要是人物、武器、符号类的画。

龙洞沟在洞内崖壁的人工凿龛旁，有红色人物画2幅，另有鱼画6幅。

漏风岩和付大田。漏风岩有人物画2幅；付大田有人物画1幅。

白马洞是岩画较多的一处，共有4组图形，包含

龛　原指掘凿岩崖为空，以安置佛像之所。我国古代的石窟雕刻一般是神龛式，小龛又称"楔"。各大佛教遗迹中，四壁皆穿凿众佛菩萨之龛室。后世转为以石或木，做成橱子形，并设门扉，供奉佛像，称为"佛龛"；此外，亦有奉置开山祖师像。

109

红色涂画

南系岩画

■ 磨盘山放牧岩画

■ 僰人悬棺岩画

人物7个、动物7个、武器3个、符号5个。此处有一些岩画因位置太高，无法辨认清楚。

马槽洞在约45米高的崖壁上，有红色岩画7幅。其中：人物3个，一个右手持盾状物、一个头插羽状物，一个下半部模糊不清。动物1个，符号3个。

九颗印有红色方块10多个组成的棋盘式图案。其中9个方块最清晰，类似图章。另有红色岩画51个，为马和符号画。

地公庙有红色岩画9幅，为2个人物、1匹马、2个兽、4个符号画。

麻塘坝的悬棺由于历经风雨，曾坠毁不少。岩画用红色涂绘，绘制在悬棺旁的岩壁上，岩画中以单个人物画最多，骑马者次之。动物有虎、犀牛、鱼、鸟等，还有一些奇特的符号。动物中又以单匹马为多，另画有马厩。

麻塘坝岩画是西南岩画系统的一个重要分支。悬棺葬是风葬的一种形式，即将殓葬尸体的棺材，悬置在临江靠水的高崖绝壁上。珙县是我国悬棺葬最集中的地区之一，这一带又是古代僰人活动的地区，所以又称"僰人悬棺"。

珙县悬棺岩画是一种特有的文化现象，它伴随着悬棺葬俗，在陡峭的崖壁上生动地记录着我国少数民族僰人的生活状态和精神世界。

这些岩画尽管是没有经过绘画训练的少数民族的作品，笔下的形象是幼稚的，但是在我国古代的少数民族文化宝库中占有重要的位置。

珙县麻塘坝岩画采用平涂图绘法，再加上被大自然的剥蚀程度、色泽、画风的影响，题材和内容丰

平涂图绘法 中国国画技法名。即轮廓钩线，色彩平涂。若敷施花青色于衣服则全用花青，亦不分浓淡，敷施其他颜色也一样。其特点为单纯明快，线条清晰，构图明确，富有装饰性，所画对象的立体感，主要依靠结构与用笔的变化。民间年画多采用这种技法。

■ 珙县僰人岩画

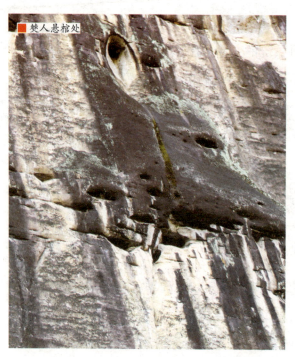
僰人悬棺处

富多彩，线条粗犷，构图简练，栩栩如生，呈现出不同艺术特色，表现了僰人生产、狩猎、生活、娱乐、礼仪等场景。

珙县僰人岩画多姿多彩。按画的内容，可分为人物画、动物画、武器画、符号画4种类型：

人物画90多个，其中有头上向左或右椎髻的、头上饰物或戴帽的、各种骑马动态的。人物画表现了人的各种形象和动态活动，主要有单人骑马奔驰、双人骑马奔驰、手持器械驰马竞技、各式马上表演、武术、杂技、舞蹈、踢毽、舞风车、牵马、散步、钓鱼、狩猎、佩刀、执箭、执刀、执矛、执伞、执旗、执盾、执棒等。

大多数人物画的人物形象是裸体的，只有少数有服饰，服饰为穿裤、穿裙等。人物画的头饰为椎髻、插羽、戴帽等。

动物画中最多的是马，约有60匹；其他为狗、野猪、野牛、虎、豹、鱼；还有怪兽、雀鸟。其中两只似乎是"凤"鸟。

武器多附绘于人物，有腰佩宝剑、手执哨棒、手执"T"型器械、手执"十"型器械、手执球状物、手执扫帚型器、手执三叉型器械。有单绘的矛头和斧头状器械等。

符号画中有很多符号、图形，如太阳徽、三角形、车轮、长方形、太极图、圆形、方印、五角星、红十字、双同心圆套六角星、串珠、山花、马厩、羊圈等40多个。还有一些三角形堆垒和正方形堆垒

古韵犹存的岩画石窟

组成的组合图和奇形符号。

麻塘坝岩画的素材源于生活。在这些岩画中，小到头饰都有不同，有椎髻型、无椎髻型、戴帽型。在有椎髻型的头饰中又有长椎髻、分叉、短椎、双椎、帽饰物的不同。可见表现细微，充分抓住了人物的头饰特征。他们描绘的真实，源于对生活的观察。

岩画中马的形象众多，但对其刻画不尽相同，有的前肢跃起，有的立足不走，有的向前飞奔，有的马头向后张望。

在麻塘坝棺材铺的一个舞者形象，身穿连衣裙，头向左边上抬起，左脚抬起，双脚优雅地交叉，左手在胸前微微弯曲，右手很自然地向后抬起，姿态美丽得如同跳芭蕾一样，更为生动的是头上的发髻直直地立在头上，而在发髻朝向的不远处又有两斜线，看上

红色涂画

南蛮岩画

■ 珙县悬棺岩画

去像被风吹动的发髻，舞者高贵舞姿妙笔而生。

而在邓家岩处有一幅虎的岩画，它身上的斑纹一条一条的，嘴张着，嘴角向上翘起看起，来十分可爱。它的尾巴向上翘着，弯弯的，似乎在摆动着，正讨人欢心，看上去一点都不害怕，倒觉得和人十分的亲近。

珙县岩画图形相当分散，似乎以一些孤立的图形来表达当时人物的某种活动和愿望。例如，画马、马圈以及众多的人骑马，都是为了祈求马匹繁殖，出行有马。

在猪圈门画鱼和人牵鱼的形象，可能希望捕鱼有获，更有可能寓有祈求富裕、年年有余之意。

珙县悬棺岩画的图像大多采用了剪影式的色块平涂法，少数为勾勒法绘制在陡峭的灰黄色、灰白色的峭壁上。在画中描绘的人物大多为正身像。

古韵犹存的岩画石窟

僰人狩猎画像

在麻塘玛瑙坡的岩画中有两个人物图像，一个头部为简单勾勒了轮廓，但身体却采用平涂法，穿着筒裙，提着三角形物体，神气得很。两个人物形象表现上，勾勒平涂相互渗透着，你中有我，我中有你，对比强烈，和谐统一。

珙县悬棺岩画的颜色大多采用红色，极少数采用白色的颜料画成。红色强烈、醒目又是生命的象征。岩画以大自然为背景，以单纯的红色去表现。大自然的绿色和崖壁上的红色形成强烈的对比，二者摆在一起分外醒目。

僰人悬棺壁画

阅读链接

1935年，葛维汉到珙县考察后，著《川南的白人坟》一文并临摹了珙县麻塘坝僰人岩画。文中写道："另一使作者感到重大惊奇的，是发现在非常接近白人坟的岩面有许多岩画。"

1946年夏，芮逸夫和石钟健到珙县考察，石钟健著《四川悬棺葬》一文并临摹了部分岩画。

1974年夏，四川省文物管理委员会、四川省博物馆、珙县文化馆联合对珙县麻塘坝悬棺进行清理发掘，考古人员攀登悬崖峭壁，对麻塘坝东西两侧20多座崖壁上的岩画逐一搜寻。在棺材铺、狮子岩、鸡冠岭等22处，曾临摹了大量的岩画。这些临摹的岩画整理出来后，受到学术界的高度重视。之后，掀起了珙县僰人悬棺葬文化研究热。

汉彝交融的博什瓦黑岩画

　　博什瓦黑石刻岩画为唐代南诏和宋代大理时期的彝族宗教文物遗迹。它位于四川省昭觉县城西南部的碗厂乡团结村博什瓦黑的南坡上。博什瓦黑，彝族译音，意为"岩石上的龙蛇"。

鹿与马岩画

红色涂画

南系岩画

■ 动物岩画

博什瓦黑石刻岩画掩映在松树林和杜鹃林中的海拔2700千米处，岩画面积440平方米。在16块天然巨大的岩壁上阴刻有19组27幅画像，最大的一块顶部面积约200平方米。

27幅岩画中，神佛像47尊，世俗人物15个，佛塔2座，禽兽25个。这批岩画，规模宏大、气势磅礴；描绘逼真、入木三分；形象生动、风格各异；画面宏伟、国内罕见。

博什瓦黑岩画具有浓厚的时代地方特色和典型的彝汉民族大融合的风格，为唐代南诏和宋代大理时期所营造的大型密宗摩崖造像，是一处主要镌刻南诏时期的岩画。

唐代后期，大、小凉山并入南诏国，置建昌府，南诏灭亡后，此地区归大理段氏政权统治；因此，博什瓦黑地区曾是南诏国的管辖范围，此地曾经也是唐

大理国 我国宋代以白族为主体的少数民族在云南一带建立的少数民族国家。937年，通海节度段思平灭南诏建国，定都羊苴咩城，国号"大理"，因举国尊崇佛教，又称"妙香国"。1095年高升泰改国号为"大中国"，1096年，高升泰在死后归政于段正淳，史称后理国。

四大金刚 在佛教中，四大金刚指泼法金刚、胜至金刚、大力金刚、永住金刚。我国民间神像"四大金刚"也指四大天王，即东方持国天王、南方增长天王、西方广目天王、北方多闻天王。在我国的寺庙中，四天王手中分别持剑、琵琶、伞、蛇等物象征风、调、雨、顺。

代中原内地通往云南和南洋的"南方丝绸之路"的通道之一。

古时当地彝族人民敬奉博什瓦黑为神地，由此演绎出许许多多的神话故事、迷信传说与禁忌，行人多绕道而行，加之百年苔藓的掩盖，使博什瓦黑石刻岩画较好地保存下来。

南诏时期与唐王朝关系密切，因此，那里受到内地汉文化的影响是比较浓烈的，特别是南诏国王任用汉族人郑回为清平官，更加促进了彝汉文化的交流。博什瓦黑岩画是这方面的活化石。

除少数原始岩画外，博什瓦黑岩画绝大部分是佛教阴线镌刻画像，部分造像的面部采用浅浮雕手法。

博什瓦黑石刻岩画分为南、西、北3个岩画区，南区有8处岩画石刻，西区有5处岩画石刻，北区有3

■ 动物岩画

处岩画石刻。

■ 岩画狩猎图

南区位于博什瓦黑山坡中下部，近邻博什瓦黑河的北岸，是整个岩画的主区，其中有一处刻石最大，是南区的中心。

此处有"卧佛图"，也有说它是古彝人的"超度送灵仪式图"。在这块巨石上较平整的上方凿刻了一尊卧佛，卧佛头枕着左臂，静静地入定躺着。卧佛左上方刻有一小人，当地人说雕刻的是彝人传世英雄支格阿龙，这块大石头上的岩画，已年代久远，严重风化，看得不是很清晰了。

另外一处石头上刻画的是人们常说的佛教"四大金刚"，"四大金刚"用写实的手法刻画了威武雄壮手持弓箭武器的4位武士。他们个个赤着胳膊和脚，瞪着大眼，有所向无敌之气势，线条简练而不失张力，作者以满腔的热忱，粗犷中带细腻的手法表现了

麒麟 亦作"骐麟"，简称"麟"，是我国古籍中所记载的一种动物，主太平、长寿。麒麟是龙头，马身，鱼鳞，与凤、龟、龙共称为"四灵"。它是神的坐骑，古人把麒麟当作仁兽、瑞兽。雄性称"麒"，雌性称"麟"。麒麟是凶猛的瑞兽，且护主心特别强，有招财纳福、镇宅辟邪的作用。

毕摩 彝语音译，"毕"为"念经"之意，"摩"为"有知识的长者"之意。毕摩神通广大，学识渊博，主要职能有作法、司祭、行医、占卜等；其文化职能是整理、规范、传授彝族文字，撰写和传抄典籍。在彝族人民心目中，毕摩是整个彝族社会中的知识分子，是彝族文化的维护者和传播者。

■ 岩画舞蹈

南诏国时的尚武精神。

南区内其他几块石头上还雕有龙、龟、麒麟等图腾，释迦、观音、明王、毕摩造像，等等。

《毕摩作法图》中以写实的手法刻画了一位留着卷发辫子的大毕摩，他面容祥和，戴着大玛瑙耳环，盘腿而坐，手持毕摩祭司的法器神扇，正在作法术。

在《毕摩作法图》中，以娴熟的岩刻技法塑造了一位法力高强而充满智慧和灵性的毕摩形象：他用铁链拎着狼做祭物，以超凡的法力招来了"神鹰"，即毕摩的附体之神"安萨"，展翅飞向毕摩的方向，造型准确而生动，往前飞越的动势在岩石的二维平面上表现出了完美合理的透视关系，线条凝重而流畅，显示神鹰风雨无阻的神力。

"毕摩""神鹰""狼"构成了一幅超越世俗的作法场面，作者的确独具匠心，这样一幅作品的确能力透毕摩文化的精髓内涵。

另外，《支格阿龙》的传说，在西南彝族地区广为传颂，他智勇双全，骑着"双翼神马"云游四方，为民除害、斩妖除魔，射死多余的日月，除掉无恶不作的恐龙，成了千百年来彝族人民传颂的英雄。

从彝汉题材同时出现在一个岩画群中的状况，可以证实南诏

■ 手掌岩画

国时期是一个民族大融合的时期，博什瓦黑岩画呈现的是彝汉从"文化混血"到"艺术混血"的现象。

西区位于南区的西部，共有5处刻石，最南边一处刻石有一尊男性像，该刻石右侧有4处刻石。

北区位于山顶，有3处刻石，其中两处靠西，岩画刻线技法粗犷，刻的是小型人物。其东南边的悬岩有一横长形岩石，在岩石南面较光滑处刻有一幅6人骑马的出行图，气势庞大，人称"南诏王出巡图"。

这幅《南诏王出巡图》岩画中清晰可见南诏王具有深厚的帝王气质，气宇轩昂，头戴高冠，高居马背，头顶上空一条巨龙腾空而舞，前后侍从簇拥，浩浩荡荡结队而行。

《南诏王出巡图》构图严谨、形象逼真、准确生动，画中人骑马出巡，错落有致，疏密得当有序地安

南诏 是我国唐代时期西南部的奴隶制政权，包括今云南全境及贵州、四川、西藏、越南、缅甸的部分土地。由蒙舍诏首领皮罗阁在738年建立，南诏在西南历史上起着重要作用，它是西南地区第一个统一的王朝，也是西南历史上最强大的王朝。

■ 动物岩画

古韵犹存的岩画石窟

排画面主体，特别是骑马人比例准确而生动，娴熟的阴刻造"线"运用得轻松自如，凿刻了姿态不同的马和特征各异的骑马人。

画中还有2只跟着马队脚下跑的猎狗，一前一后之间既有向前行跑的速度，又有相互呼应的生动性，而且从狗的造型上分析是彝族人特有的"土猎狗"。

此幅岩画是该岩画群中精彩作品之一，古老的南诏艺人们充分利用这块岩石走势，从视觉的张力角度出发，从整体到局部把构图经营得饱满而紧凑、完美而和谐。

这些岩画作品就像活化石般阐释着这片土地上已经被岁月淹没的年代，阐释着那个年代的神秘的南诏文化，阐释着彝汉文化进入到一个崭新的"混血时代"的具体实例。正因如此，博什瓦黑岩画也形成了自己独特艺术语言魅力。

博什瓦黑岩画是人类已进入铁器文明时代的唐代南诏时期的凿刻岩画。此岩画群磨刻和凿刻两种技法均有运用，造型功力深厚，无论表现人物、动物，其技法技巧均达到了相当高的水平，其造型写实能力真可谓已达到炉火纯青的地步。

在刻线技法上，博什瓦黑岩画融毕摩画"线描"技法和国画"白描"技法相结合，兼收并蓄、自成一

白描 中国画技法名。是古代"白画"的发展。用墨线勾描物象，不着颜色。多数指人物和花卉画。我国古代有许多白描大师，如吴道子、赵孟頫、顾恺之、李公麟等都取得了突出成就。宋元代也有画家采用白描手法来描绘花鸟，如北宋仲仁、南宋扬无咎、元代赵孟坚、张守正等。

体，用锋利的刻画工具创造了具有毕摩画特质的线描效果，线条简约而古朴，达到一种"神秘的写实主义"效果。

同时，也不失中国画白描中"线描"技法，巧妙利用每块石头之造型走势，得体安排画之总要，从整体上合理把握每幅画的大局，达到整体到局部的完美统一。

博什瓦黑画中虽无随类赋彩于岩画上，但看其对人与物精彩而生动的刻画，可以说唐代南诏岩画大师们给石头赋予了生命，从中可以体会到南诏时期岩画艺术中融本土绘画技法和中原汉族绘画技法为一炉的刻石方法。

博什瓦黑岩画是南诏彝族和汉族人民的物质与精神活动的缩影，用古老的岩画语言阐释当时人们的生活习俗、宗教信仰，记录着这个远古民族那一段原本就难以寻觅到史料实证的生存历史，并将其符号化、直观化，使之成为研究南诏文化艺术的桥梁。

佛教自魏晋时期传入我国以来，佛教艺术以其博大而精深、灿烂而耀眼的风貌闪亮在中华大地上，它以石刻壁画艺术直观的方式阐释了繁杂的佛教经书内容，给深奥难译的经书文字内容赋予图像化的解

动物岩画

释，使之能通俗易懂。

在博什瓦黑岩画群中佛教造像占有很大的比重。例如《超度送灵图》《论禅图》等无一不传扬着佛教艺术深邃的文化内涵。同时也说明了南诏人民对佛教的虔诚信仰，政教合一的体制在南诏形成。

图腾崇拜是我国众多岩画中一个永恒的题材，无论是北方岩画还是南方的原始岩画中都出现了很多"图腾文化"方面的内容；在博什瓦黑岩画中也出现了"龙""鹰""鱼""麒麟"等诸多图腾造像，丰富了岩画的内容和形式。

"鹰"是彝族崇拜的图腾之一，彝族民间关于"鹰"的传说很多，鹰与濮嫫娌也的故事，彝族毕摩与"鹰文化"的传承，等等，已经成为中外彝学界探究的重要内容。

阅读链接

博什瓦黑岩画不仅有较高的艺术欣赏价值，而且也有极高的历史考古价值，为研究我国西南地方史、宗教史、民族史、文化艺术史以及南方的佛教艺术在我国的传播，提供了重要的原始资料，是研究南诏国地方政权的政治、军事、经济、文化活动的有力佐证，还为了解当地历史、佛教的传播以及古代民族关系提供了新的史料。

自1981年报纸报道以后，很快驰名中外，吸引了国内外很多学者和旅游者前往参观考察。博什瓦黑岩画与南诏腹地的南诏重要文物"南诏德化碑""崇胜寺三塔""剑川石窟"具有同等的历史地位。

1991年，四川省人民政府公布博什瓦黑岩画为四川省文物保护单位。

我国岩画除了南北两大系统外，东南沿海地区和西北高原地区的岩画也自成体系，各有自己的特点。

东南沿海地区的江苏、安徽、福建、广州、香港、澳门、台湾也有大量岩画，它们主要反映人类与出海活动有关的事件，多有抽象性的符号，用磨刻的方法制成。

西北高原由于具有自然环境、经济形态、文化面貌和居民生活状态的一致性，所以岩画的文化内涵和特点肯定也是相近的。

其他岩画

东南沿海代表的福建岩画

福建省的岩画在东南地区相对较为丰富，有福州市九曲山岩画、华安县岩画、东山县岣嵝山岩画、漳浦县岩画、南靖县村雅村岩画、仙脚印岩画、诏安县龙山岩画、东门屿岩画等10多处。其中以华安县岩画、东山县岣嵝山岩画和漳浦县岩画富有代表性。

九曲山岩画位于福州市城门镇林浦瑞迹岭瑞迹寺后井边岩壁上。

■ 福建岩画

岩画南向，刻在4块重叠交错的天然岩石上，5幅成一组。

最上一幅呈凤凰形，岩面阳刻几何形云纹。中间一幅呈三角形，阳刻几何云雷纹。左下侧相邻两幅分列，为阴刻雨纹图案。右下幅阴刻一图，似为文字。该岩画凿刻时间当为秦汉至唐之间，可能为祈雨图。

■ 福建地区的山羊岩画

华安县岩画广泛地分布于福建南部九龙江下游及其以东地区，除仙字潭之外，没有大面积多图形的地点，一般是在孤零零的一块岩石上刻石作画。有以下9处：

石井岩画。位于华安县湖彬乡石井村后溪林内，主要凿刻着5个大小不等的圆形凹穴。

蕉林岩画。位于华安县之南稍偏西的新圩乡蕉林村。这里巨石棋布，岩画主要反映了蛇的题材。

高安岩画。岩画点在县城西南的临溪。岩画由大小均等的11个圆穴组成，可能是星象图。

良村岩画。岩画点在良村乡芹岭村，画面的主题图案为十字形，除此之外还散布着圆穴、足印以及类似鸟形的刻画。

仙字潭岩画。岩画点在九龙江支流汰溪的北岸，地属华安县沙建乡苦田村。九龙江的支流汰溪由此流

仙字潭 位于福建省漳州市华安县沙建镇许田村，九龙江支流的汰溪下游，距漳州市区34千米。这里两山夹峙，溪流弯曲成潭，北岸峭壁林立，岩壁上散布着几组古怪苍老、似字又有别于传统观念上的文字，似画又过于抽象变形的文化符号，由于年代久远，深奥难懂，讹传为神仙所书，故名"仙字潭"。

福建岩画

过，并折而东流，形成一个较大的河湾。

岩画刻于临水的石壁上，人们称之为"仙人题字"，故名"仙字潭"。岩画分布在长约30米，高2.5—5米的范围，从西向东依次分为数组，以人面像、舞蹈以及其他人物活动为主，图像中还散布着各种符号。

仙字潭石刻共有6处，自东往西长30多米。除一处汉字"营头至九龙山南安县界"外，其他5处共36个符号。既像图画，又像文字，有的如王者坐地，有的仿武士争斗，有的若舞女蹁跹，有的如兽面狰狞，有的像俘虏被执，有的似人头落地，千奇百怪，其意难以索解。

从图像造型看，仙字潭石刻是书画同源的一个标本，是由图向文字过渡演变中的一种象形艺术杰作，因此，从某种角度来看，它的意义并不亚于甲骨文、金文的价值。

于是，有人就用甲骨金文进行套译，所译内容虽略有不同，但都认为是氏族部落战争的记功石刻。

这些石刻究竟属于哪个民族的文化遗存也有争论。一种认为是古代"七闽"部落的遗迹；一种认为是古代番族、吴族、越族之间一次战争的记功石刻；一种认为是畲族先民遗下的文字。

石门坑岩画。岩画点在华安县城东北方，九龙江在其西侧流过。岩画磨刻在山上路边的一块孤石上，孤石旁边有深沟。画面最右边是套在一起的两个蹄印形。下边图像较密集，是11个蹄印。

草籽山岩画。该岩画点位于华安县马坑乡，岩画磨刻在一块孤石上。画面由5个蹄形组成，另有数个蛇形图案。

官畲岩画。该岩画点在华安县东南的新圩乡官畲村。岩画凿刻在官畲村坟仔翰稻田边的一块孤石上。画面由7个符号构成，符号大致表现了蹄印和动物形。

湖林脚印岩画。岩画点在华安县湖林乡下溪边的石桥头，有男女足迹各1个，相距约1米；湖林乡猴仔树岭中段也有1个脚印。

畲族 我国东南的少数民族之一，发源于广东东部，现在主要分布在浙江省景宁畲族自治县以及福建、江西、广东、安徽等省的部分山区，多数与汉族杂居，畲族与汉族客家民系关系极其密切，彼此语言风俗相近。畲族主要以农业为主，农产品主要有稻谷、红薯、小麦、油菜、烟叶为主。

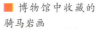
■ 博物馆中收藏的骑马岩画

■ 福建岩画中的动物群

海月岩 位于福建漳浦梁山东麓，背山面海。宋时建，辟石洞为佛台，俯瞰大海，每当月华初上，必照佛顶，故名"海月岩"。寺内石壁上雕有如来佛一尊，旭日初照，谓之"日出窥禅"。中秋之夜，月光经岩下"羊角潭"水，反射佛胸，谓之"月照禅心"。恰如大雄宝殿一副对联所云："海气凝云云气结成罗汉相；月光映水水光返照菩提心。"

东山县岣嵝山岩画位于福建东山岛铜山古城东门海滨的岣嵝山上，共2幅。

第一幅位于一块巨石上。凿刻以女性生殖器为主题的图案；第二幅位于一巨石之顶，在石顶正中有一圆形的大凹穴。坑底有一人足印。

福建漳浦县岩画共有5处：

墓坑岩画。在漳浦县石榴乡寸石山上，凿刻在农田中一块孤石之顶，岩画已破坏。据拓片来看，左边一个双臂上举的人，两腿开叉成一条直线。画面中部似一动物的形状，右边还有些符号形。在这些图像之间，还有一些不规则的杂乱符号。

海月岩岩画凿刻在海月岩南边的山顶岩盘上。岩画内容为一些脚印，脚印走向朝南。

赵家堡岩画，内容为人的脚印，不过画面几乎已消失殆尽。

石妈堡岩画，在县城东面10千米处的山脚下，山下有一巨石，巨石周围又有小石围绕，似为一"社神石"的遗迹，石上刻有高浮雕，其状似女性生殖器。

大荟山岩画，在县东的佛坛镇下坑村，与金门岛隔海相望。这里凿刻了2组岩画，共6幅画面，内容有马蹄形、小圆穴、同心半圆形、蛇形线刻等，似有不少星座的图像，如北斗星座的刻画，表现了浓郁的天体崇拜意识。

福建东门屿东距台湾约185千米，与东山主岛隔海相距1.5千米，面积约1000平方米，与1387年建成的铜山古城遥遥相对，东门屿由此而得名。

东门屿主峰有明嘉靖五年修建的文峰塔，其东北面山腰有"云山石室""石斋"等黄道周读书处遗迹以及多处明清时期摩崖石刻。

东门屿有一处太阳纹岩画遗迹，周围多处岩画，散布在东门屿主峰文峰塔东侧的山坡岩石上，数量达七八处之多，形成一处颇为壮观的太阳纹岩画群。

其中一处最明显的岩画位于文峰塔南侧的磐石

■ 人物岩画

岩画上的部落生活场景

古韵犹存的岩画石窟

上。岩画的西侧、北侧、东北侧和东侧均巨岩林立，抬头见石，东南侧与南侧则视野开阔，面对一望无际的大海。纵贯山顶的小径经过岩画北侧，岩画南侧为主峰的陡坡。

岩画的东面正前方略偏北处有一块巨石相对，岩画与巨石之间形成一块平地。

此外，岩画的南侧与东南侧另有小面积平坦的岩面。立于岩画前而稍向东南转身，则海阔天空，可目及远处的海平面。

一处岩画所在的岩石略向西北倾斜，呈不规则形，岩面较为平整，其右下部向地下延伸，左下部由于自然风化而崩缺，崩缺处有一大石块相抵。崩缺部位上缘呈半圆弧形，明显经人工修整凿成深凹的半圆，并在半圆弧之上深深雕刻着9道放射线，构成一幅巨大的"旭日东升、光芒万丈"的岩画。

这块岩画9道放射线长短参差不齐，每道放射线均与半圆弧形边缘相通，刻痕起端粗大渐向末端收小，刻痕宽2—12厘米、深1—3厘米。刻痕较深重而圆润，人工痕迹明显。

在岩画所在部位，原有的石面上也遗留有因自然风化而形成的放射状条纹，只是这些条纹均不甚规整，深浅不一，隐约而模糊。

此外，右起第二道刻痕则反映了另一种情况，它的上段保留着较深的微曲的自然条纹，下段则经人工雕刻，使自然条纹通向下面的半圆弧形缺口。

在岩画的正下方部位，石块被雕琢成台阶状，台面微向前倾，中间宽，两边渐窄。

这块被人工凿出台阶的岩石，酷似置于岩画前的一把交椅或一只香案。古人素有太阳神崇拜的习俗，因此该岩画内容应为太阳神，而岩画前的人工凿石，可能是太阳神前的祭台。

另外，刻有太阳神的巨大磐石稍稍后倾，顶端与后面的另一块巨石相倚，构成一个近似三角形石洞，成为岩画遗迹一个十分特殊的环境。洞内地面平整，南北相通，上部为岩石所遮蔽小洞室。

这些岩画群可能是史前时代的遗迹，也可能是南岛语族的祖先留下来的一种崇拜太阳的岩刻痕迹。说明这个岛屿至少在史前时代有很多人就在这里活动，因为它像一个宗教圣地一样，像一个比较集中的宗教活动区域，它最重要的神就是太阳神。

交椅 因其椅足呈交叉状，故名"交椅"。起源于古代的马扎，可以说是带靠背的马扎。我国汉以前的家具都属低面家具，无坐具，人们席地而坐，只有案几而无桌子。到了汉代，北方游牧民族的"胡床"传入。隋朝时，因为忌讳说"胡"字，而且这种椅子的特点是木头的双脚交叉，张开以后才能平稳，所以改称"交椅"。

风格独特

其他岩画

■ 岩画

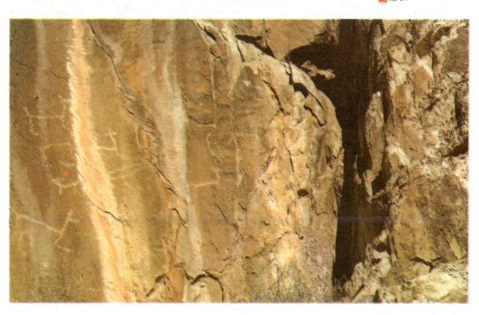

太阳纹岩画是母系氏族社会人类天道崇拜的表现，反映人类最初的天文知识：日月经天、星回斗移，太阳带来光明和温暖，带来生命和繁衍。

岩画以优美丰富的形象，表现古代社会的经济、生活、科学、宗教、文化、艺术等方面内容。当时还处在没有文字的年代，古人用这些岩画记录他们的意愿和要求。

东门屿太阳纹岩画的特点：一是规模大；二是利用岩石一些裂痕雕刻成半圆形，放射线非常深。前面有一个用石头雕成的祭台，附近发现石锛、石斧等，可见那时对太阳崇拜的炽热，说明当时生活在东门屿上的先民把太阳神作为他们的最高神崇拜。

古韵犹存的岩画石窟

阅读链接

福建仙字潭摩崖石刻是福建省首批公布的省级文物保护单位。这些石刻吸引了古今许多名人学者。早在1000多年前就被发现。另外，据宋《太平广记》引张读《宣室志》记载："泉州之南，有山焉，峻起壁立，下有潭，水深不可测，周十余亩……石壁之上有凿成文字一十九言，字势甚古，郡中士庶，无能知者。"

有人持仙字的拓本，请教在洛阳的韩愈，经韩潜心精研后，破译道："似上帝责蛟螭之辞。"但不知有何根据。

到了近代，岭南大学黄仲琴教授于1915年率先深入到荆棘丛生的仙字潭做实地调查，《汰溪古文》就岩画的位置、形态、结构第一次做了科学描述，可惜黄教授在潭边遥观，仅发现10个图像，记述过于简略。

1988年，在华安举办漳州地区摩崖石刻学术讨论会，掀起了对仙字潭摩崖石刻研究的热潮，在专家中展开了一场"字乎？画乎"的大争论。

这次争论的结果，众说纷纭，莫衷一是。持"文字说"的专家认为，崖刻是文字的雏形，基本具备文字的特征。

东方"天书"将军崖岩画

　　将军崖岩画是我国新石器时代中晚期刻画在崖壁上的图画，位于今江苏省连云港市锦屏山南麓的后小山西端，在南北长22米、东西宽15米的一块混合花岗岩构成的覆钵状山坡上，分布着三组线条宽而浅，粗率劲直，作风原始，断面呈"V"形，面壁光滑，以石器敲凿磨

动物岩画

■ 人物岩画

古韵犹存的岩画石窟

制而成的岩画。

　　将军崖岩画是我国发现的最古老时代岩画，是这一沿海地区首次发现的岩画，也是唯一反映农业部落原始崇拜内容的岩画。

　　将军崖岩画位于将军崖下的一个隆起的山包上。山包上有一块巨大的原生石以及在原生石下排放着的3块不规则的自然石，长约2米，其中一块身上布满大小不等而又规则的凿刻圆窝，被称为"石祖"和"石足"，为东夷部落主要的"以石为祭"的祭祀主体。

　　3组岩画就围绕着这4块大石，排列在长22米、宽15米的北、南、东3面。

　　在岩画北侧的山岩上原有一个石棚，在石棚里的崖壁上有一组古代武将骑马持械的图像，俗称"将军牵马"岩刻，这就是"将军崖"得名的由来。

　　将军崖海拔20米，山体为混合片麻岩。山周围分布着二涧村等11处新石器时代遗址和桃花涧旧石器时代晚期遗址。

　　将军崖岩画据推测是以石器敲凿磨制而成，距今约有4500年的历史，是我国最早的岩画，被称为"东方天书"。之所以被称为"东方天书"，是因为它的内容，很多至今仍然是谜，如同天书一般。

将军崖岩画共分3组，每一组岩画都有奥妙，却又相互联系。

第一组图案位于西部，刻有人面、兽面和禾苗图案，并有9个符号。最大的人面高90厘米，宽110厘米。头上刻一高32厘米、宽88厘米的尖圆顶饰物，上部为一复线半圆形图案，沿部刻有上下相对菱形的复线三角纹，中以弦纹分开。

人面的口部与另一个人面的头部相接，而眼睛以2条线勾出眼皮，再以3条横线表示眼睛；腮部刻有许多与五官无关的线条。

其他人面的眼睛皆是在同心圆中加一圆点表示。人面大都有一条贯通的直线向下与禾苗图案相连。

这一组还有两个不加脸框的人面图案，与龙山文

龙山文化 泛指我国黄河中下游地区约新石器时代晚期的一类文化遗存。铜石并用时代文化，因首次发现于山东历城龙山镇而得名。据先秦文献记载的传说与夏、商、周立都范围，汉族的远古先民大体以西起陇山、东至泰山的黄河中下游为活动地区。

■ 人面岩画

■ 人物岩画

阴阳鱼 即广为人知的我国太极图，其形状如阴阳两鱼互纠在一起，因而被习惯称为"阴阳鱼太极图"。早期称作"先天图""古太极图"等。不少人认为太极图起源于原始时代，甚至有人认为是太古洪荒之时外星人馈赠地球人的礼物，或本次人类文明以前上一次甚至两三次文明毁灭时遗留下来的唯一信物。

化玉器、良渚文化玉器上的兽面纹极相似。

禾苗图案分为两种，一种由下向上刻4—8根呈辐射状的线条，另一种是在第一种图案的下部加一个三角形，中刻几条横线或圆点。

这组岩画以人面和农作物为主，刻痕的深度、宽度相差不大。

其中有一幅人像，头插羽毛，据记载，这应该是一位天神。而东夷族崇拜鸟神，这似乎与现在生物学对人、鸟曾有共同祖先的猜想不谋而合。

此外，还有一个"阴阳鱼"的图案十分奇特。在一些少数民族的图腾中也能看到类似的"阴阳鱼"图案，在玛雅文化中，也曾发现过这条奇特的阴阳鱼的身影，它到底代表了什么？它和玛雅文化又有什么联系呢？

第二组岩画主要是《星象图》。长800厘米，宽600厘米。左侧刻一长623厘米的带状星云图案，中以短线分为4节，左上角刻一个宽14厘米的兽面，星云图案用大小不同的圆点或圆点外加圆圈表示。

这组岩画的下侧主要是各种动物的头骨图案，眼、鼻、口、齿可辨，但却没有脸框。

右上侧有 3个排列规整的太阳图案：同心圆外加放射线14—21根和3个圆心连接成直角三角形。在这些主体图案之间，刻有许多表示星云的圆点或短线构成的各种图像。

其中有一条子午线，与后世根据科学测量所得的子午线误差极小，令人称奇。在远古时期，我们的祖先怎么会测量得如此准确呢？子午线的旁边是银河系，有趣的是，在银河系旁画着两个小人，说不定这就是传说中的牛郎和织女。在另一块石头上还可以看到一些不同的星象图。

第三组图案位于东部，刻有4个与古代传说中天神有关的人面，用短线和圆点表示五官，其中两个人面的头上刻羽毛状饰物，人面之间也间杂以圆点和符号。

子午线 也称"经线"，是人类为度量方便而假设出来的辅助线，定义为地球表面连接南北两极的大圆线上的半圆弧。我国古代定义："某一天体视运动轨迹中，同一子午线上的各点该天体在上中天午与下中天子出现的时刻相同。"724年，唐玄宗下令制定更完善的历法。僧一行发起并主持历史上第一次子午线测量工作。

139

风格独特

其他岩画

■ 将军崖岩画中的头像

符号 是指具有某种代表意义的标识。源于规定或者约定成俗，其形式简单，种类繁多，用途广泛，具有很强的艺术魅力。它是信息的外在形式或物质载体，是信息表达和传播中不可缺少的一种基本要素。符号通常可分成语言符号和非语言符号两大类，这两大类符号在传播过程中通常是结合在一起的。

3组岩画的中心相互倚迭着3块从别处搬来的石头，每块大小为长200厘米、宽150厘米左右，石表面分布着对称的圆圈图案，直径3—7厘米不等。

东侧有一未脱离基岩的大石，长370厘米，高250厘米，上述遗迹似与东夷先民奉大石为社神"下有三小石为足"的祭祀风俗有关。

在三组岩画的附近就是祭台，祭台上有着大大小小的圆形凹坑三四个，据说是在祭祀时盛放鲜血用的，敲击祭台的石头，会发出"咚咚"的声音，因此人们认为祭台具有仙气。

这些古老的岩画主要内容为人面、农作物、兽面以及各种符号，是我国发现的唯一反映原始农业部落社会生活的石刻画面，也是我国汉族地区首次发现的岩画和年代最早的岩画，还很可能是我国岩画中最为独特的人面岩画的发源地。

将军崖还有一组"鱼形岩画"，使将军崖岩画的

■ 将军崖纹饰岩画

■ 岩画

内容更加丰厚。而将军崖上神秘的岩画却一直充满了疑团。

神秘的将军崖岩画主要有三大疑问：

第一，岩画的内容到底表现了什么？年代几何？

第二，将军崖岩画中心位置原有3块巨石，每块重达数万千克，好几个人也搂不过来。如此巨大的石头，在当时没有吊装机械的情况下，是怎样从低处搬到高处的？

第三，将军崖岩石为混合片麻岩，非坚硬金属之物无法在如此硬度的岩石上有所作为。那么，远在没有金属工具的几千年前，先民们用什么器具刻下了这经历数千年风雨侵蚀，至今仍清晰可辨的阴文图案？

将军崖岩画，或许是原始先民对土地神和太阳神的崇拜，或许是原始先民对谷神的崇拜，也或许是古代先民文面习俗的遗留，甚至可能是"最早的观星测象台"。

在对宁夏贺兰山、内蒙古阴山等地发现的人面像

土地神 也称"土地公"。我国传说中，土地神本名张福德，自小聪颖至孝；36岁时，任朝廷总税官，为官清廉正直，体恤百姓疾苦，做了许多善事。102岁辞世。死后3天其容貌仍不变，有一资户以四大石围成石屋奉祀，过了不久，即由贫转富，百姓都相信是神恩保佑，于是合资建庙并塑金身膜拜。

人物岩画

岩画对照研究考证之后，推测认为，将军崖岩画始作于春秋时期，很可能是东夷族的附庸国少昊氏郯国的巫师为死亡的王族招魂引魂留下的印记，而当时这里就是郯国故都。

在山坡西侧的岩画中，三点纹和无轮廓线的类人面像是在描绘那些无形的游魂。有轮廓线的类人面像，如同鸟儿栖息笼中，其实是我国《楚辞》中所说的招魂用具"秦篝齐缕郑绵络"。"秦篝"是秦国用植物枝条制造的笼筐；"齐缕郑绵"是用齐国的麻线和郑国的丝线织成的布或丝绸，后也用来泛指衣裳。

鸟儿其实是鸟化的灵魂，那是一种古老的信仰。贯穿脸面中心的，是一条长线连着禾苗的图案，那应该是表示拴住灵魂入土。人的生命离不开衣、食、住，鸟的生存也离不开住的窝和吃的稻米，而鸟窝是用树枝和破旧的棉絮网罗而成。

用鸟儿、笼筐、衣裳、稻米、长线，正是为了招引灵魂、笼络灵魂、维系灵魂，或希望魂魄复聚再生，或招游魂安居墓穴，或祭亡魂升天成神。

山坡南面是一群装饰各种鸟冠纹等的无轮廓线的类人面像，其间有帆船、云纹和中间写有"大"字圆形纹，后下方有一排人在跳巫舞，前方有一穿长裙的人在带路。

这组图像是巫师引导以鸷鸟为图腾的少昊氏王族的灵魂升天，返回到祖先居住的地方，也就是太阳里。点纹状长带为星座组成的天体银河，古人称作"魂道"；短直线为流星轨迹；帆船是引魂渡舟。

画面上的"大"字圆形纹符号是指日中之大人，即东夷人。圆形纹、中间有一点的圆形纹均似鸟头，象征鸟人灵魂。整幅中的一排人都在跳巫舞，这明显是引魂升天的仪式。

整体来看，在将军崖南口的这块弧形巨石上面，刻着很明显的星相图和植物身人面形。前者当与天体崇拜有关，后者疑为谷物神崇拜的记录。

这些植物身人面形共10幅，阴线刻成，刻痕断面为"V"形，线条粗深圆滑，全无金属加工痕迹，估计是用石器磨刻成的。

10个人面形大小不等，最大的人面形做老妪模样，双目眯成鱼形，额头刻菱形双圈纹饰带，额头两边各有一缕发辫装饰，脸颊口鼻部位刻以交叉网状线条，颇似鲵面。

其他9面双目皆成圆球状，脸上也布满网状纹。10个人面形与地

仰韶文化 是黄河中游地区重要的新石器时代文化，在河南省三门峡市渑池县仰韶村被发现。仰韶文化的持续时间大约在公元前5000—3000年，分布在整个黄河中游从今天的甘肃省到河南省之间。当前在中国已发现上千处仰韶文化的遗址，其中以陕西省最多，是仰韶文化的中心。

143

风格独特

其他岩画

■ 远古岩画

面草状物相连，均无耳朵，犹如植物结出来的果实。

人面与植物相连，说明与植物崇拜有关，就像人面兽身与动物崇拜有关一样。人面表示神灵，植物和动物则是崇拜祈求的主体。

人面兽身形象在西安半坡仰韶文化遗址彩陶盆上出现，植物纹形象在浙江余姚河姆渡原始遗址的陶钵上，以及在兰州出土的原始陶瓶上均有发现，而且形状与连云港近似，大概都与原始人祈求谷物丰收有关。

北方原始民族最早种植的农作物是稷，在山东北辛、西安半坡原始遗址中都曾发现过谷粒的化石。稷在谷物中的地位最高，被尊为"五谷之长"。

连云港古属东夷少昊氏鸟图腾氏族活动之地域，周代为剡国所辖，汉属东海郡，地处边远，交通不便，人迹稀少，土地贫瘠。《海州志》称：

海州土广而瘠薄，田野不辟，米粟不丰。

人民生活十分贫困，便希望谷物神给人以幸福。

在原始人看来，谷物何以会春青而秋黄，何以会丰歉不均？大概都是稷神在"作怪"。

谷物也同人一样，有生命、有思想，有父母、有

稷神 据传说，稷神是黄帝的孙子，号高阳氏。他聪明敏慧，有智谋，在民众中有很高的威信。他统治的地盘也大了很多，北到现在的河北一带，南到南岭以南，西到现在的甘肃一带，东到东海中的一些岛屿，都是他统治的地域。古代历史书上说，稷神视察所到之处，都受到部落民众的热情接待。

子女，一代传一代。人与植物的成长一样，所以人脸上布满了植物状纹饰，这分明是把植物人格化了。

我国以农立国，祭祀稷神的风习一直延续了几千年。以周代来说，他们把稷加以神化，尊为自己的始祖，每年春秋在祭祀天神的时候，都要同时举行祭祀稷神的活动。

《诗经》中把稷看得与上帝同等重要。稷字先秦大篆写作，由禾、田、人组合而成，保留了稷神的本来面目。将军崖岩画正是稷神的形象化，是稷神崇拜图。我国岩画描写稷神的，只发现这一幅，所以特别值得珍视。

将军崖岩画本身对于现代社会具有重要价值，分析起来主要有以下几点：

首先是它的历史价值。将军崖岩画的时代具有原始性。当然，无论具体年代距今7000年、4000年，还是距今3000年的青铜时代，它的几个"一"赋予了它在我国岩画史，乃至世界岩画史上的重要地位。

第一个"一"，它是我国发现的年代最早的原始岩画之一；第二个"一"，它是我国发现的唯一反映原始农业部落社会生活题材的原

人面岩画

始岩画；第三个"一"，它是我国发现的古代东方民族用于祭祀的坛类遗迹；第四个"一"，它是我国东部地区发现的第一处原始岩画。

将军崖岩画出现在我国文字的诞生期，那时的我国历史尚无详细的文字记载，所以，它本身带有极为珍贵的历史信息。

其次是它的科学价值。由于将军崖岩画及其周围环境被完整地保存下来，加之它的内容、题材十分丰富，所以它对于历史学、考古学、人类学、社会学、天文学、哲学等众多自然科学、社会科学学科的研究具有重要的实物价值。

最后还有它的艺术价值。岩画是指在岩石上或刻或绘的图案，属于美术作品。

因此，将军崖岩画是原始先民审美意识的具体体现，是他们利用原始工具、原始手段对自然和社会的具体描述。

将军崖岩画不仅仅在艺术史上具有研究价值，它的价值还在于当后人面对它时，甚至仍然能够体悟到其中包含着的思想观念和审美情趣，从而产生强烈的共鸣和心灵震颤。

阅读链接

将军崖这些古老的岩画，1979年被发现时只有3组岩画，主要内容为人面、农作物、兽面以及各种符号。其中第二组中的星象图拓片和第一组中的两张拓片模型已经作为我国最早的天文文物资料陈列于北京天文馆古观象台。

自1980年以来，全国众多知名学者对将军崖岩画这部"东方天书"从民族学、考古学、文化人类学、原始宗教学、古天文学等领域进行了分析研究，有学者说是原始先民对土地神和太阳神的崇拜，有学者说是原始先民对谷神的崇拜，还有学者说是古代先民文面习俗的遗留。还有学者说是"最早的观星测象台"。可谓众说纷纭。

越人代表的粤港澳台岩画

我国广东、香港、澳门、台湾等地的岩画，都与古代的越人有关，是越人在使用文字之前，站在自己的文化圈里创造了这些岩画。

广东省珠海市有岩画5处，其中在高栏岛宝镜湾有"藏宝洞""大坪石""天才石"和"宝镜石"4处共6幅岩画。

藏宝洞岩画，在宝镜湾北侧的风猛鹰山的半山腰处，两巨石相夹成一洞。顶部有两块巨石覆盖。东、西

越人岩画中的人面

■ 岩画猴头像

夔 传说中的一条腿的怪物。《山海经·大荒经》记载："夔牛是神兽，古时生于东海流波山，形状似牛，全身都是灰色的，没有长角，只长了一只脚，每次出现都会有狂风暴雨。它身上还闪耀着光芒，似日光和月光，它的吼声和雷声一样震耳欲聋。"后来黄帝得到了这种兽，用它的皮制成鼓并用雷兽的骨做槌，敲击鼓，鼓声响彻五百里之外，威慑天下。

两壁均有刻画。

画面线条繁复，图形反映了出海的船队、人物和云纹、水波纹等纹样，组成一个完整的巨大的图案。西壁岩画的画面受损较为严重，刻痕的风格与东壁画面相近。

藏宝洞东壁岩画中呈现出四大部分：一是以龙、凤、夔、蛇为代表的各部落氏族的聚合；二是以载王之舟为主的一组图像；三是以群舟待发及船上一群群铮铮铁汉为主体的海上船队；四是男觋、女巫及人牲的庄严祭祀场景。

祭祀的隆重肃杀和图腾与载王之舟的对抗形态，透露出这场大聚会绝不是一次和风细雨、歌舞升平的庆典，极有可能是争斗的双方，在祭祀的仪式中追求神示的裁决，而神示的结果，极有可能是有一方不得不远离故土，乘舟入海去寻找新的家园。

大坪石岩画，在宝镜湾藏宝洞顶部南边，画面中心的图案似为两条船，船下刻有类似人物或动物。该画面所反映的内容似与古人出海前为祈求平安而举行的祭祀活动有关。画面已模糊难以辨认。

天才石岩画，岩画被刻于宝镜湾的沙滩南端的巨石上，但也因岩面模糊，其意难以辨识。

宝镜石岩画，在宝镜湾岸边有一块孤立的石头，岩画的内容主要是一个圆圈，圆圈内又有半月形弧线，并有圆点和短线。民间以样子似一面古镜，故称"宝镜石"。

葫芦石岩画，在珠海市平沙区连湾山腰处的西北斜坡上，有一处岩画：岩画上主要刻画了两个椭圆形图案，因略似葫芦，人称"葫芦石"。画面右上角，有一圆穴的凿刻点。

宝镜湾岩画散布于海湾所在的山腰、山麓200米范围内，在岩画附近的沙丘和山冈上采集到新石器时

祭祀 是华夏礼典的一部分，更是儒教礼仪中最重要的部分，礼有五经，莫重于祭，是以事神致福。根据祭祀对象分为三类：天神、地祇、人鬼。天神称"祀"，地祇称"祭"，宗庙称"享"。祭祀有严格的等级界限。天神地祇只能由天子祭祀。诸侯大夫可以祭祀山川。士庶人则只能祭祀自己的祖先和灶神。

风格独特

其他岩画

■ 古越人的岩画

石器 是指以岩石为原料制作的工具，它是人类最初的主要生产工具，盛行于人类历史的初期阶段。从人类出现直到青铜器出现前，共经历了二三百万年，属于原始社会时期。根据不同的发展阶段，又可分为旧石器时代和新石器时代，也有人将新、旧石器时代之间列出一个过渡的中石器时代。

代晚期的陶片和石器，证明很早便有人类在此活动。此岩画为广东仅见，与我国北方、西南岩画风格迥异，具有重要的历史、艺术、科研和旅游价值。

台湾高雄万山岩雕群：在高雄镯口溪上源的万山溪北岸，该地为万山旧址，附近有3处岩画：

孤巴察峨岩画，"孤巴察峨"原意是指有花纹的石头。这里的岩画也是这一带岩画中最精彩的一幅。略可分为蛇纹、人头像、全身人像、云纹、圆涡纹、重圆、杯状小圆坑穴、凹点等十几类。

祖布里里岩画，该画面以圆穴、足掌纹为其表现的主题。并有几十个凹点零星散置着，整个图像分布在横向的带状区域中。

莎娜奇勒娥岩画，岩石的上方为一自然凹坑，坑内又有敲凿着密集的小凹坑。从大凹坑内引申出许多呈放射状的长线条，其间杂布着一些弯曲的交叉的线

■ 古越人留下的精美岩画

条以及小凹坑。所有的刻痕都很抽象，很难辨认出图形或物像。

香港岩画共有9处：

石壁岩画，有下石壁和上石壁2处：下石壁岩画在香港大屿山南端。岩画表现的主题是正方形螺纹饰和同心圆，其中最大一幅岩画由6个正方形的螺纹组成。上石壁画面上刻于一块扁平圆石上，图形由细小的方格组成的两个正方形。

长洲岩画，位于长洲岛的东南部。石刻是在一块露头的大石上，因为高出海岸线不多，图案现在侵蚀严重。这里有两组画面，均由一些曲线和圆穴构成。似有两蛇相间的图形，画面中间还散布着一些小圆穴。

大浪湾岩画，该岩画点在香港岛东南大浪湾海滩的东侧，图形以曲线组成，形状抽象，中央图案似为双眼，似乎是有眼的蛇头。其左右及下方均有复杂的几何纹线。这里的石刻面积较大，可能是表现鸟兽的图形，反映了原始的图腾崇拜。

黄竹坑岩画，该岩画点在香港岛南黄竹坑的一小溪边。香港的岩画大都在海滨，唯此刻深入内陆1千米。岩画画面上以一些方形或圆形的涡旋纹图案刻画为主，还有一些符号，图案内容比较抽象，有的好似兽面，有的像是一个舞蹈的女人。

蒲台岛岩画，该岩画点在香港岛东南海中蒲台岛南端。是一朝南的石刻，距海面约5米，几乎垂直，这里有一条石缝隔开两组岩画，西侧的一组主题仍是一些纹饰，有些纹饰貌似兽面，有的似动物形象；还有一些为螺纹。

东龙岩画，该岩画点在香港岛东面海中孤岛东龙洲。距海面5米。该岩画被一岩石裂缝隔成两半，右边的一半画面上有一羽毛丰润、冠饰奢华的鸟，刻画的线条很流畅。左侧的一半画面十分抽象，可能是鸟捕鱼的情景；或认为是一个带有头饰的人面像。

龙虾湾岩画，该岩画点在九龙东部海边的龙虾湾路北侧。岩画刻于面东的一块大石上。该岩画的刻痕已经很模糊，画面上凿刻着大量繁密的横向曲线，粗看似群蛇奔走，细细审之似有人面像和鸟兽纹

古韵犹存的岩画石窟

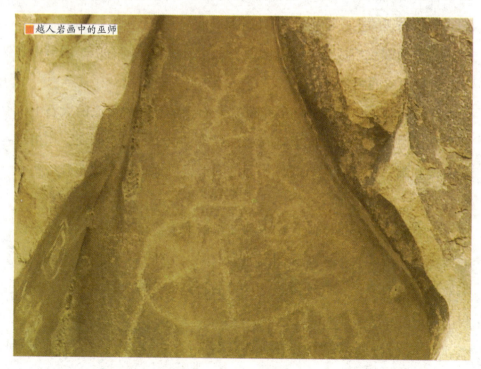
越人岩画中的巫师

样，无法确认。

滘西洲岩画，该岩画点在香港滘西洲北岸上。距最高水位仅两米。该岩画风化得极为严重，下半部分已漫漶难识，只是依稀可见一些鸟兽图纹。

大庙湾岩画，该岩画为几条抽象的长曲线，含义不清。

阅读链接

　　台湾高雄的崖雕有丰富的历史研究价值。万山岩雕群位于高雄市茂林乡鲁凯族万山社的传统领域中，是高业荣老师于1978年研究鲁凯族文化时，经万山族人带领而发现的。

　　这是台湾史前艺术的重大发现，截至2008年，万山岩雕群共有4处14座岩雕被发现。

　　万山岩雕图案母题具有族群文化发展的高度价值，同时具有高度叙事的意涵。岩雕母题有具体构图，非为杂乱无章即兴之作。族群社会利用图案母题表现故事，显示该社会已有高度发展：万山岩雕群遗址在文化人类学、建筑学以及相关台湾南岛语族研究上有重要意涵。

南北艺术交融的西藏岩画

　　我国西藏自治区及青海省所属处青藏高原素有"世界屋脊"之称。据粗略统计，西藏的岩画点已达60余处，共计5000余幅画面，分布在自治区的14个县境内，最早的岩画可能是距今6000年前后的遗存。在西藏岩画中，最富有高原岩画特色的是牦牛图案。

日土县的动物岩画

这些岩画大多集中在西藏的西部和北部及雅鲁藏布江中上游的高原地区，即通常所谓的北部"羌塘"。在这一大片土地上，以西部阿里和北部那曲这两大块地区的岩画点最为集中，也最有特色。

西藏岩画大致可划分为早、中、晚3期，加林山岩画属于高原最早的一批岩画点，另外鲁日朗卡、任姆栋等岩画点也保存着部分早期岩画图像；中期岩画主要集中在西部地区，大致在距今2000—3000年间，这一时期也是西藏岩画的繁荣期；晚期岩画以藏北纳木错一带的洞穴岩画为其代表，其下限可能晚至吐蕃王朝时期。

西部阿里日土县内的岩画分布比较密集，很多都

■ 那曲文布加林山狩猎岩画

雅鲁藏布江 我国海拔最高的大河，位于西藏自治区。在古代藏文中称"央恰布藏布"，意为"高山流下的雪水"，被藏族视为"摇篮"和"母亲河"。雅鲁藏布江孕育出的远古文化源远流长，不仅是西藏文明诞生和发展的摇篮，同时也是汉藏文化交流的见证。

■ 西藏岩画

在西藏至新疆的公路附近。

鲁日朗卡位于日土县的日土区，海拔6000米。岩刻分布在鲁日朗卡山的北面山脚下的6个崖壁上，距地表不超过4米的地方，有10多组画面。图形中除动物外，还有持矛或弓箭的人物。

最西端的一组，距地面约两米，刻着人和羊的图像。人物刻在羊的右侧，张开双臂，两腿分立，似在驱赶羊群。画幅下部有一头牦牛，牛的下面是两个人在舞蹈，其中一人着长袍，左臂下垂，右手平伸，其左侧也刻有一动物。

这组岩画，上部的图形采取单线刻制的方法，下部的图像轮廓内通体敲凿，形成剪影状。作品的含意似在表现畜牧的生活。

鲁日朗卡岩画，就其刻制的技法而言，是用单线刻画动物和人物，造型古朴，有着强烈的符号形式。

本教 是佛教传入西藏之前，流行于西藏的巫教。是世界上最古老的宗教之一，发源于古象雄文明，其历史距今有1.8万多年。它涵盖了藏医、天文、历算、地理、占卦、绘画、因明、哲学、宗教等方面，对西藏及其周边地区的民族文化产生了重要的影响。

就其内容而言，不仅没有丝毫藏传佛教的宗教色彩，连本教的痕迹也找不到，大约是远古时期藏族先民们的遗存。

任姆栋山位于日土县西南，属日松区，海拔6000米。任姆栋藏语的意思是"画面"，可见山名是根据岩刻而命名的。

任姆栋岩画刻在路旁的陡崖上，最高的画面距地表10余米，最低的几乎与地面齐。岩画可分4组，共40多个画面，大小不一，每个画面的图形，少则一个，多则几十个。制作的方法，是先用硬石块在崖面上画出细线轮廓，然后沿细线敲凿，形成粗轮廓线，或在轮廓内通体敲凿。

岩画的内容，包括太阳、月亮、动物、人物、武器和器皿。其中以动物居多，有牛、马、羊、鹿、

弓 是抛射兵器中最古老的一种弹射武器。它由富有弹性的弓臂和柔韧的弓弦构成，当把拉弦张弓过程中积聚的力量在瞬间释放时，便可将扣在弓弦上的箭或弹丸射向远处的目标。弓箭作为远射兵器，在春秋战国时期应用相当普遍，被列为兵器之首。自人类出现战争到近代枪炮大量使用为止，弓的作用是任何武器无法替代的。

■ 西藏岩画

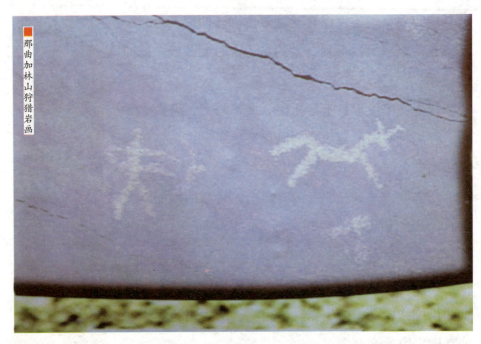

古韵犹存的岩画石窟

豹、狼、狗、龟、骆驼等；人物有双手上举的，有搭弓射箭的，也有手持带穗长杖的，还有头戴羽状装饰的；器皿最少，有一种长颈圆腹的容器，可能是陶罐；此外，还有像是本教的宗教符号。

任姆栋有一幅较大的岩画，高270厘米，宽140厘米，画面表现的可能是原始宗教为祈求人畜兴旺而进行祭祀活动的宏大场面。

上部有日、月的图形，并有男女生殖器且都刻得很大；右面有1条大鱼，首尾相接呈圆形，腹内孕有10条小鱼；大鱼的左下方，是戴鸟头面具的人正在舞蹈，周围还刻着3条小鱼和1个符号。

这些图形下面有10个陶罐，横列一排，都是侈口、高领、圆腹、环底，腹部饰有竖绳纹。这些陶罐大约是盛祭品用的。画面下部，分9排刻有125只羊头，大约是祭礼的牺牲。

在佛教传入以前，西藏有自己的原始宗教——本教，崇拜鬼神和自然物。西藏岩画中将牛、羊、鹿的形象凿刻在山崖上，可能是本教祭祀观念的反映，而这幅作品凿刻了100多个羊头，正是当时大批杀牲、以头祭祀的写照。

任姆栋岩画，从艺术技巧上看，一部分岩画和鲁日朗卡的一样，用朴拙的线条刻画形象。另外一部分岩画已用双线勾勒，来刻画动物的身体轮廓，而四肢部分仍用单线。

恰克桑岩画位于日土县的多玛区。多玛区在日土县东北，岩画点又在多玛区南。恰克桑的主峰海拔约5900米，山脚下是宽阔的答波草场，数股清泉汇成小河，向西流入多玛河，这里是一个理想的牧场。

恰克桑现已发现的岩画有3处，分布在恰克桑山余脉的崖壁上和山洞中。

主要的一处岩画，位于一个突出的山崖上。画面的左方，绘有太阳和残月，太阳里面有小圆圈，外边放射出10道光芒。太阳的右侧，有一棵大树，布满枝叶，枝叶之外又有若干个小圆点，不知是否表示结出的果实。

■ 八宿县"骑鹿"岩画

■ 西藏纳木错岩画

六字真言 即我国藏传佛教六字大明咒"唵嘛呢叭咪吽"，其内涵异常丰富、奥妙无穷、至高无上，蕴藏了宇宙中的大能力、大智慧、大慈悲。是大慈大悲观世音菩萨咒，源于梵文，象征一切诸菩萨的慈悲与加持。"唵"表示佛部心，是所有诸佛菩萨的智慧身、语、意。

再往右，绘西藏本教的符号，线条之间和周围也都有许多小圆点。画面的右下方，又有两个射出光芒的太阳。

这幅作品显然属于原始宗教中自然崇拜的产物。岩画是用暗红色的粗线条画成，当是矿物质颜料绘制的，在西藏发现的涂绘岩画仅此一处。

其他两处岩画，内容都是佛像、菩萨像和佛塔等，有画的，也有刻的，还有一些藏文的"六字真言"，是近代佛教徒制作的。

西藏那曲地区的岩画主要分布在那曲县加林山、纳木错湖一带。

藏北无人区腹地那曲地区尼玛县绒玛乡，是一片低矮的丘陵，隔着圆圆的山包，就能望见远处巍峨的加林雪山。山沟里数百块油光发亮的青褐色大麻石从脚下延展开去。

在这大大小小的麻石之上，布满了褐红和赭红色的图案。加林山的岩画是距今4000—10000年前的史前人类所创造的，是青藏高原上最早的岩画。

仔细端详发着刺眼青光的石块上的图画，出现最频繁的画面是放牧、迁徙、狩猎、耕耘、原始宗教以及伴随其中的牦牛、羚羊、牛羊等动物图案。

藏北岩画中最有特色的要数牦牛图案。牦牛是青藏高原特有的物种，能抵抗高寒缺氧的气候，又吃苦耐劳，被人们称作"高原之舟"。

加林山岩画中的牦牛，形体被凿刻得浑圆饱满、气势超凡，它们弓着健壮的脊背，牛角弯成半圆形甚至圆形，倔强地面对着猎人和驯牛者。

耕耘题材的岩画可谓珍贵。由于成年霜冻，使藏

菩萨 梵文菩提萨埵之省，菩提是道，萨埵是勇猛义。在佛教初创的小乘时期，仅把释迦牟尼累世修行的前身称为"菩萨"。大乘佛教创立后，根据"人人具有佛性，人人皆可成佛"的理论，把凡是立下宏愿，上求佛道，下化众生的都称之为"菩萨"。寺庙中供的菩萨像，主要的是文殊师利普贤观世音地藏。

风格独特

其他岩画

■ 西藏任姆栋岩画《血祭图》

■ 阿里任姆栋"豹追鹿"岩画

北无人区几乎没有能够开展农业生产的地方，这些岩画无疑对研究藏民族的起源、文化的发祥、藏北高原的气候变化等具有重要意义。

　　加林山岩画的宗教图案中，描绘最多的是太阳、月亮的符号。画面上，沉甸甸的果实在日月交叠中挂满了植物的枝头。

　　有的一幅画面上动物、植物、太阳同时出现，如果用连线将三者串起来，便像是生物学里生物圈的示意图。

　　有的岩画，在植物两侧有两个"雍仲"符号。雍仲画最初表示的是太阳及其光芒，后来演变成永恒不变、吉祥如意的象征了。这些符号让画面带上了原始宗教的意味。

　　恶劣的地理环境、变幻无常的气候是生活在这里的牧民畏惧却又不得不依赖的东西，这种矛盾使崇拜自然力量的原始宗教在藏北生根、发芽，其香火奇迹般地延续至今。岩石上的图画已不再是单纯的远古人类自然崇拜的印记，更带有一种不屈不挠的近乎悲壮的虔诚。

藏北岩画的又一集中地位于纳木错湖西岸的其多山与东岸的扎西岛上。纳木错湖是世界上海拔最高的湖，也是我国第二大咸水湖。

纳木错碧蓝清澈的湖水，仿佛要将天空也溶在里面；远处的雪山如诗如幻；洁白的羊群、黑色的牦牛，仿佛围棋子一般鲜明地散布在广阔的绿草上。纳木错就如同一个梦的天堂，牵动着远行游人的情思。

扎西岛是纳木错湖中最大的岛屿，属于熔岩地貌，在那里可以看到神奇美丽的溶洞、石林等景观。

纳木错湖 我国第二大咸水湖，位于拉萨市当雄县和那曲地区班戈县之间。也是世界上海拔最高的大型湖泊。"纳木错"为藏语，而这个湖的蒙古语名称为"腾格里海"，两种名称都是"天湖"之意。是藏传佛教的著名圣地，信徒们尊其为"四大威猛湖"之一，传为密宗本尊胜乐金刚的道场，是朝圣者心目中的圣地。

那曲加林山狩猎岩画

西藏岩画

岩画就涂绘在岛上的8个天然洞穴和4座岩厦之中。

在赭红色的颜料下，一幅幅描绘远古人类狩猎畜牧、争战演练、人畜搏斗、踏歌起舞、杀牲祭祀的场景映入眼帘。画面生动有趣，让人感受到一股强烈的生活气息在石洞里荡漾。

在晚期的岩画中，还出现了一些佛教文化的画面，如祥云、佛像等，叫人不禁联想起佛教徒们在纳木错湖畔的朝圣活动。

其多山的岩画更多地展现了狩猎场面。这些画面中，不论牦牛、鹿还是羚羊，大都身上中箭，从中似乎能够体会到作者猎获到野物的巨大喜悦。

西藏岩画生动而形象地记录了古代族群的生产、繁衍、战争、祭祀等场面，为后人留下了极为珍贵的图像"史料"。

分布在中华大地上的岩画大致可划分为南北两大系统，值得注意的是，进入青藏高原以后的西藏岩画，其走向并不仅限于西去中亚的这一条路线，穿越西藏北部与西部地区的这条岩画线索虽然是西藏岩画的主脉，可就在藏北羌塘草原的腹地，另一系开始向南折转，与西南民族走廊上的川西北和滇西北的岩画逐渐接轨。

从地理上看，西藏在我国岩画分布图上正好位于岩画南北两大系统的汇合处，北接青海、内蒙古、新疆，是北方岩画环形分布带的终点；另外，其南部、东部与四川、云南毗邻，在地理上、文化上均与西南汉藏走廊保持着密切联系。

从岩画的艺术风格看，西藏岩画整体上属于北方岩画系统，所表现的内容题材、造型风格以及制作手段均反映出北方猎牧人的岩画共性；但藏北纳木错洞穴岩画的赭色涂绘与浓郁的祭祀文化特色又属于西南古老岩画的主要特性。

西藏岩画的这两条发展线索反映出这样一个事实：西藏岩画不仅是北方系岩画的延伸，又是与西南古老岩画衔接的重要转折点。

我国南北两大岩画系统在青藏高原的交融汇合，西藏岩画成为我国南北两大岩画系统的中转媒介，这一特殊的地理与文化上的特征使西藏岩画在我国岩画学中处于极为特殊的地位，也反映出这一地区在

西藏岩画

民族文化上的特殊性与丰富性。

　　西藏岩画分布广、数量多，是我国岩画分布最密集的地区之一，已成为我国岩画的重要组成部分。由于西藏高原上岩画点的发现，使我国的北方猎牧人岩画从青海与新疆两省区又向西延伸了相当长的一段距离，至此，我国北方岩画囊括了我国北部的所有地区，甚至是它的最西端藏西阿里的日土。

　　同时，藏西日土岩画的风格可能是在公元前1000年间流行于欧亚大草原的游牧部族的重要风格。于是，北方欧亚草原岩画的风格又因为西藏西部岩画的发现而向东南延续了一段距离。更重要的是，找到了欧亚北方草原岩画青藏高原大陆架上一个重要缺环，有了这个点的存在，整个中亚及东北亚岩画的统一风格便得以建立了。

古韵犹存的岩画石窟

阅读链接

　　西藏岩画的早期发现集中在20世纪的前40年，发现者大都是在西藏境内进行考察的外国学者。如19世纪末的英国考古学家弗兰克和20世纪前期的意大利藏学家杜齐、彼得·奥夫施莱特，都曾几次深入西藏腹地进行考察，并获得极为丰富的第一手资料。

　　自1992年起，美籍藏学家温森特·贝莱萨游历于藏北高原，考察探索这里的古文化遗址，发现了数量可观的新岩画。

　　我国对西藏岩画的考古发现，在20世纪80年代逐渐拉开帷幕。1985年，西藏文物考古队在藏西日土县境内发现了鲁日朗卡、任姆栋、阿垄沟这三处古代岩画点，在国内外岩画学界引起很大反响。20世纪80年代后期至90年代中期，在西藏各地发现岩画遗迹40余处，包括近60个地点和300多组画面。

石窟奇观

著名石窟与不朽艺术

敦煌莫高窟

　　敦煌莫高窟又称"千佛洞"，一直以精美的壁画和形象的塑像闻名于世，是我国著名的"四大石窟"之一。它位于河西走廊西端，鸣沙山东麓的断崖上，始建于十六国的前秦时期，历经千年凿窟造像和不断修绘，形成了南北全长约1.6千米的宏大石窟群。

　　莫高窟现存洞窟、壁画、彩塑，是世界现存规模最庞大的"世界艺术宝库"，具有丰富的文化内涵。

南北朝时首开莫高窟

我国甘肃省敦煌市，东南方向有座鸣沙山，在鸣沙山东麓的断崖上，就是闻名世界的莫高窟、西千佛洞，是世界上现存规模最宏大和保存最完好的佛教艺术宝库。

莫高窟南北长约1.6千米，上下排列5层，高低错落有致，鳞次栉

莫高窟的九层高楼

比，形如蜂房鸽舍，壮观异常。

盛大辉煌的敦煌，有着悠久的历史和灿烂的文化。

敦煌，曾历经沧桑，几度盛衰，步履蹒跚地走过了近5000年漫长曲折的历程。悠久的历史孕育了敦煌灿烂的古代文化，使得敦煌永远辉煌。

早在原始社会末期，中原部落战争失败后迁徙到河西的三苗人就在敦煌繁衍生息，他们以狩猎为生，并逐渐掌握了原始的农业生产技术。

■ 排箫舞乐图

在夏、商、周时期，敦煌属古瓜州的范围，有三苗的后裔，当时叫羌戎族的在此地游牧定居。

在战国和秦代时期，敦煌一带居住着大月氏、乌孙人和塞族人。后来，大月氏逐渐强盛起来，兼并了原来的羌戎。在战国末期，大月氏人赶走了乌孙人、塞族人，独占了敦煌，直至秦末汉初。

在西汉初年，匈奴人入侵河西，两次挫败大月氏，迫使大月氏人向西迁徙于锡尔河、阿姆河两河流域，整个河西走廊被匈奴人占领了。

雄才大略的汉武帝继位后，采取武力防御和主动进攻二者兼用的战略，一边派遣张骞出使西域，联络大月氏、乌孙夹击匈奴，一边派霍去病率军北征，攻伐匈奴。

公元前121年，西汉政府在河西设置了酒泉郡和

乌孙 我国汉代连接东西方草原交通的最重要民族之一，乌孙的首领称为"昆莫"或"昆弥"。公元前2世纪初叶，乌孙与月氏均在今甘肃境内敦煌祁连间游牧，北邻匈奴。乌孙王难兜靡被月氏攻杀，他的儿子猎骄靡刚刚诞生，由匈奴冒顿单于收养成人，后来得以复兴故国。

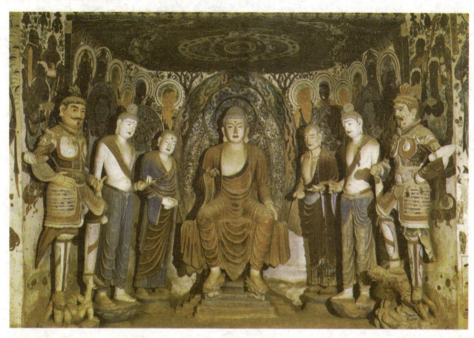

■ 莫高窟内的佛龛塑像

丝绸之路 丝绸在我国史前文明时期就已经存在了。人们通常所指的丝绸之路是指穿越中亚、翻过帕米尔高原、抵达西亚的线路。公元前139年，张骞首次从长安出使西域，到达楼兰、龟兹、于阗等地，其副手更远至安息国、身毒国等。丝绸之路不仅是我国联系东西方的"国道"，也是我国古代中外经济及文化交流的国际通道。

武威郡，并采用设防、屯垦、移民等措施，不断充实、加强建设河西。

公元前111年，西汉政府又将酒泉、武威两郡分别拆置敦煌、张掖两郡，又从令居（今永登）经敦煌直至盐泽（今罗布泊），修筑了长城和烽燧，并设置了阳关、玉门关，史称"列四郡，据两关"，保证了丝绸之路的畅通。

从此，我国的丝绸以及先进技术就源源不断地传播到中亚、西亚和欧洲等地。欧洲、地中海沿岸和西域的玉器、玛瑙、奇禽异兽、农作物等也都长途转运到中原。各国使臣、将士、商贾、僧侣往来不绝，都要经过丝路要道敦煌。因此，敦煌成了中西交通的"咽喉锁钥"。

当时的敦煌疆域辽阔，统管6县。西至龙勒阳关，东到渊泉（今玉门市以西），北达伊吾（今哈密市），南连西羌（今青海省柴达木）。

东汉初年，匈奴又逐渐强盛，征服了曾是西汉管辖的大部分西域地区，丝绸之路被迫中断。

公元75年，东汉王朝出兵四路进击北匈奴，重新打开通向西域的门户。同时派遣名将班超两度出使西域，杀死匈奴使节，联络西域诸国，重新使他们与东汉建立了友好关系，使断绝了65年的丝绸之路重新畅通。

自西汉设郡到西晋末期的数百年间，丝绸之路虽几通几绝，但敦煌日渐呈现出繁荣昌盛的景象，也逐步发展成为西北军政中心和文化商业重地，成为"华戎所交大都会"。

魏晋时期的河西地区，先后建立了前凉、后凉、南凉、西凉、北凉等封建政权。前凉张骏时期，曾改"敦煌"为"沙州"。

尤其是自汉魏时期传入我国的佛教，在敦煌达到空前兴盛，饱受战争之苦的百姓拜倒在佛的脚下，企望解脱苦难，过上安定的生活。因此，敦煌是佛教东传的通道和门户，也是河西地区的佛教中心。

莫高窟内的佛像

■ 法显 东晋僧人，是我国佛教史上的一位名僧，卓越的佛教革新人物，是我国第一位到海外取经求法的大师，杰出的旅行家和翻译家。佛教从印度传入我国，到了法显时代达到了一个关键时刻，从过去的基本上是送进来的阶段向拿进来的阶段转变。

那时，有一大批佛学高僧在敦煌讲经说法，河西各地的佛门弟子多来此地研经习学。法显、鸠摩罗什等佛学大师们无论东进还是西去，都曾经在敦煌留下了他们的足迹。

366年，一个叫乐尊的和尚杖锡云游到了敦煌三危山下，黄昏到来的时候，乐尊和尚环顾四面，极目远望，想找个住的地方。

当乐尊和尚向三危山望去之时，他非常惊讶地看到：落日的余晖洒落在三危山，三危山放出了万道金光，犹如一个个金佛闪动。

乐尊和尚激动万分，虔诚地匍匐于地礼拜再三，于是决定常住于此，行走化缘，并将三危山下所见广为传播，当地民众百姓听闻之后将他视若神明。

不久，莫高窟的第一个洞窟开工。

又是一年春天，风沙向此地再次袭来，卷起的沙子漫天飘飞，播种不久的种子在风沙过后已颗粒不见。百姓痛苦地望着田地，老人们眼角再次湿润，孩子们站在旁边，呆呆地望着。

人们开始埋怨：上天为什么这样？到底是什么原因？这风从何处来？他们想到了"妖魔鬼怪"。

正当人们为此纷纷议论之时，人群中一位老者缓缓站起来说道："前些日子在我们这儿化缘的那个和尚，听说法力无边，我们大伙去请他来作法，求神灵保佑我们吧！"

于是众人三步一叩，来到三危山下的莫高窟请乐尊和尚。

乐尊欣然答应，率弟子做了49天法事。自此，当地风调雨顺、五谷丰登，当地百姓万分感激。为了纪念高僧乐尊，在他圆寂之后，把他葬于该地，并建"镇风塔"纪念。此地从此更名为"土塔村"。

该村的人们还在距此塔约10米的地方建起了一座庙宇，并请工匠在四周的墙壁画满了壁画，精美绝伦。

继乐尊之后，莫高窟开凿于北朝时期的洞窟共有36窟，其中年代最早的第二六八、第二七二、第二七五窟可能建于北凉时期。

窟形主要是禅窟、中心塔柱窟和殿堂窟，彩塑有圆塑和影塑两种，壁画内容有佛像、佛经故事、神怪、供养人等。

佛教画廊

敦煌莫高窟

敦煌莫高窟外景

■ 飞天 意为飞舞的天人。在我国传统文化中，天指苍穹，但也认为天有意志，称其为"天意"。在佛教中，娑婆世界由多层次组成，有诸多天界的存在，这些天界的众生为天人，个别称为"天神"。

浮雕 是雕塑与绘画相互结合的产物，采用压缩的方法来对象进行处理，展现三维空间，并且可以一面或者是两面进行观看。浮雕一般是附着在另一个平面上，所占空间小，所以经常用来装饰环境。浮雕的主要材料有石头、木头、象牙和金属等。

北魏灭掉北凉统一北方后，占据了河西。在这个时期，敦煌比较安定，百姓安居乐业，佛教随之盛行。北魏人就在莫高窟开凿洞窟13窟。

这一时期的彩塑以飞天、供养菩萨和千佛为主，圆塑最初多为一佛二菩萨组合，后来又加上了两个弟子。塑像人物体态健硕，神情端庄宁静，风格朴实厚重。

壁画前期多以土红色为底色，再以青绿、赭白等颜色敷彩，色调热烈浓重，线条纯朴浑厚，人物形象挺拔，有西域佛教的特色。西魏以后，底色多为白色，色调趋于雅致，风格洒脱，具有中原的风貌。

典型洞窟有第二四九、第二五九、第二八五、第四二八窟等。如第二四三石窟北魏时代的释迦牟尼塑像，巍然端坐，身上斜披印度袈裟，头顶扎扁圆形发髻。

第二六七窟至第二七一窟中的十六国壁画已被隋代壁画覆盖，这一组洞窟的建筑形制和第二七二、第二七五窟两窟的窟形与壁画，以及三者关系都是独具特色的。

第二七二、第二七五窟中十六国时期的壁画有特殊风格，它是在土红色的背景上布满散花，人物半裸体，有极其夸张的动作。人体用晕染法表现体积感及肌肤的色调，但因年代久远，颜料变色，只能看见一些粗黑线条。

而根据某些保存了原来面貌的壁画片段，可知那黑色原来都是鲜丽的肉红色。具有这样风格的第二七二窟菩萨像和第二七五窟的《尸毗王本生故事图》，都是代表性作品。

《尸毗王本生故事图》画面上尸毗王垂了一条腿坐着，有人用刀在他腿上割肉，另外有人手持天平，在天平的一端站着一只安静的鸽子，说明了故事的一部分。故事情节还有佛的前身尸毗王为了从鹰的口中救出鸽子的性命，愿意以和鸽子同等重量的一块自己的肉为赎。但割尽两股、两臂、两胁以及全身的肉，都仍然轻于鸽子。最后他决心站在秤盘上去，结果天地震动，尸毗王得到完全平复，而且超过了以往。

"尸毗王本生"是北魏佛教壁画和一部分浮雕中

释迦牟尼 姓乔达摩，名悉达多。古印度释迦族人，佛教创始人。成佛后的释迦牟尼，又尊称为"佛陀"，意思是大彻大悟的人。"释迦"是他所属的部族释迦族的名称，有"能""勇"的意思；"牟尼"意为"文""仁"，所以汉文翻译有称"释迦文佛"等。

佛教画廊

敦煌莫高窟

■ 色彩绚丽的壁画

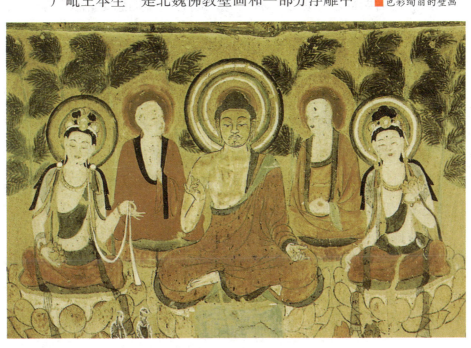

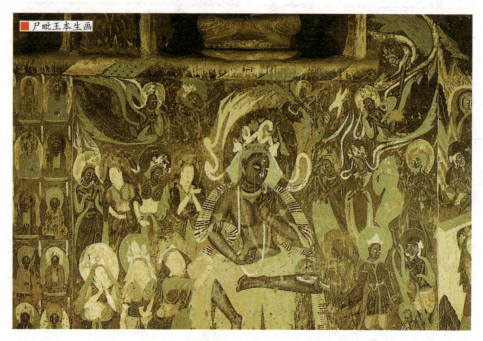

尸毗王本生画

古韵犹存的岩画石窟

流行的许多故事之一，这些故事都是说佛的前生如何为救助旁人而牺牲自己，借以宣传佛教教义。

北魏洞窟一般形式是有前室及正室两部分，前室作横长方形，具有向前、向后两面坡的屋顶，椽与椽之间有成排的忍冬花纹装饰，又称为"人字坡图案"。

北魏洞窟的正室呈方形，中央有一中心方柱，中心柱上有佛龛及塑像，四壁都有壁画，窟顶装绘着划分为方格的平基图案。如第二五四、第二五七窟两窟就都是这种形式的。

第二五四窟和第二五七窟的壁画比较丰富。其中第二五四窟的《尸毗王本生故事图》《萨埵那太子本生故事图》和第二五七窟的《鹿王本生故事图》是有名的北魏代表作。

《萨埵那太子本生故事图》讲述的是一个劝人舍己救人的故事，说的是古代一个国王有3个儿子到山林中游猎，看见母虎生了7只小虎，方才7天，饥饿不堪。

最小的太子萨埵那是佛的前身，他大发慈悲的心肠，劝走了两个哥哥以后，就脱了衣服跳下山去，打算牺牲自己救助饥饿的老虎。

但饿虎已经没有力气去接近他，于是他又攀上山头，用干竹刺自己颈出血，再跳下山去，饿虎舔尽了他的血，然后又吃掉了他的肉。

萨埵那的两个哥哥回来看见了，悲痛地收拾了他的骸骨，并且将这件事情告诉了国王，于是国王为萨埵那修了一座塔。

这一题材在莫高窟和库车附近的洞窟壁画和洛阳龙门宾阳洞，以及造像碑上的浮雕，有多种不同的处理方法。

《萨埵那太子本生故事图》是把主要情节连续地布置在一幅构图之中，因年代久远色调变为暗褐色间以青绿色，倒表现出一种阴暗、凄厉的气氛。

《鹿王本生故事图》是用一长条横幅展开了连续的情节，说的是古代有一头美丽的九色鹿王，也有人说它是佛的前身。

九色鹿王在江边游戏的时候，救起了一个将要溺死的人，被救的溺人叩头拜谢，要给鹿王做奴隶。

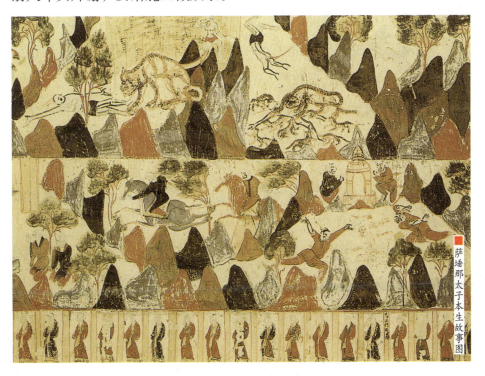

萨埵那太子本生故事图

■ 鹿王本生故事图

鹿王拒绝了，告诉他说："将来有人要捕捉我的时候，不要说见到过我。"

这个时候正好有一个善良正直的国王，但是他的王后却很贪心。王后梦见了鹿王，毛有九色，角胜似犀角。她醒后就向国王说，她要用这个鹿的皮为衣，角作为耳环。并说如果得不到，她就因此而死，于是国王悬赏求鹿。

当时那个被救的溺人贪图赏赐的金银和土地，于是前去告密，但他忘恩负义的行为立刻得到了报应，那就是身上生癞、口中恶臭。

国王带人来捉鹿时，鹿王正在熟睡，被它的好友乌鸦所惊醒，鹿王就在国王前诉说了它拯救溺人的经过。

国王被深深地感动了，于是放弃了捕捉鹿王的计划，并且下令全国，可以允许鹿王任意行走，不得捕捉。但王后听说国王放了鹿王，果然心碎而死。

这个故事虽然把公平归功于国王的正直，但故事内容却体现了对于负义与贪心的谴责。

《萨埵那太子本生故事图》和《鹿王本生故事图》这两幅本生图在风格上，特别是人物形象，具有和第二七二窟和第二七五窟壁画同样强烈的独特风格，但也明显地承袭了汉代绘画的传统，如树木、动物、山林、建筑物等。

《鹿王本生故事图》的横卷式构图，以及每一段落附有文字的榜题，都说明传统绘画在新形成的佛教美术中的重要作用。

　　佛教的本生故事都是无止境地、不择对象地舍己救人，绝对地以牺牲自己为主题，这些故事都是利用百姓的口头传说加以渲染而成，所以不仅在文学描写上具有充满真实情感和片段，而且在一定程度上反映了普通百姓的善恶判断和在痛苦生活中产生的幻想与追求。

　　对于萨埵那太子等人强烈同情的想象，宣传舍己救人的美德，在一方面就是反对任何剥削阶级所共有的自私自利的行为，但夸张到不合情理、敌我不分的地步，最主要的方面还是利用劳动人民的善良心理，发挥麻醉欺骗、忍受剥削和痛苦的作用。

　　北魏时代洞窟中表现这些本生故事的壁画一般是比较简单的，除了在内容上曲折地反映了深受痛苦的人民生活以外，便是一些传统绘画的形象。

《报恩经变》局部

■《报恩经变》的下部

　　一些新创造的人物在动作体态上具有生活的真实感，而在构图上，充分展开情节的能力不高，但形象之间已经具有了一定内容上的联系，而不是单纯的罗列。

　　第二八五窟是莫高窟最重要的洞窟之一，有年代确切的题记，并且表现出传统风格进一步的发展和莫高窟与中原地区石窟造像的联系。有537年、538年的题记，这个时候北魏已经分裂为东魏和西魏。西魏的瓜州刺史东阳王元荣，大力提倡佛教和佛教造像，元荣曾组织人抄写佛经，以100卷为一批，传播过数批佛经，他对于莫高窟的发展起到了一定的作用。

　　第二八五窟的窟顶中央是一"斗四藻井"，四面坡面上画的是日天、月天、雷神、飞廉、飞天，还有成排的在岩穴间的苦修者。苦修者的岩穴外面，有各种动物游憩于林下溪滨，窟顶的这些动物描写真实自然而又富于感情。

　　第二八五窟的四壁，大多是成组的一佛与两服侍菩萨，但窟壁最上方，往往有飞天乘风飘荡，最下方有勇猛健壮的力士，南壁中部则是《五百强盗故事图》。

这一部分壁画和北魏末年中原一带流行的佛教美术有共同的风格特点。例如：菩萨和供养人清癯瘦削的脸型，厚重多褶纹的汉族长袍，在气流中飘动的衣带、花枝，建筑物的欹斜状态，等等。

第二八五窟是可以和同时代其他各地石窟及造像碑做比较的，石窟后壁的佛像，画风也大有不同，其中有密宗的尊神，无疑是第二七二窟等窟画法最后的残余。除了这些以外，第二八五窟的壁画也可以代表在传统基础上发展起来的宗教美术的新形式。

莫高窟北朝后期洞窟中还有完全承继汉代画风的，例如，第二四九窟窟顶的狩猎图，它除了描绘活泼奔驰着的动物、人马和山峦树木的骑射图像外，并有青龙、白虎等异兽和非佛教神话中的东王公、西王母等人物形象。

《萨埵那太子本生故事图》及《须达那太子本生故事图》中都大量地描绘了山林和骑马的景象，更加可以说明民间画师在处理新的故事题材时，尽量利用自己熟悉的、传统的形象与表现形式，作为取得新的形式的基础。

《须达那太子本生故事图》也是流行的本生故事。说的是一个国王有一只六牙白象，力大善于战

183

佛教画廊

敦煌莫高窟

■ 窟顶的藻井图案

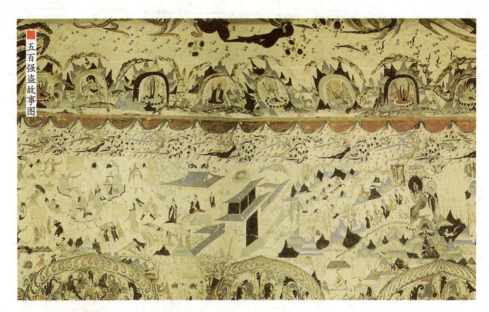

斗，敌国来攻时，常因象取胜。

敌国的国王们知道这个国王的儿子须达那乐善好施，有求必应，于是派了8个婆罗门前来找他求象，须达那果然把象牵出来施舍给他们了，他们8个人骑象欢喜而去。

得到消息的这一国国王和大臣们都大为惊骇，国王就把须达那和他的妻子儿女一起驱逐出国。须达那沿路行去，仍然不断地施舍，把财宝舍尽之后，又继续舍掉马车和衣服，最后把儿女也舍给人卖为奴婢，还要舍掉妻子和自己。

故事的结尾是孩子们被卖的时候，被他们的祖父赎了出来，最后把须达那夫妇也接了回来。

另外，飞天是莫高窟最有特色的标志，从十六国北凉到北魏，大约170余年，此时期的敦煌飞天深受印度和西域飞天的影响，大体上是西域式飞天。但这一时期两个朝代的飞天特点也略有不同。

莫高窟在北凉时的飞天多画在窟顶平棋岔角和藻井装饰中，以及佛龛上沿与本生故事画主体人的头上。其造型和艺术特点主要是头有圆光，脸型椭圆，直鼻大眼，大嘴大耳，耳饰环绕，头束圆髻，或戴或盘，或戴印度五珠宝冠，身材粗短，上体半裸，腰缠长裙，肩披大巾。由于晕染技法变色，成为白鼻梁、白眼珠，与西域龟兹等石窟中的飞天，在造型、姿态、色彩、绘画技艺上都十分相似。

由于莫高窟初建时，敦煌地区的画师画工尚不熟悉佛教题材和外来艺术，处于模仿阶段，运笔豪放，大胆着色，显得粗犷朴拙。

莫高窟存留下来的北凉石窟只有3个。最具有北凉风格特点的飞天，是第二七五窟北壁本微故事画主体人物上方的几个飞天。

他们头有圆光，戴印度五珠宝冠，或头束圆髻，上体半裸，身体呈"U"形，双脚上翘，或分手，或合手，有凌空飞行的姿势，但这种飞动的姿势显得十分笨拙，有下落之感。"U"形的身躯也显得直硬，

佛教画廊

敦煌莫高窟

西域　我国汉代以来对玉门关、阳关以西地区的总称。狭义上专指葱岭以东而言，广义指凡通过狭义西域所能到达的地区，后也泛指我国西部地区。西域到了后来演变为我国的西部地区的含义，所以青海、西藏也是属于西域的范围。

■ 须达太子本生画

尚不圆润，微有印度石雕飞天的遗迹。

莫高窟北魏时期的飞天所画的范围扩大了，不仅画在窟顶平棋、窟顶藻井、故事画、佛龛上面，还画在说法图、佛龛内两侧。北魏的飞天形象，有的洞窟大体上还保留着西域式飞天的特点，但有一些洞窟里的飞天形象，已发生了明显的变化。

北魏时期的飞天脸形已由丰圆变得修长，眉清目秀，鼻丰嘴小，五官匀称谐调；头有圆光，或戴五珠宝冠，或束圆髻；身材比例逐渐修长，有的腿部相当于腰身的两倍。

这时飞天的飞翔姿态也多种多样，有的横游太空，有的振臂腾飞，有的合手下降，气度豪迈大方。势如翔云飞鹤，飞天落处，朵朵香花飘落，颇有"天花乱坠满虚空"的诗意。

虽然飞天的肉体与飘带已经变色，但衣裙飘带的

道教 是我国土生土长的宗教，起源于上古鬼神崇拜，发端于黄帝和老子，创教于张道陵，以"道"为最高信仰，以神仙信仰为核心内容，追求自然和谐、国家太平、家庭和睦，相信修道积德者能够幸福快乐、长生久视，充分反映了中国人的性格心理和精神生活。

古韵犹存的岩画石窟

■ 莫高窟的飞天壁画

晕染和线条十分清晰，飞天飞势动态有力，姿势自如优美。

莫高窟西魏时期的飞天，所画的位置大体上与北魏时期相同，只是西魏时期出现了两种不同风格特点的飞天，一种是西域式飞天，另一种是中原式飞天。

西域式飞天继承北魏飞天的造型和绘画风格，其中最大的变化是作为香间神的乾闼婆，散花飞天抱起了各种乐器在空中飞翔，作为歌舞神的紧那罗，天宫伎乐，冲出了天空围栏，也飞翔于天空。两位天神合为一体，成了后来的飞天，也叫"散花飞天"和"伎乐飞天"。其代表作品是第二四九窟西壁佛龛内上方的四身伎乐飞天。

中原式飞天，是东阳王元荣出任瓜州刺史期间，从洛阳带来的中原艺术画风在莫高窟里新创的一种飞天。是我国道教飞仙和印度教飞天相融合的飞天，即将我国的道教飞仙去掉羽翅，裸露上体，脖饰项链，腰系长裙，肩披彩带，也使印度的佛教失去了头上的圆光和印度宝冠，束起了发髻，戴上了道冠。

中原式飞天最具代表性的是第二八二窟南壁上层的10多个飞天，头束双髻，上体裸露，腰系长裙，肩披彩带，身材修长，成大开口横"弓"形，逆风飞翔。分别演奏腰鼓、拍板、长笛、横箫、芦笙、琵琶、阮弦、筚篥等乐器。四周天花旋转，云气飘荡，衬托着飞天迎风而飞翔，身轻如燕，互相照应，自由欢乐，漫游太空。

北周是鲜卑族在大西北建立的一个少数民族政权，虽然统治时期较短，但在莫高窟营建了许多洞窟。

鲜卑族统治者崇信佛教，而且通好西域，因而莫高窟再度出现了西域式飞天。这种新出的飞天具有龟兹、克孜尔等石窟飞天的风格，脸圆、体壮、腿短，头圆光，戴印度宝冠，上体裸露，丰乳圆脐，腰系长裙，肩绕巾带。

北周飞天最突出的是面部和躯体采用凹凸晕染法，后来因为变色，出现了"五白"，即白眉棱、白鼻梁、白眼眶、白牙齿、白下巴。身躯短壮，动态朴拙，几乎又回到了莫高窟北凉时期飞天绘画风格特点。但形象却比北凉时期丰富得多，出现了不少伎乐飞天。

最具有北周风格的飞天，是第二九〇窟和第四二八窟中的飞天。这两个窟中的飞天，体态健壮，脸形丰圆，头有圆光，戴印度宝冠，五官具有五白特点，上体裸露，腰系长裙，肩绕巾带，躯体用浓厚有凹凸晕染，后因变色丰乳圆脐更为突出。

第四二八窟中的伎乐飞天，造型丰富，或弹琵琶，或弹箜篌，或吹横笛，或击腰鼓，形象生动，姿态优美。尤其是南壁西侧的一身飞天，双手持竖笛，双脚倒踢紫金冠，长带从身下飘飞，四周天花飘落，其飞行姿态，像一只轻捷的燕子俯冲而下。

阅读链接

400年，李暠占据敦煌称王，建立西凉国。敦煌有史以来第一次成为国都，后来亡于北凉。

前凉、西凉、北凉三政权先后统治河西地区时，比较注重谨修内政，安民保境，轻徭薄赋，劝课农桑，崇尚儒学，兴办教育，使得河西地区社会安定，经济繁荣，文化昌盛。

在十六国时期，群雄逐鹿中原，战火四起，百姓流离失所，处于水深火热之中，而河西成为相对稳定的地区。中原大批学士儒生和百姓纷纷背井离乡，逃往河西避难，给河西地区带来了先进的文化和生产技术。

隋唐时期莫高窟迅速发展

　　隋朝的建立，结束了自西晋以来300余年的分裂局面，完成了统一中国的大业。

　　隋文帝收复河西时，相继平息了突厥、吐谷浑的侵扰，保证了丝

人马图

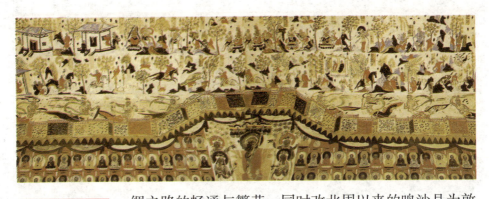

隋文帝 （541—604），隋朝开国皇帝，谥号"文皇帝"，庙号高祖，尊号"圣人可汗"。他统一天下，建立隋朝，社会各方面都获得发展，形成了辉煌的"开皇之治"，使中国成为盛世之国。

诏书 皇帝布告天下臣民的文书。在周代，君臣上下都可以用诏字。秦王政统一六国，建立君主制的国家后，号称"皇帝"，并改命为制，令为诏，从此诏书便成为皇帝布告臣民的专用文书。汉代承秦制，唐宋时期废止不用，元代又恢复使用。

绸之路的畅通与繁荣，同时改北周以来的鸣沙县为敦煌市。

隋文帝平定了南方割据政权后，将大批南朝贵族连同其部族远徙敦煌充边，给敦煌带来了南方的文化和习俗。这样，南北汉文化在敦煌融为一体，使敦煌的地方文化更加富有明显的特色。

隋文帝崇信佛教，几次诏书各州建造舍利塔，诏命远至敦煌。大业初年，隋炀帝派吏部侍郎裴矩到张掖、敦煌一带了解丝绸之路及中西通商和贸易情况。

609年，炀帝西巡，在张掖举办了西域27国贸易交易大会，盛况空前。

在最高统治者的提倡下，隋代虽存在只有短短的37年，但在莫高窟开窟竟有90多个，而且规模宏大，壁画和彩塑技艺精湛，同时并存着南北两种截然不同的艺术风格。

在有隋代壁画的90多个洞窟中，第三〇二、第三〇五、第四二〇、第二七六、第四一九窟，都是比较重要的。隋代和北朝晚期的一部分壁画时代界限，已经不容易划分清楚。

隋代洞窟的建筑形制和壁画题材，多与北魏时代相似。窟形是当时流行的制底窟，壁画的布置，故事画多居于窟顶，四壁常画贤劫千佛或佛陀说法图。

但隋代洞窟的佛教故事画表现丰富，出现很多生活景象的具体描写，都是简单而又有真实感，构图也比较复杂并多变化。可以说，隋代壁画是佛教美术的进一步成熟。

从西魏至隋代的80余年，这个时期的敦煌飞天形象，正处在佛教天人与道教羽人，以及西域飞天与中原飞仙互相交流融合、创新变化的阶段，是中西合璧的飞天。

隋代是莫高窟飞天最多的一个时代，也是莫高窟飞天种类最多、姿态最丰富的一个时代，除了画在北朝时期飞天的位置，主要画在窟顶藻井四周、窟内上层四周和西壁佛龛内外两侧，多以群体出现。

隋代飞天的风格，可以总结为4个不一样，即区域特点不一样、脸型身材不一样、衣冠服饰不一样、飞行姿态不一样。

从总体上说，隋代飞天处在交流、融合、探索和创新的时期。总趋势是向着中国化的方向发展，为唐代飞天完全中国化奠定了基础。

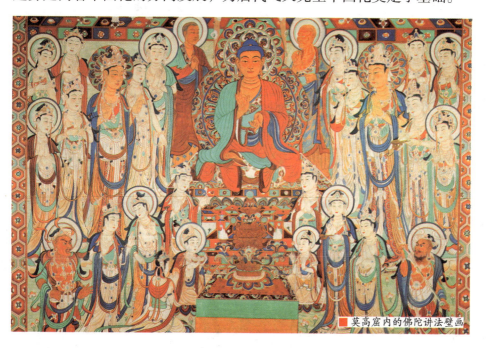

■莫高窟内的佛陀讲法壁画

古韵犹存的岩画石窟

莲花 我国的传统花卉，古名"芙渠"或"芙蓉"，从春秋战国时就曾用作饰纹。自佛教传入我国，便以莲花作为佛教标志，代表"净土"，象征"纯洁"，寓意"吉祥"。莲花因此在佛教艺术中成了主要的装饰题材。

最具有隋代风格的飞天，是第四二七窟和第四〇四窟的飞天，而第四二七窟则是隋代大型洞窟之一，也是隋代飞天最多的洞窟，此窟四壁上沿天宫栏墙之上飞天绕窟一周，共计108个。

第四二七窟的这108个飞天，皆头戴宝冠，上体半裸，项饰璎珞，手带环镯，腰系长裙，肩绕彩带，多有西域飞天的形象、服饰的遗风，肤色虽已变黑，形象仍十分清晰。

她们有的双手合十，有的手持莲花，有的手捧花盘，有的扬手散花，有的手持箜篌、琵琶、横笛、竖琴等乐器，朝着一个方向绕窟飞翔。

第四二七窟飞天姿态多样，体态轻盈，飘曳的长裙，飞舞的彩带，迎风舒卷；在飞天四周，流云飘飞，落花飞旋，动感强烈，富有生气。

第四〇四窟是隋代中后期的一个中型洞窟，窟内

■ 飞天壁画

■ 飞天手持莲花图

四壁上沿画天宫栏墙，栏墙上飞天绕窟一周，如同第四二七窟的飞天一样，姿态各异，有的手持莲花，有的手托花盘，有的扬手散花，有的手持各种乐器，朝着一个方向逆风飞翔，体态轻盈，姿势优美。

但第四〇四窟在首饰服饰上有了很大的变化，头无圆光，不戴宝冠，有的束桃形仙人髻，有的束双环仙人髻，有的束仙童髻，脸为蛋形，眉清目秀，身材修长，衣裙轻软，巾带宽长。衣饰、面容、身态如同唐代初期的飞天，已经完全中国化

唐代初期，在河西设立了肃、瓜、沙三州，河西全部归唐所属。

640年，唐太宗李世民一举铲除东西大道上以西突厥为主的障碍，确保了丝路古道的畅通无阻。

唐代的敦煌同全国一样，经济文化高度繁荣，佛教非常兴盛，这一时期莫高窟开窟数量多达1000余

箜篌 是十分古老的弹弦乐器，最初称"坎侯"或"空侯"，历史悠久、源远流长。古代除宫廷雅乐使用外，在民间也广泛流传，后来常用于独奏、重奏和为歌舞伴奏，并在大型民族管弦乐队中应用。在古代有卧箜篌、竖箜篌、凤首箜篌3种形制。

古韵犹存的岩画石窟

玄奘 汉传佛教史上最伟大的译经师之一，我国佛教法相唯识宗创始人。出家后遍访佛教名师。玄奘所译佛经，多用直译，笔法谨严，所撰有《大唐西域记》，为研究印度以及中亚等地古代历史、地理之重要资料。

窟，保存下来的有232窟，而且壁画和塑像都达到极高的艺术水平。

645年，大唐著名高僧玄奘到印度取经，返回的时候，途经敦煌停留了一段时间，才回到长安。

在唐代兴起的时候，我国西南部的吐蕃王朝日益强盛。安史之乱以后，唐王朝由鼎盛开始走向衰落，从此一蹶不振，吐蕃则乘虚进攻河西，攻陷了凉州、甘州、肃州等地，统治河西长达70多年。

吐蕃也信奉佛教，莫高窟的唐代洞窟中也保存了大量吐蕃时期的壁画艺术，藏经洞内保存了大量的吐蕃文经卷。

848年，敦煌百姓难以忍受吐蕃暗无天日的统治和奴隶般的生活，本地人张议潮乘吐蕃王朝发生内乱，联络当地各族群众起义，赶走了吐蕃贵族，一举光复了沙州。

■ 莫高窟前的石塔

张议潮经过10多年的斗争，全部收复了河西、河湟等地，并遣使奉表归唐。唐王朝封张议潮为河西、河湟十一州节度使，建归义军，治理沙州。

后来，朝廷诏张议潮入朝为官，沙州张氏宗族内乱，其孙张承奉继任节度使，背叛大唐自立为"西汉金山国"，自称"金山白衣天子"。

在此时，甘州回鹘也控制了河西走廊中部地区。"金山国"为打通东西交通，与回鹘交战，结果一败涂地。后回鹘攻打沙州，张承奉难以抵挡，只好投降。

反弹琵琶图

914年，金山国亡，张氏绝后，沙州长史曹议金取代节度使地位，统领瓜、沙两州。

在曹氏统治期间，笼络瓜、沙族，注意发展生产，重视经济、军事和文化建设，改善同周围各民族的关系，东交回鹘，西联于阗，与邻邦各国和睦相处，保持了稳定和安宁，维持了130多年。

隋唐可以说是莫高窟发展的全盛时期，共留下洞窟300多窟。禅窟和中心塔柱窟在这一时期逐渐消失，而同时大量出现的是殿堂窟、佛坛窟、四壁三龛窟、大像窟等形式，其中殿堂窟的数量最多。

塑像都为圆塑，造型浓丽丰满，风格更加中原化，并出现了前代

第一五九窟的供养菩萨图

所没有的高大塑像。群像组合多为7尊或者9尊，隋代多是一佛、两弟子、两菩萨或四菩萨，唐代多是一佛、两弟子、两菩萨和两天王，有的还加上两力士。

这一时期的莫高窟壁画题材丰富、场面宏伟、色彩瑰丽，美术技巧达到空前的水平。如中唐时期制作的第七十九窟服侍菩萨像中的样式，上身裸露，做半跪坐式。

塑像头上合拢的两片螺圆发髻，是唐代平民的发式。脸庞、肢体的肌肉圆润，施以粉彩，肤色白净，表情随和温存。虽然眉宇间仍点了一颗印度式红痣，却更像生活中的真人。

在第一五九窟中，也是服侍菩萨。

塑像上身赤裸，斜结璎珞，右手抬起，左手下垂，头微向右倾，上身有些左倾，胯部向右突，动作协调，既保持平衡，又显露出女性化的优美身段。

另外一位菩萨全身着衣，内外几层表现清楚，把身体结构显露得清晰可辨。衣褶线条流利，色彩艳丽绚烂，配置协调，身材修长，比例恰当，使人觉得这是两尊有生命力的活像。

整个唐代，300余年，这个时期的敦煌飞天在本民族传统文化艺术的基础上，不断吸收印度飞天的成分，融合西域、中原飞天的成就，发展创作出了自己的特色。

从十六国起，历经北凉、北魏、西魏、北周、隋代5个朝代，百余年的时间，完成了敦煌飞天中外、东西、南北的互相交流、吸收、融合。

到了唐代，敦煌飞天进入成熟时期，艺术形象达到了最完美的阶段，这时期的敦煌飞天已少有印度、西域飞天的风貌，是完全中国化的飞天。

唐代是莫高窟大型经变画最多的朝代，窟内的四壁几乎都被大型经变画占领，飞天也主要画在大型经变画中。在题材上，一方面，表现大型经变画中的佛陀说法场面，散花、歌舞、礼赞作供养；另一方面，表现大型经变，如佛国天界、西方净土、东方净土等极乐世界的欢乐。

唐代飞天或飞绕在佛陀的头顶，或飞翔在极乐世界的上空。有的脚踏彩云，徐徐降落；有的昂首振臂，腾空而上；有的手捧鲜花，直冲云霄；有的手托花盘，横空飘游。

飞天那飘曳的衣裙，飞卷的舞带，真如唐代诗人李白咏赞仙女的诗中"素手把芙蓉，虚步蹑太虚。霓裳曳广带，飘浮升天行"描写的诗情画意。

唐代敦煌石窟的艺术，可以划分为初唐、盛唐、中唐、晚唐4个阶段，这4个阶段又可划分为2个时期。

618—781年，就是唐王

李白 字太白，号青莲居士，唐代诗人，有"诗仙"之称。一生不以功名显露，却高自期许，不畏权势，藐视权贵，肆无忌惮地嘲笑以政治权力为中心的等级秩序，批判当时腐败的政治现象，以大胆反抗的姿态，推进了盛唐文化中的英雄主义精神。

197

佛教画廊
敦煌莫高窟

■仙女飞天壁画

■ 第三二一窟飞天壁画

涅槃 佛教用语，指清凉寂静，烦恼不现，众苦永寂；具有不生不灭、不垢不净、不增不减，远离一异、生灭、常断等的中道体性意义；也即成佛。佛教认为，轮回是一个必然过程，人死后，"识"会离开人体，进入另一个新生命体内，该生命体可以是人类，也可以是动物、鬼、神。只有涅槃，方可摆脱轮回。

朝直接统治敦煌地区时期；781—907年，就是吐蕃族侵占敦煌地区和河西归义军节度使张议潮管辖敦煌地区时期。

艺术风格最能体现时代的政治、经济、社会形态。唐代前期的飞天具有奋发进取、豪迈有力、自由奔放和奇姿异态，变化无穷的飞动之美。这与唐王朝前期开明的政治、强大的国力、繁荣的经济、丰富的文化和开放的奋发进取时代精神是一致的。

第三二一窟西壁佛龛两侧各画两身双飞天，这两身飞天，飞翔姿态十分优美。

尽管飞天的面容、肉体已变成绛黑色，但眉目轮廓、肉体姿态、衣裙彩带的线条十分清晰，身材修长，昂首挺胸，双腿上扬，双手散花，衣裙巾带随风舒展，由上而下，徐徐飘落，像两只空中飞游的燕子，表现出了潇洒轻盈的飞行之美。

第三二〇窟的四飞天画在南壁《西方净土变》中阿弥陀佛头顶华盖的上方，每侧两身，以对称的形式，围绕华盖，互相追逐：一个在前，扬手散花，反身回顾；另一个举臂托篮，紧追不舍，前呼后应，表现出一种既奋发进取，又自由轻松的精神力量和飞行之美。

飞天的四周，彩云飘浮，香花纷落，既表现了飞天向佛陀作供养，又表现了佛国天堂的自由欢乐。飞天的肉体虽已变黑，面容不清，但人体比例准确，线条描流畅有力，色彩艳丽丰富，是唐代飞天代表作之一。

唐后期最有代表性的飞天是画在中唐第一五八窟西壁大型《涅槃经变》图上方的几身飞天。这几身飞天围绕《涅槃经变》图上层的菩提树宝盖飞翔，有的捧着花盘，有的捧着璎珞，有的手擎香炉，有的吹奏羌笛，有的扬手散花。

飞天神情平静，并无欢乐之感，在庄严肃穆的表情中透露出忧伤悲哀的神情，体现出了一种"天人共悲"的宗教境界，同时，也反映出唐代后期国力衰败和当时吐蕃族统治下的敦煌地区期盼回归大唐的情绪。

阅读链接

研究认为，敦煌画师的来源主要有4种：第一种是来自西域的民间画师；第二种是朝廷的高级官吏获罪流放敦煌时所带的私人画师；第三种是高薪聘请的中原绘画高手；第四种是来自五代时期官办敦煌画院的画师。

在敦煌文献中，所有的画师都被称为"画匠"或"画工"，可见画师们主要来自民间，社会地位并不高，他们创作壁画时很可能就住在阴暗潮湿的洞窟里。壁画中大量的田间劳动场景，活生生地再现了当时的经济状态和科技水平。

敦煌画师们绘成了精美绝伦的壁画，而关于他们的记载又几乎是空白的，所以，他们的生平总能激起艺术家的无穷想象。

五代宋元莫高窟走到极致

　　五代和宋代的时候，敦煌莫高窟存留下来的有100多窟，多为改建、重绘的前朝窟室，形制主要是佛坛窟和殿堂窟。

　　从晚唐至五代，统治敦煌的张氏和曹氏家族均崇信佛教，为莫高

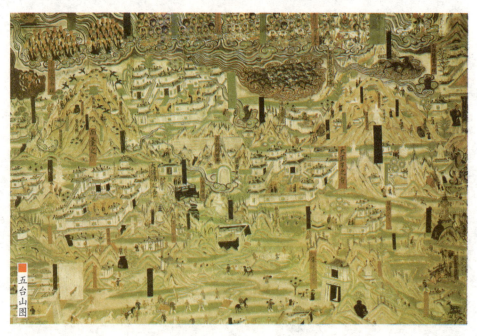

五台山图

窟出资甚多，因此供养人画像在这个阶段大量出现，内容也很丰富。

塑像和壁画都沿袭了晚唐的风格，但越到后期，其形式就越显公式化，美术技法水平也有所降低。

这一时期的典型洞窟有第六十一窟和第九十八窟等，其中第六十一窟的地图《五台山图》是莫高窟最大的壁画，高5米，长13.5米，绘出了山西五台山周边的山川地形、城池寺院、亭台楼阁等，堪称恢宏壮观。

在11世纪初，西北地区的党项族开始兴起，逐步强大起来。1028年，取胜甘肃回鹘，继而攻陷瓜州、沙州，称霸河西，于1038年建立了西夏王朝。于是，在当时形成了宋、辽、西夏三足鼎立的局面。

在西夏统治敦煌的100多年间，由于重视经济发展，使敦煌保持着汉代以来"民物富庶，与中原不殊"的水平。

西夏统治者崇信佛教，也不排斥汉文化，在文化艺术方面也有了较大的发展。

千百年来，莫高窟和榆林窟保存着大量丰富而独特的西夏佛教艺术，举世闻名的"敦煌遗书"即在西夏统治时期封藏于莫高窟第十七窟内。

1206年，元太祖铁木真统一漠北各部族，成立了

■ 西夏王妃供养图

供养人 佛教名词，是指因信仰某种宗教，通过提供资金、物品或劳力，制作圣像、开凿石窟、修建宗教场所等形式弘扬教义的虔诚信徒。现在也指那些出资对其他人提供抚养、赡养等时段性主要资助的个人或团体。

强大的部落联盟。

1227年，蒙古大军灭西夏，攻克沙州等地，河西地区归元代所有。此后，敦煌为沙州路，隶属甘肃行中书省，后为沙州总管府。

元代远征西方，必经敦煌。当时瓜、沙两州屯兵济济，营寨栉比，屯垦农兵遍布党河和疏勒河流域。敦煌一度呈现出经济文化繁荣的景象，和西域的贸易更加频繁。

著名旅行家意大利人马可·波罗就是这一时期途经敦煌漫游到中原各地的。元代统治者也崇信佛教，使得莫高窟的开造得以延续。

莫高窟共有西夏和元代的洞窟85窟，其中西夏修窟77窟，多为改造和修缮的前朝洞窟，洞窟形制和壁画雕塑基本都沿袭了前朝的风格。一些西夏中期的洞窟出现回鹘王的形象，可能与回鹘人有关。而到了西夏晚期，壁画中又出现了西藏密宗的内容。

元代洞窟只有8窟，全部是新开凿的，出现了方形窟中设圆形佛坛形制，壁画和雕塑基本上都和西藏密宗有关。典型洞窟有第三、第六十一窟和第四六五窟等。

古韵犹存的岩画石窟

莫高窟外景

从五代至元代，460余年，这一时期的敦煌飞天继承唐代余风，图形动态上无所创新，逐步走向公式化，已无隋代时创新多变和唐代时的进取奋发精神。

飞天的艺术水平和风格特点虽有不同，但一代不如一代，逐渐失去了原有的艺术生命力。

第十六窟的说法图

不过历代政权都崇信佛教，在莫高窟、榆林窟新建和重修了大量洞窟，并且建有画院，聘用了一些当时著名的画匠继承仿效唐代风格特点，在榆林窟和莫高窟也留下了一些上乘的飞天之作。其代表作品是榆林窟第十六窟和莫高窟第三二七窟中的飞天。

榆林窟第十六窟是五代早期的一个洞窟，窟内所画的飞天，虽然没有唐代飞天的生动活泼、身姿俏丽，但装饰性十分好。

例如：第十六窟中一个弹古筝和一个弹箜篌的飞天，画得很完美，飞天皆头束发髻，弯眉大眼，直鼻小唇，脸形丰圆，耳垂环绕，半裸上体，胸饰璎珞，臂饰镯钏，腰系长裙，赤脚外露，双手娴熟地弹拨琴弦，姿态优雅。

第十六窟最大的特点是飞天飞舞的巾带是身体长度的3倍，飞舞的巾带中间有飘旋的花朵，飞舞的巾带下面有彩云流转，飞天好似逆风翱翔在彩云上，整个画面对称均等，装饰性很强。

第三二七窟中的飞天一手托花盘，一手弹凤首箜篌，逆风飞翔，衣裙飘曳，长带飞舞，飞天身上，鲜花纷落，飞天身下，彩云飞旋，虽无唐代飞天的气势，但其飞行动态也很生动，可以说是宋代飞天的

古韵犹存的岩画石窟

代表作品。

莫高窟西夏时期的飞天，一部分沿袭宋代的风格，一部分具有西夏独特的风格，最大的特点是把西夏党项族人物风貌和民俗特点融入了飞天的形象，脸形长圆，两腮外鼓，深目尖鼻，身体健壮，身穿皮衣，多饰珠宝，世俗性很强。

其中具有代表性的是第九十七窟中的童子飞天，该窟西壁佛龛内侧，各画一处童子散花飞天，形象、姿态、衣服相同，头顶秃发，两侧梳小辫，圆脸细眉，眼角上翘，赤膊光腿，肌肉丰满，体格健壮，臂饰珠镯宝钏，腰系兽皮肚围，脚蹬短筒皮靴。

童子飞天一手持莲花，一手持花盘，一腿弯曲，一腿上扬，由上而下飞行。背上彩带飞舞，飞动气势不强。这两个飞天已无早期神天佛国乐神和歌神的神态，也无唐代飞天婀娜多姿的风韵。如果抹去童子飞天臂上的巾带，脚下的彩云完全是一位党项族打扮的男童，从人物形象、发式、衣饰上看，都表现出了西夏党项族的特点和生活风格。

元代时期，广泛流行密宗，分藏密和汉密，藏传密宗艺术中无飞天，汉传密宗艺术中存留的飞天也不多。

其中具有代表性的是画

■ 手持莲花图

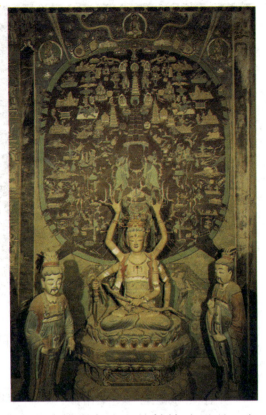

■ 观音 就是我国民间常说的观音菩萨，又称"观世音菩萨""观自在菩萨""光世音菩萨"等，是"四大菩萨"之一。传说，他具有无量的智慧和神通，大慈大悲，普救人间疾苦。当人们遇到灾难时，只要念其名号，便前往救度，所以称"观世音"。

在第三窟南壁和北壁《千手千眼观音经变》图上方两角的四身飞天，北壁《观音经变》图上方两身飞天造型较为完美。

敦煌飞天，经历了千余年的岁月，展示了不同的时代特色和民族风格，许多优美的形象，欢乐的境界，永恒的艺术生命力至今仍然吸引着人们。

敦煌莫高窟壁画堪称世界一绝，那么究竟是谁绘成了这些堪称世界艺术瑰宝的敦煌壁画呢？人们一直期待从莫高窟北区找到关于壁画作者的千古谜底。甚至肯定地认为，莫高窟北区的很多洞窟是敦煌画师的住所。但是来自北区洞窟的发现表明，这些洞窟是僧人居住修行或印制佛经的地方，这使得关于壁画作者的千古之谜更加扑朔迷离。

根据对敦煌壁画题记和敦煌文献的研究，大约只有10世纪左右的壁画画工有零星资料，而在4—9世纪的壁画中，找不到关于作者的任何资料。

浩繁的敦煌文献和大量壁画题记中，有关壁画作者的题记和文献记载，总共只有40多条，有名有姓的壁画作者仅有平咄子等12人。

在开凿于元代的第三窟南北两壁，画着极其精美的千手千眼观音像，这两幅千手千眼观音像以线写形，以色显容，用遒劲有力的线条

■莫高窟的壁画艺术

勾勒人物轮廓，轮廓内再淡施晕染，有些不施色彩却见肌肤，被公认为是敦煌壁画的极品。

千手千眼观音像壁画的落款为"甘州史小玉笔"，专家认为史小玉应该是甘肃张掖人，但史小玉很可能是艺名而非真名，至于其生平已经无从考证。

自元代以后，千里河西逐渐失去了昔日的光彩。

阅读链接

朱元璋建立明代以后，为扫除元代残部，派宋国公冯胜率兵三路平定河西获胜，修筑了嘉峪关明长城，重修了肃州城。明王朝为了加强西北边疆的防卫，设置了关西七卫。

1405年，明王朝在敦煌设沙州卫。后吐鲁番攻破哈密，敦煌面临威胁。明王朝又在沙州古城设置罕东左卫。1516年，敦煌被吐鲁番占领。

1524年，明王朝下令闭锁嘉峪关，将关西平民迁徙关内，于是废弃了瓜、沙两州。此后200余年敦煌旷无建置，成为"风播楼柳空千里，月照流沙别一天"的荒漠之地了。

龙门石窟

　　龙门石窟是我国著名的四大石刻艺术宝库之一，位于河南省洛阳南郊的伊河两岸。

　　经过北魏至北宋400余年的开凿，至今仍存有窟龛2100多个，雕像11万余尊，碑刻题记3600余品，多在伊水西岸。数量之多位于我国各大石窟之首。它们反映了我国古代政治、经济、宗教、文化等许多领域的发展变化，对我国石窟艺术的创新与发展做出了重大贡献。

大禹劈开神奇龙门

　　龙门又称"阙塞""伊阙"，地处洛阳以南的伊河两岸。河西为龙门山，又称"天竺山"；河东因产香葛，故称"香山"。于是呈现出苍翠突兀的两座岫丘，伊河从中由南向北穿流而过，这正是宋代苏

■龙门石窟全景

过所描绘的"峥嵘两山门，共挹一水秀"的天阙奇观。

伊河是从西南方向奔泻过来，沿河上溯，两旁远远的有熊耳山和外方山逶迤夹峙，至伊川县西南边界处，两座山渐渐靠近，分别突起两座山峰，叫作"九皋山"和"海峰山"。隔河相视，犹如一个天然的门阙一般。

传说很早以前，龙门还未凿开，伊水流到这里便被龙门山挡住了，就在山南积聚了一个大湖。

居住在黄河里的鲤鱼听说龙门风光好，都想去观光。它们从孟津的黄河里出发，通过洛河，又顺伊河来到龙门水溅口的地方，但龙门山上无水路，上不去，它们只好聚在龙门的北山脚下。

"我有个主意，咱们跳过这座龙门山怎样？"一条大红鲤鱼对大家说。

"那么高，怎么跳啊？"

"跳不好会摔死的！"

伙伴们七嘴八舌拿不定主意，大红鲤鱼便自告奋勇地说："我先

■ 洞窟口外北侧的
金刚力士

龙 在我国古代
的神话与传说
中，龙是一种神
异的动物。传说
蛟龙能显能隐，
能细能巨，能短
能长。春分登
天，秋分潜渊，
呼风唤雨，无所
不能。在我国神
话中是海底的龙
王，在我国民间
是祥瑞的象征，
在古时则是帝王
的化身。

跳，试一试。"只见它从半里外就使出全身力量，像离弦的箭向龙门冲去，然后纵身一跃，一下子跳到半天云里，带动着空中的云和雨往前走。

一团天火从身后追来，烧掉了大红鲤鱼的尾巴，它忍着疼痛，继续朝前飞跃，终于越过龙门山，落到山南的湖水中。

山北的鲤鱼们见此情景，一个个被吓得缩在一块，不敢再去冒这个险了。

这时，忽见天上一条巨龙说："不要怕，我就是你们的伙伴大红鲤鱼，因为我跳过了龙门，就变成了龙，你们也要勇敢地跳哇！"

鲤鱼们听了这些话，受到了鼓舞，开始一个个挨着跳龙门山。可是除了个别的跳过去化为龙以外，大多数都过不去。凡是跳不过去，从空中摔下来的，额头上就落一个黑疤。直至今天，这个黑疤还长在黄河鲤鱼的额头上呢！

后来，唐代大诗人李白，专门为这件事写了一首诗：

黄河三尺鲤，本在孟津居。
点额不成龙，归来伴凡鱼。

由于那时龙门东、西两山是连在一起的，山的西南边，由于数山夹峙，形成了一个大大的湖泊。伊水滔滔不绝，那湖泊也不断加大，侵蚀了沿岸的良田和村庄，人们只好背井离乡，跑到四周的山上避难。

后来，大禹治水来到了这里。他采用的是疏导川河的办法。他登上高高的海峰山上仔细地观察了地形，就扛着大斧来到龙门山，一斧子把山劈开了一道沟槽，两山夹沟，恰如墙上开了门洞，让滚滚洪水穿门而过，流入黄河。

于是，湖水消退了，只留下中间那条长年流淌的伊河和河两岸平坦肥沃的良田。

为了纪念大禹，人们在当年避难的海峰山上建了一座海渎庙，四时供奉禹爷，香火不断。

不知什么时候，佛祖领着菩萨、天王、力士诸弟子出行到龙门口，望着大禹泄洪的工程那么绝妙合

天王 即佛教四天王，原指古印度神话中的战将，后被佛教宣传为四个重要的护法神，各守护东、南、西、北4个方向，以护持佛法。天王一般身穿甲胄，面容威严，手持武器，足踏夜叉。以后在我国的寺庙中，四天王手中分别持剑、琵琶、伞、蛇等物，象征风、调、雨、顺。

211

石刻宝库

龙门石窟

■ 龙门石窟的佛像

大禹 姒姓夏后氏，名文命，字高密，号禹，后世尊称"大禹"，夏后氏首领，传说为黄帝轩辕氏第六代玄孙。他是我国传说时代与尧、舜齐名的贤圣帝王，他最卓著的功绩，就是历来被传颂的治理滔天洪水，又划定中国国土为九州。后来，大禹的儿子启创建了我国第一个世袭王朝——夏朝，因此，后人也称他为"夏禹"。

理，而且造成了那么宜人的景色，就喜欢得不想走了，立在那里久久地欣赏。

无数起伏的河波把他们的神光四散反射开去，就在两岸的岩壁上印化下了大大小小、高低错落的影子。

影子散落周边，就形成了石窟塑像，表情有的慈善，有的英武，有的凶猛，有的挤眉弄眼不那么庄重，传说这就是龙门最早的石像。

龙门西山有一个"禹王池"。方正的石砌浅池里，温泉喷涌，热气飘荡，水草摆动，细虾闲游，更矗立一嫩绿色稀奇石柱。出水处，为一石雕蛤蟆嘴，将清泉抛珠倾玉般撒下，又构成飞瀑妙影。

相传大禹劈开龙门后，这一带风调雨顺，五谷丰登，于是大禹放心地向东去治水了。不久之后，来了个蛤蟆精，蛤蟆精能一口将伊河吸干，让两岸沃田成年浇不上一滴水，田地干裂，禾苗枯死。

■ 石窟敬西洞正壁的倚坐佛

后来，大禹巡视水情回到龙门，听百姓们诉说了灾情，十分气愤，就带着开山用的石凿来寻找蛤蟆精，为民除害。

蛤蟆精看到大禹气冲冲赶来，知道不妙，但仍然壮起胆子鼓起肚皮嚷嚷道：

此处风光好，就该由我保；
禹王快走开，免得惹祸灾！

龙门石窟佛像

大禹轻笑一声，冷眉斥骂蛤蟆精祸害百姓，死到临头还嘴硬。蛤蟆精一看恐吓不行，就张开血盆大口，"呱"的一声，吐出一股夹着腥臭味的黑风，直吹得飞沙走石，天昏地暗，狂雨骤降，伊河暴涨。

那伊河水掀起数丈高的大浪直向大禹扑来，大禹早有提防，纵身一跳，跃上山冈。

蛤蟆精见大浪砸不住大禹，就把身子胀得比牛还大，双腿一弹，跳起来吞吃大禹。

好个大禹，不慌不忙，待蛤蟆精将到面前时，一凿打去，正打在蛤蟆背上。试想，大禹整年开山挖沟，练得何等神力，直砸得蛤蟆精"呱"的一声，断了脊梁骨，跌落在山脚。顿时，风也停了，雨也住了，水也消了。蛤蟆精挣扎几下，想爬进伊河溜走逃命。大禹哈哈一笑，朗声唱道：

蛤蟆精，蛤蟆精，
石凿底下吐清泉，
浇灌良田添胜景。

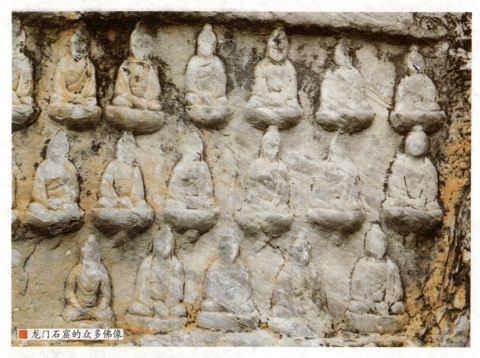
■ 龙门石窟的众多佛像

唱罢，将石凿向山冈下投去，只听"噗"的一声，戳穿了蛤蟆精的脊背，将它钉在了山石上。从此，石凿下清泉喷涌，流淌不息，浇灌着伊河两岸的沃田土。老辈人观察，不管天多阴多旱，那清泉总是脸盆粗的一股流出蛤蟆嘴，不见多，也不见少。

阅读链接

隋炀帝定都洛阳后，因皇宫大门正对伊阙，古代帝王又以真龙天子自居，因此而取名"龙门"，并沿用至今。

举世闻名的龙门石窟就雕琢在伊河两岸的山崖上，南北长约1000米。"龙门山色"自古即为"洛阳八景"之首。自北魏以来，这里松柏苍翠，寺院林立，至唐代有10寺最为有名。

山脚处泉水汩汩，伊水碧波荡漾，唐代时行船往来，穿梭其中。精美的雕像与青山绿水交相辉映，形成了旖旎葱茏、钟灵毓秀的龙门山色、伊阙风光。

我国古代历史上曾有许多文人墨客、帝王将相、高僧大德徜徉于此，赋诗吟诵。

北魏首开龙门石窟

　　从魏孝文帝迁都洛阳到孝明帝时期的35年间，是龙门开窟雕造佛像的第一个兴盛时期。这一时期开凿的洞窟大都集中在龙门的西山上，约占龙门石窟造像的1/3。其中最著名的有古阳洞、宾阳三洞、药

■古阳洞的龛楣雕饰

■ 古阳洞的坐佛

方洞等10多个大中型洞窟。

古阳洞在龙门山的南段，开凿于493年，这一年正是北魏王朝孝文帝迁都洛阳的那一年。

古阳洞是龙门石窟造像群中开凿最早、佛教内容最丰富、书法艺术最高的一个洞窟。它规模宏伟、气势壮观。洞中北壁刻有楷体"古阳洞"3个字，至清末光绪年间，道教徒将主像释迦牟尼涂改成太上老君的形象，讹传老子曾在这儿炼丹，所以古阳洞又叫"老君洞"。

古阳洞是由一个天然的石灰岩溶洞开凿成的。窟顶无莲花藻井，地面呈马蹄形。主像释迦牟尼，着双领下垂式袈裟，面容清瘦，眼含笑意，安详地端坐在方台上，侍立在主佛左侧的是手托宝瓶的观音菩萨，右边的是拿摩尼宝珠的大势至菩萨，他们表情文静，仪态从容。

古阳洞大小佛龛多达数百，雕造装饰十分华丽，特别是表现在龛的外形、龛楣和龛额的设计上，丰富多彩，变化多端。

有的龛是莲瓣似的尖拱，有的是屋形的建筑，有的是帷幔和流苏，并且在龛楣上雕琢有佛传故事。

太上老君 我国道教对老子的神化称呼。多种道教经典对老子有各种神化说法，大致说老子以"道"为身，无形无名，生于天地之先，住于太清仙境，长存不灭，常分身化形降生人间，为历代帝王之师，伏羲时为郁华子，神农时为大成子，祝融时为广成子。

如古阳洞南壁释迦多宝龛上，有树下诞生、步步生莲、九龙灌顶等。讲述的是悉达多从他母亲摩耶夫人的右胁骨下诞生，刚出生，就走了7步，每一步脚印都生出一朵莲花，这叫"步步生莲"，他站在方台上，天空中有9条龙为他喷水沐浴。

古阳洞是北魏皇室贵族发愿造像最集中的地方。这些达官贵人不惜花费巨资，开凿窟龛，以求广植功德，祈福免灾。而且，所遗留下的书法珍品"龙门二十品"，古阳洞中就占有十九品，另一品在慈香窟中。

龙门二十品是指从北魏时期精选出不同的20块造像题记，它们记载着佛龛的雕琢时间、人物、目的等。

龙门二十品的特点是，字形端正大方、气势刚健质朴，结体、用笔在汉隶和唐楷之间。

清代学者康有为曾大力提倡整个社会书写要用魏碑体，而龙门二十品仍有无穷的艺术魅力，每年吸引无数的书法爱好者，甚至从海外漂洋过海，为的是能够亲眼看见这一书法奇珍。

■ 古阳洞的站立佛像

古阳洞中大小列龛多达数百，不但佛教故事最多，龛上图案的装饰也十分精美华丽，严谨完整，丰富多彩。

宾阳三洞的宾阳中洞是北魏时期代表性的洞窟。"宾阳"意为迎接出生的太阳。宾阳三洞开凿于北魏时期，是北魏的宣武帝为他父亲孝文帝做功德而建。

它开工于500年，历时20多年，用工达80多万人，后因为发生宫廷政变以及主持人刘腾病故等原因，计划中的3窟洞窟，包括宾阳中洞、南洞、北洞等仅完成了宾阳中洞这一窟，南洞和北洞都是到初唐才完成了主要造像。

宾阳中洞内为马蹄形平面，穹隆顶，中央雕琢重瓣大莲花构成的莲花宝盖，莲花周围是8个伎乐天和2个供养天人。他们衣带飘扬，迎风翱翔在莲花宝盖周围，姿态优美动人，洞内为三世佛题材，即过去、现在、未来三世。

宾阳中洞主佛为释迦牟尼，他是佛教的创始人，原名叫悉达多·乔答摩，原是古印度净饭王的儿子。他和孔子生活在同一时代，

宾阳中洞的穹隆顶

比孔子要年长12岁。他在29岁时出家修行，经过6年，悟道成佛，创立了佛教。

由于北魏时期崇尚以瘦为美，所以主佛释迦牟尼面颊清瘦，脖颈细长，体态修长。衣纹密集，雕琢手法采用的是北魏的平直刀法。

而又因为北魏孝文帝迁都洛阳后实行了一系列的汉化政策，所以

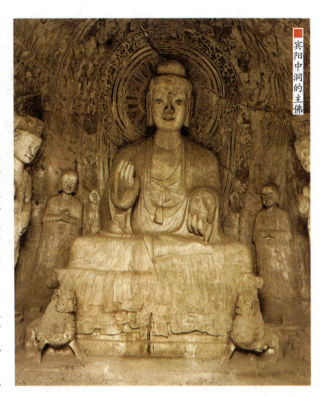

宾阳中洞的主佛

洞中主佛的服饰一改云冈石窟佛像那种偏袒右肩式袈裟，而身着宽袍大袖袈裟。

释迦牟尼左右侍立两弟子、两菩萨。两菩萨含睇若笑，文雅敦厚。左右壁还各有造像一组，都是一佛、两菩萨，着褒衣博带袈裟，立于覆莲座上。

宾阳中洞中前壁南北两侧，自上而下有4层精美的浮雕。第一层是以《维摩诘经》故事为题材的浮雕，叫作"维摩变"，第二层是两则佛本生故事，第三层为帝后礼佛图，第四层为"十神王"浮雕像。

特别是位于第三层的帝后礼佛图，反映了宫廷的佛事活动，刻画出了佛教徒虔诚、严肃、宁静的心境，造型准确，制作精美，代表了当时风俗画的高度发展水平，具有重要的艺术价值和历史价值。

宾阳南洞的洞窟为北魏时期开凿，但洞中几尊主要的佛像都是在初唐完成的。洞中主佛为阿弥陀佛，面相饱满，双肩宽厚，体态丰

腴，体现了唐代以胖为美的审美风格。

宾阳南洞是唐太宗李世民的第四子魏王李泰在北魏废弃的基础上又续琢而成，为其生母长孙皇后做功德而建，属于过渡时期的作品。

在北魏晚期还开凿过一些很有特点的洞窟，如药方洞、莲花洞、火烧洞、皇甫公洞、魏字洞等。

其中比较著名的就是药方洞，药方洞因其洞窟内刻有大量古代的药方而得名。它始凿于北魏晚期，经东魏、北齐，唐初还仍有雕琢。

洞中的5尊佛像，身躯硬直少曲线，脖子短粗，身体硕壮，菩萨头冠两旁的带子很长，下垂到胳膊上部。这都是北齐造像的特征。

洞门两侧刻有药方150多种，所用药物多是植物、动物和矿物药。药方涉及内科、外科、小儿科、五官科等，所涉及药材在民间都能找到，很大程度上方便了老百姓。

这些药方不仅可以治疗常见的疾病，而且还能治疗疑难杂症，如疗噎方可以治疗食管癌，再如，治疗消渴，也就是糖尿病，这些药方比唐代医学家孙思邈的《备急千金要方》还要早。

其中有95服药方在10世纪被一位日本学者收录在《医心方》中，足见它的价值和影响。药方洞的药方是我国现存最早的石刻药方，对研究我国医药学有重要的作用。

莲花洞因窟顶雕有一朵高浮雕的大莲花而得名，大约开凿于北魏年间。莲花是佛教象征的名物，意为"出淤泥而不染"。因此，佛教石窟窟顶多以莲花作为装饰，但像莲花洞窟顶这样硕大精美的高浮雕大莲花，在龙门石窟也不多见。莲花周围的飞天体态轻盈，细腰长裙，姿态自如。

洞内正壁造一佛、两弟子、两菩萨，主像为释迦牟尼立像，着褒衣博带式袈裟，衣褶简洁明快。这是

孙思邈 唐代著名的医师与道士，是我国乃至世界史上伟大的医学家和药物学家，被后人誉为"药王"，许多华人奉之为"医神"，是中华医学发展先河中一颗璀璨夺目的明星，在中外医学史上留下不可磨灭的功勋，千余年来一直受到人们的高度评价和崇拜。

■ 药方洞正壁坐佛

司空 我国古代官名。西周始置，位次三公，与六卿相当，与司马、司寇、司士、司徒并称"五官"，掌水利、营建之事，金文皆作司工。春秋、战国时沿置。汉成帝时改御史大夫为大司空，但职掌与周代的司空不同。

释迦牟尼的游说像，即释迦牟尼外出讲经说法时的形象。两弟子是浅浮雕，左侧弟子迦叶深目高鼻，胸部筋骨突兀，手持锡杖，似一西域苦行僧。

龙门石窟中最小的佛像，仅有2厘米高，这些高不盈寸的小千佛位于莲花洞南壁上方，生动细致，栩栩如生。

龙门石窟中的佛像都是信徒们所奉献的，每尊佛像上都记载着敬奉者的祈愿经过。从这些造像铭中可以看出，古阳洞是北魏皇室贵族发愿造像最集中的地方，多数造像的兴废变迁与当时的政治形式相适应，是为一定阶级的政治服务的。

龙门石窟反映了北魏时期我国历史上一些政变和战乱，也说明了洛阳兴衰的历史，从宗教这个社会生活的侧面，能使我们了解那个时代一些重大的政治风云的动向。

古阳洞和宾阳洞，都是奉皇帝之意旨开凿的。古阳洞是支持孝文帝迁都洛阳和汉化改革的一批王宫贵族和高级官吏开凿的。

■ 莲花洞正壁立佛

宾阳北洞正壁坐佛

　　其中有孝文帝的堂兄弟比丘慧成、孝文帝的兄弟北海王元详及其母高氏、齐郡王元佑、安定王元燮、广川王贺兰汗妃侯氏、司空公长乐王丘穆陵亮夫人尉迟氏、元洪略、辅国将军杨大眼等造的像，另外还有众多的中小型佛龛为北魏的中下层官吏所雕造。

　　宾阳中洞和南洞是宣武帝倾尽宫廷财力给其父母孝文帝和文昭皇太后做"功德"而营造的一个伟大艰巨的工程。

　　宾阳北洞是刘腾为宣武帝开凿的，以上工程原为中尹、宦官刘腾等主持，宣武帝死后，他与领军元叉发动宫廷政变，执掌国权，幽禁了代孝明帝执政的胡太后。

　　后因胡太后再次返政，致使宾阳南北两洞的工程半途而废。石窟寺是太尉公司空公皇甫度所开凿的。

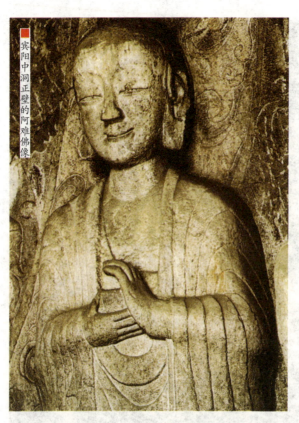
宾阳中洞正壁的阿难佛像

这些充分说明北魏贵族社会迷信佛教的社会风气。北魏末期龙门造像呈现衰落的态势，唐字洞和赵客师洞以及莲花洞两壁上部都有未完成的工程痕迹，这可能与北魏末年尔朱荣之乱造成的社会动荡有关。

北魏诏改元姓后，宗室遂废拓跋旧姓而姓元，古阳洞题记所载与史书吻合。北魏王朝在洛阳龙门开窟造像活动的终结是以宾阳中洞的停工为标志的。随着北魏王朝的灭亡，龙门石窟的开凿趋于衰落的态势，沉寂了将近一个世纪，直至唐王朝建立。

阅读链接

龙门石窟自北魏开凿以来，已经历了1500多年的沧桑，它见证了我国历朝历代的演变，见证了我国佛教文化的发展。

龙门石窟断断续续开凿了400多年，经过了400多年的苦心营造，不同时期的能工巧匠在龙门石窟创造出不朽的艺术作品，被世界称为我国石刻艺术的"博物馆"。

1961年，龙门石窟成为全国第一批重点文物保护单位。1982年，龙门风景名胜区被公布为全国第一批国家级风景名胜区。

唐代再现龙门石窟盛况

　　唐代从开国至盛唐的100余年间，龙门石窟迎来了历史上开窟造像的第二次兴盛时期。

　　这一时期开凿的石窟按时代的先后自南而北，集中在龙门的西山。直到武则天时期，一部分才被转移到了东山，约占龙门石窟造像的2/3。龙门唐代石窟最有代表性的有潜溪寺、万佛洞、奉先寺大像龛等。

　　唐代开凿的第一个洞窟是位于龙门西山北端的潜溪寺，这时正是我国佛教净土宗建立

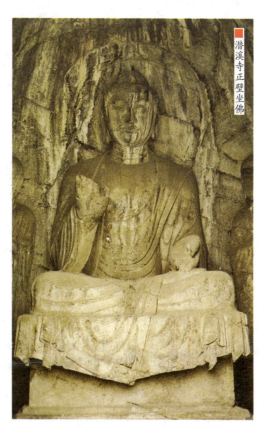
潜溪寺正壁坐佛

■ 龙门石窟内的莲花顶

武则天 我国历史上唯一正统的女皇帝。唐高宗时为皇后，尊号为"天后"，与唐高宗李治并称"二圣"，后作为唐中宗、唐睿宗的皇太后临朝称制，后自立为武周皇帝，705年退位后唐中宗恢复唐代，改称"则天大圣皇后"，以李唐皇后的身份入葬乾陵。

的时期。

唐代开窟造像在唐高宗和武则天时期达到了鼎盛。虽然石窟造像属于佛教艺术，但它跟政治紧密相连。从龙门许多唐代石刻造像中，还可以窥见武则天一步步走上女皇宝座的踪迹。

万佛洞完工于680年11月，是专为唐高宗、武则天及太子诸王做"功德"而开凿的功德窟，也是以唐代宫廷大监姚神表和内道场智运禅师等为首的一批御用僧尼，奉命集体为唐高宗及武则天发愿雕造的。

万佛洞因洞内南北两侧雕有整齐排列的15000尊小佛而得名。洞窟呈前后室结构，前室造两力士、两狮子，后室造一佛、两弟子、两菩萨两天王，是龙门石窟造像组合最完整的洞窟。

万佛洞窟顶有一朵精美的莲花，环绕莲花周围的为一则碑刻题记：

大唐永隆元年十一月三十日成，大监姚神表，内道场运禅师，一万五千尊像一龛。

说明了该洞窟是在宫中二品女官姚神表和内道场智运禅师的主持下开凿的，并完工于680年。

万佛洞洞内主佛为阿弥陀佛，端坐于双层莲花座上，面相丰满圆润，两肩宽厚，简洁、流畅的衣纹运用了唐代浑圆刀的雕琢手法，主佛施"无畏印"，表示在天地之间无所畏惧，唯我独尊。

主佛端坐在莲花宝座上，在束腰部位雕琢了4位金刚力士，那奋力向上的雄姿与主佛的沉稳形成了鲜明的对比，也衬托出主佛的安详。

万佛洞主佛背后还有52朵莲花，每朵莲花上都端坐有一位供养菩萨，她们或坐或侧，或手持莲花，或窃窃私语，神情各异，像是不同少女的群体像。52代表着菩萨从开始修行到最后成佛的阶位，即十信、十住、十行、十回向、十地、等觉、妙觉。

在万佛洞洞内的15000尊小佛像，每尊只有4厘米高。在南北两壁的壁基上各刻有6位伎乐人，舞伎在悠扬的乐曲声中翩翩起舞，体态轻盈，婀娜多姿。

整个洞窟金碧辉煌，向人们展现了西方极乐世界的理想国土，烘托出一种热烈欢快的气氛。

万佛洞洞口南侧还有一尊

■ 万佛洞正壁坐佛

弥勒佛　佛教传说，弥勒佛将继释迦牟尼佛为未来佛。其庞大思想体系由无著、世亲菩萨阐释弘扬，深受我国佛教大师道安和玄奘的推崇。在南北朝，弥勒佛像做菩萨型，交脚或立像。宋元时期又出现模仿自称是弥勒转世的明州奉化布袋和尚弥勒佛像。

菩萨像，她是龙门石窟唐代众多菩萨像的精美范例。菩萨头部向右倾斜，身体呈"S"形的曲线，整个姿态非常优美、端庄。

敬善寺是太宗纪国妃韦氏所开，极南洞是唐宰相姚元之为亡母刘氏开凿，高平郡王洞是高平郡王武重规开凿的，后因武则天被推翻，武重规遭贬而终止。

武则天当皇后期间特别迷信弥勒。为此，她在龙门广造弥勒佛，千佛洞、惠暕洞、大万五佛洞、极南洞和摩崖三佛都是以弥勒佛为主尊的洞窟。

奉先寺是龙门石窟规模最大、艺术最为精湛的一组摩崖型群雕。主佛莲座北侧的题记称之为"大卢舍那像龛"，因为它隶属于当时的皇家寺院奉先寺而俗称"奉先寺"。

奉先寺的9尊大像的背后有很多长方形的小龛，这是大约在宋金时代，人们为了保护大像龛，依龛修

■ 奉先寺的五尊像

建了木结构屋檐式建筑，这些建筑影响了佛像的通风，加速了佛像的风化，因而后来被拆除。

奉先寺大型艺术群雕以其宏大的规模、精湛的雕琢高于我国石刻艺术的巅峰，成为我国石刻艺术的典范之作，也成为唐代这一伟大时代的象征。

龙门石窟成千上万的造像中，体型最大、形态最美、艺术价值最高的要数奉先寺主尊卢舍那大佛了。奉先寺位于龙门西山南部的山腰上，是一个南北宽近40米的露天大龛，这里共有9尊大型雕像，都是依山凿石而成。

■ 奉先寺正壁坐佛背光左侧的飞天佛像

位于中间的卢舍那大佛通高17米多，仅耳朵就有1.9米。在佛经中，卢舍那是佛在显示美德时的一种理想化身。

奉先寺大卢舍那像龛是唐高宗及武则天亲自经营的皇家开龛造像工程，工程设计和施工是由高宗亲自任命制定。为此，武则天捐出"脂粉钱二万贯"，而当地更是传说卢舍那大佛就是武则天的化身。

武则天要想推翻唐代，建立自己的新王朝，不仅要在社会力量上打击李氏势力，像她称帝后大诛李氏

卢舍那大佛 佛教中即报身佛，是表示征得了绝对真理，获得佛果而显示佛智的佛身。"卢舍那"的意思就是"智慧广大，光明普照"。释迦牟尼佛在立名时，把他的报身和法身立在同一个名中，表示法、报不二。

封王一样。还要在形象上树立自己至高无上、君权天授的神秘色彩。

在这后一点上，利用和道教旗鼓相当的佛教是最适宜的。因此，武则天一直是把自己的形象和佛的形象有意连在一起。

有说是她撒着娇，让唐高宗开凿这尊大佛时依自己形象为模特的；有说是她慷慨捐助了两万贯脂粉钱，大佛左侧束腰部位碑刻记有捐钱事，工匠们受感动后主动依她为模特的。总之，这尊佛和其他佛像确实不同，的确是位慈祥貌美的女性模样。

卢舍那佛被赋予了女性的形象，面容丰腴饱满，头顶为波状形的发纹。双眉弯如新月，附着一双秀目，眼睑下垂，双目俯视，微微凝视着前方。高直的鼻梁，嘴巴微翘而又含笑不露，她庄重而文雅、睿智明朗，露出祥和的笑意。大佛双耳长而且略向下垂，下颌圆而略向前突。圆融和谐，安详自在，身着通肩式袈裟，衣纹简朴无华，一圈圈同心圆式的衣纹，把头像烘托得鲜明而圣洁。

饱经沧桑、老成持重的大弟子迦叶，温顺聪慧的小弟子阿难，表

■ 奉先寺北壁的天王和力士佛像

情矜持、雍容华贵的菩萨，英武雄健的天王，咄咄逼人的力士，与主佛卢舍那一起构成了一组极富情态质感的美术群体形象。

奉先寺的卢舍那佛

传说，668年除夕，时值奉先寺竣工之日，武则天还亲自率领文武朝臣驾临龙门，参加了主佛卢舍那的开光仪式。

卢舍那译意为"光明普照"，武则天后来造字给自己取名"曌"，意为"日明当空"。这相同的含义不会是巧合。

武后称帝前夕，授意翻译注解并大力推广了佛教《大云经》，明明白白暗示出武则天就是弥勒菩萨转世，要成为女王，天下之人都将崇拜归顺。这实质上是继卢舍那之后，又在官民心中依武则天为模特塑造的另一尊大佛像。

龙门的东山石窟中，比较典型的有擂鼓台中洞、擂鼓台北洞、看经寺、四雁洞、二莲花洞等。

传说当年奉先寺竣工时，武则天亲自率百官驾临龙门，主持这次规模盛大的开光仪式，庞大的乐队便在东山脚下的平台上擂鼓助兴，于是后人便把这里叫作"擂鼓台"。相邻擂鼓台的3个洞叫"擂鼓台三洞"。

擂鼓台中洞又名"大万伍佛洞"，是一座武周禅宗窟，洞顶做穹隆形，并有装饰华丽的莲花藻井，造像是一佛、两菩萨，主佛为双膝下垂而坐的弥勒佛，壁基有25尊高浮雕罗汉群像，从南壁西起到北壁西止。

古韵犹存的岩画石窟

■ 擂鼓台南洞正壁的大日如来

开光 宗教仪式，又分为群开光和单独开光。开光就像给物品点上烛光，自己做善事、修功德就会让烛光更亮，在冥冥中引到灵性和仙气。功德高的人就像给宝物点上更大的蜡烛，让烛光更亮帮助你更优先、更快地引来灵性和仙气。

罗汉群像构成一个半环形装饰带，罗汉群像罗汉身旁均刻有一段从《付法藏因缘传》里摘录的经文介绍该罗汉的身世及特点。所刊经文中多杂以武周新字，这是武周时期禅宗所经营的洞窟。

擂鼓台北洞是龙门石窟中开凿较早，规模最大的密宗造像石窟，还有密宗领袖和他们的宗教活动，都和洛阳及龙门石窟有着十分密切的关系。

擂鼓台北洞为穹隆顶，马蹄形平面，窟顶为莲花藻井，周围环绕四身飞天。其因风化剥蚀已不清。据说，北洞的主像，中洞的3尊佛像以及南洞的1尊佛像，都是20世纪初期从别处搬移进去的。

洞内3尊大坐佛中，东壁的主佛为毗卢遮那佛，意为"太阳"，即"除暗遍明"之意，因此又称"大日如来"，它头戴宝冠，胳膊上带着臂钏，像高2.45米，结跏趺坐于0.9米高的须弥台坐上。

在北洞的前壁南侧，雕有八臂观音一尊，像高1.83米，赤足坐于圆形台坐上，在前壁的北侧还雕有四臂十一面观音，像高1.9米，赤脚立在圆形台座上。

看经寺也为武则天时期所雕琢，双室结构，前室崖壁有数十个小龛造像，主室进深11.7米，宽11.2米，高8.3米，平顶，方形平面，四壁垂直。三壁下部雕琢出高均1.8米的传法罗汉，其中正壁11身，两壁9尊，为我国唐代最精美的罗汉群像，是据隋代费长房《历代法宝记》刊刻的。

这种不雕佛像仅雕罗汉的大窟，似是一大型禅堂，可能是禅宗主持开凿的。看经寺是龙门东山最大的一个洞窟，29尊罗汉保存完好。

四雁洞是一个盛唐时期的中型洞窟。该洞窟的窟顶是一个莲花藻井，它四周有4个飞天的"四飞雁"环绕，奇特的是这4只飞雁的腿都十分细长，和鹤腿相似，故名"四雁洞"。佛经中曾以500只雁来双喻五百罗汉的故事，这里雕琢四雁可能是用寓意的手法，以雁来比喻罗汉，这在龙门石窟中也仅此一处。

二莲花洞在四雁洞南面，是一组双窟，模式相同，所以称为"二莲花洞"，约凿于武

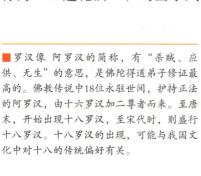

■ 罗汉像 阿罗汉的简称，有"杀贼、应供、无生"的意思，是佛陀得道弟子修证最高的。佛教传说中18位永驻世间，护持正法的阿罗汉，由十六罗汉加二尊者而来。至唐末，开始出现十八罗汉，至宋代时，则盛行十八罗汉。十八罗汉的出现，可能与我国文化中对十八的传统偏好有关。

周至唐玄宗时期。两洞的造像雕饰与布局都是一样的，窟内顶部的藻井都覆莲图案，中间为阿弥陀佛，手持"降魔印"。

洞窟的规模介于大中型洞窟之间。从雕像的手法看较为成熟，也颇具唐风，有一定的艺术价值。

龙门石窟在唐代的造像与北魏比较有了很大的变化。在唐代的造像题材中弥勒佛的造像数量仅次于阿弥陀佛，释迦却显著减少，菩萨中以大势至、观世音为最多。

在艺术上，唐代的圆刀代替了北魏平直的刀法，佛像衣纹更加流动飘逸，力士夜叉浑身肌肉突起，既符合解剖的原理，又适当加以夸张，充满雄强的气势和向外迸发的力量。他们在借鉴外来雕琢的同时，还吸取了中原地区传统艺术的手法。

阅读链接

武则天临朝执政时期，龙门开窟造像之多居历代之首，这显然与她长期居住洛阳崇奉、利用佛教有关。

武则天与佛教结缘绵长，她利用佛教神权为自己开拓了一条通向皇权的道路，这个历史过程在龙门是有迹可循的。

显庆以后，高宗多病，武则天内辅国政，权势与高宗相等，当时称为"二圣"，即皇帝、皇后并列。宾阳北洞将作监承牛懿德奉为"皇帝、皇后敬造阿弥陀佛一龛"，就是历史的见证。

690年9月9日，武则天正式登基，成为"圣神皇帝"，改"唐"为"周"，建立大周政权，改元天授。龙门东山擂鼓台有3则造像记反映了这一政治历史事件。

云冈石窟

云冈石窟原名武州山石窟或武州塞石窟，又有灵严寺之称，位于大同市武州山南麓，因日益激烈的佛道之争衍生而来，取大佛与"天地同久"之意，自落成之日起便一直都是佛教圣地，千百年来经久不衰。

大同地处晋、冀、蒙交界，介于内外长城之间，自古以来便属于兵家必争之地。云冈石窟建于大同，它从开凿之日起便与这座城市的命运紧紧相连，云冈石窟因有大同而灿烂，大同也因有云冈石窟而更加辉煌。

北魏的灭佛和复佛运动

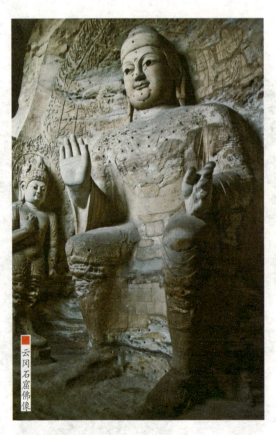

云冈石窟佛像

大同位于山西省最北端，地处黄土高原东北边缘。北以外长城为界，与内蒙古自治区丰镇、凉城县毗邻，西、南与本省朔州市、忻州地区相连，东与河北省阳原、涞源、蔚县相接。

大同境内地貌类型复杂多样，山地、丘陵、盆地、平川兼备。土石山区、丘陵区占总面积的近80%。西北部山脉属阴山山脉和吕梁山脉，主要有双山、二郎山、云门山、采凉山等。东南部山脉属太行山脉，主要有恒山、太白山等。

桑干河自西南向东北横贯全市，形成了周围高、中间低、两山夹一川的槽型盆地。除桑干河外，境内主要河流还有属海河水系的御河、南洋河、壶流河、唐河和属黄河水系的苍头河。

我国早期的鲜卑族拓跋部，原来居住于黑龙江、嫩江流域大兴安岭附近，过着游牧生活。

■ 北魏时期的立佛局部之一

东汉以前，北匈奴被打败西迁以后，拓跋部在酋长拓跋诘芬的率领下，也逐步向西迁移，进入原来北匈奴驻地，即漠北地区。

拓跋部酋长拓跋力微时期，拓跋部又南下游牧于云中，即今内蒙古托克托一带，后又迁居到盛乐，即今内蒙古自治区和林格尔，与曹魏、西晋发生往来。但这时，拓跋部仍处于氏族部落联盟阶段。

338年，拓跋部首领什翼犍建立代政权，建都于盛乐，即今内蒙古和林格尔，逐渐强大起来。

淝水之战后，前秦统治瓦解。

386年，鲜卑拓跋珪恢复代政权，后改国号为魏，史称北魏或者后魏，即三国魏国之后的魏，又称拓跋魏，即拓跋氏所建的魏。孝文帝迁都洛阳并改姓为"元"后，也称元魏。

鲜卑族 我国古代的游牧民族。源自东胡部落，一说山戎，名称有吉祥与神兽的意义，指的是驯鹿。十六国时期鲜卑的慕容、乞伏、宇文、拓跋等部都曾建立政权。特别是拓跋部建立的北魏王朝，统治达140余年。

■ 云冈石窟护法神

398年，北魏迁都平城，就是后来的山西省大同市，拓跋珪称皇帝，即北魏道武帝。拓跋珪击败后燕进入中原后，鼓励农业生产，其奴隶主贵族也逐渐汉化为封建地主。

拓跋珪招纳汉族大地主参加统治集团，加快了鲜卑拓跋部的汉化进程。

拓跋珪死后，其子明元帝拓跋嗣、孙太武帝拓跋焘承其前业，任用汉族大地主担任官职，形成了拓跋贵族与汉族世家豪族的联合封建政权，国势大盛。

拓跋嗣死后，16岁的拓跋焘即位，就以少胜多，顶住了当时北方大漠政权柔然的疯狂入侵，并开始主动反击柔然，先后13次出兵柔然，征服漠北。

柔然臣服北魏，为北魏日后统一北方迈出了重要的一步。另外，在对柔然的作战中，俘获的牛、羊、骆驼等牲畜也为北魏缓解了后来的饥荒。

427年，北魏用3万名骑兵攻破了坚不可摧的统万城，从此北魏统一北方的形势已经不可逆转，随后于431年灭夏，平山胡，西逐吐谷浑，又于436年灭北燕，439年灭北凉，使北方长期的分裂割据局面复归于统一，南北朝对峙局面正式形成。

北魏为了统一北方，巩固在中原的统治地位，以全民为兵。那时，由于沙门历来可以免除租税、徭役，所以锐志武功的太武帝就在438年下诏，凡是50岁以下的沙门一律还俗服兵役。

太武帝还听信宰相崔浩的劝谏，改信寇谦之的天师道，排斥佛教，并渐次发展为灭佛的行动。

崔浩出身于著名世族，博览经史，善于阴阳五行及术数之学，历仕道武帝、明元帝、太武帝三帝，官至司徒，经常参与军政机要，深受太武帝的信任。结识寇谦之后，信奉道教，受其法术。

寇谦之早年就热衷仙道，修持汉末张陵、张衡、张鲁创立传承的五斗米道，随方士入华山、嵩山学道修炼，自诩曾有太上老君授他天师之位及《云中音诵新科之诫》。

438年，寇谦之从嵩山入平城，结交崔浩，常通

沙门 佛教术语，又称"娑门""桑门""丧门""沙门那"等，意为勤息、息心、净志。原为古印度的宗教名词，泛指所有出家、修行苦行、禁欲，以乞食为生的宗教人士，后为佛教所吸收，成为佛教男性出家众生的代名词，意义略同于和尚。也即指剃除须发，止息诸恶，善调身心，勤行诸善，造福世人，期以行趣涅槃之出家修道者。沙门中最有影响的派别是佛教、生活派、顺世派等。

239

第一伟窟

云冈石窟

■ 北魏时期的群佛像

古韵犹存的岩画石窟

■ 云冈石窟千佛窟壁的浮雕

宵达旦地听崔浩谈论古代治乱史，为之惊叹不已。后来，寇谦之把儒家学说和佛教经律论及斋戒祭祀仪式吸收到道教中来，重新改造五斗米道，希望能让北魏帝王容易接纳。

寇谦之献上道书，但当时朝野信奉者很少，崔浩于是上书劝谏太武帝，使太武帝因而信奉道教，并派人奉玉帛牲畜去祭嵩山。

太武帝又在平城东南建立天师道场，他自称太平真君，并亲授符箓，兴建静轮天宫，奉祀太平真君，甚至改年号为太平真君，成了十足的道教徒。

太武帝的废佛行动，始自444年的弹压沙门，他下令上自王公，下至庶人，一概禁止私养僧人，并限期交出私匿的僧人，若有隐瞒，诛灭全门。

445年，卢水的胡人盖吴在杏城，即今陕西省黄陵起义，有众10余万人。447年，太武帝亲自率兵前

五斗米教 又称天师道，是道教早期的重要流派。关于它的起源，学术界有两种观点：一说，五斗米教是张陵于126—144年在四川鹤鸣山创立；一说，五斗米教由张修在公元184年之前创立于汉中。它在长期的发展过程中，曾对我国古代的哲学、政治、经济、科技、文化、艺术等产生过广泛而深刻的影响。

去镇压，到达长安时，在一所寺院发现兵器，怀疑和尚与盖吴通谋，大为震怒，下令诛杀全寺僧众。

崔浩乘机劝帝灭佛，于是太武帝进一步推行苛虐的废佛政策，诛戮长安的僧人，焚毁天下一切经像。一时间，举国上下，风声鹤唳。

当时太子拓跋晃监国秉政，他一向笃信佛法，再三上表，向太武帝劝阻，虽然都不被采纳，但也由于如此，废佛的诏书得以缓宣，而使远近的僧人闻讯逃匿获免，佛像、经论也多得密藏，然而魏国境内的寺院塔庙却无一幸免于难，史称太武法难。

太武帝废佛后不久，寇谦之病死，崔浩后来也因撰《魏史》，书中蔑视胡族而遭腰斩，他的族人被诛者多达百余人。谁知太武帝晚年得了一场重病，信仰佛教的大臣们纷纷上奏说这是灭佛的报应，请求复兴佛教。

太武帝的病经过御医的治疗也不见好转，他也觉得这是佛祖的惩罚，所以他在临终前嘱咐孙子拓跋濬："佛教复生，供奉高僧。以后下诏天下，全面复兴佛教，录用高僧。"

7年后，拓跋濬即位为第四代皇帝，即文成帝。他一反太武之所为，即位以后不久就昭告天下，立即"复法"，行动又很迅猛，一时"天下成风，朝不及夕。往时所毁图寺，仍还修矣"。

北魏时期的供养菩萨像

　　文成帝的复佛，给佛教又一次兴盛的机会。他们针对灭佛时寺庙、佛像被毁的教训，要创出一番"与天地而同久"的佛教永业，于是凿山为窟的永世基业产生了。

　　云冈石窟就是在这样的情况下，由当时著名的昙曜和尚奉文成帝之命，役使了数以万计的劳动人民和雕琢家动工开凿的。

阅读链接

　　云冈石窟之所以能超越河西、西域早期那种小型坐禅窟的格局，创建出如此大型、辉煌、气势磅礴的大供佛窟，既有石室遗风，又有万世长存之意。

　　至于云冈石窟中那种大气派、大窟、大佛，以及粗犷、豪放、顶天立地、不可一世等风格，正是鲜卑人豪气万丈、扩地千里的气势表现。

昙曜奉命开凿第一期窟洞

云冈峪自古就是通往内蒙古阴山腹地的古道，秦汉时代的武州塞，大约就在云冈石窟西侧或南面附近，可惜早已消失在残石碎瓦之中。

武州山，北魏早期被奉为神山。后来，逐渐成为北魏皇帝祈雨、

云冈石窟的庙宇

开窟、礼佛的"鹿苑"胜地。

云冈石窟开凿距今已有1500多年的历史。前后用了约30年的时间，才基本上完成了这个浩大的艺术工程。

云冈石窟，北魏称武州山石窟寺或灵岩寺。关于石窟的开凿，《魏书·释老志》记述的很简略：

昙曜白帝，于京城西武州塞，凿山石壁，开窟五所，镌建佛像各一。高者70尺，次60尺，雕饰奇伟，冠于一世。

法师 又称说法师，法师本是一种学位的称号，要通达佛法能为人讲说的人才能称法师。在佛教中，凡能演讲佛经的出家比丘称为法师。在道教中，精通经戒、主持斋仪，度人入道，堪为众范的道士叫法师。

■ 第九窟前室北壁第三层西侧佛像

文献中所说的五所佛窟，即云冈第十六窟至二十窟，被称为"昙曜五窟"。

相传，昙曜是鲜卑有名的高僧，很有学问，太武帝发动灭佛运动时，下令拆除寺庙，杀和尚，驱尼姑，昙曜法师闻风而逃，隐居深山，不与世人来往。

文成帝"复佛运动"后不久，隐居在深山的昙曜法师知道了这件事情，带领众徒弟下山，跋山涉水，来到平城。到了平城，他几次想要求见文成帝都没有实现。因为文成帝不知道他的底细，需要派人查访。

昙曜法师为了见文成帝，终

于想出来一个好办法。他带领徒弟们每天在宫门前修行养道，讲经说法，因为皇帝有诏书，宫廷守卫谁也不敢驱逐和尚。

有一天，文成帝率领文武大臣到郊外打猎，当队伍走到宫门口的时候，昙曜法师拦住文成帝的马头便拜。

这是一件非常无礼的举动，文成帝为此十分恼火，可是看昙曜法师是个和尚，而且气度不凡，便让士兵上前询问拦路下拜是何道理。

昙曜法师便乘此机会把自己愿意到文成帝手下为僧，立志为文成帝全面复兴佛教出力的想法说了一遍。

文成帝见他谈吐不凡，甚有远见，因此有心留用，可是一时之间又不清楚他的底细，有点琢磨不定。

昙曜法师看见文成帝低头不语，以为他不愿收留，准备离去。

正巧这个时候文成帝的马咬住了昙曜法师的袈裟，这一幕被文成帝看见了。文成帝以为这是天意，是吉兆，赶紧下马亲自挽留，命昙曜法师承担刊印经书、重修寺庙、录用僧人的重任。

昙曜法师得到皇帝的信任以后，为了展现他的才华，奏请文成帝

■ 云冈石窟的三世佛

在云冈开凿洞窟，雕琢佛像，以壮佛威。

文成帝准奏，给了昙曜法师数万名能工巧匠和无数钱财，于是规模浩大的工程开工了。

昙曜法师为了扩大佛教的影响，并赢得皇帝的欢心，因此仿照北魏王朝5个皇帝的形象雕琢了5窟洞窟的主佛。施工中，他逐个查看佛像的艺术造型，经常席地而坐，教徒雕琢，要求工匠一斧不多凿，一斧不少凿，斧斧见功夫。

不仅如此，昙曜法师还到处游说，募集钱财。

经过几十年的努力，由昙曜和尚主持开凿的云冈第一期5窟洞窟终于成功了，但是昙曜法师却因为操劳过度而合上了双眼。

为了纪念昙曜法师，人们就把这5个窟叫作"昙曜五窟"，编为云冈第十六窟至第二十窟，也是云冈石窟最引人注目的部分之一。

这昙曜五窟规模宏大，气魄雄伟，形制上的共同特点是外壁满雕千佛，大体上都模拟椭圆形的草庐形式，无后室。造像主要是三世佛，主佛形体高大，占窟内主要位置。

第十六窟为昙曜五窟最东端的一窟，按位置及造像应为昙曜五窟之第一窟。窟平面为椭圆形，顶为穹窿形，窟内主像为莲花座上的大立像，高13.5米。

第十六窟造像发式为肉髻和波状发纹，这是云冈石窟中特有的发式。迎面一尊立像，招你仰望。

此像高大雄伟造型英俊，神情威严，身着厚重的毡披，胸前佩结带，大裙齐胸，右手上举胸前，左手下垂，拇指与中指相捏，呈说法手印。从造像上可以看出一种游牧民族风格，且有一派英武气概。

第十七窟窟形平面属椭圆形，穹隆顶。主像为云冈最大的交脚坐像，高15米。

走进这低于地平面约1米的第十七窟时，仰面向上，这尊主像魁奇伟岸，有唯我独尊的气势。头上戴花冠，胸前配兽饰，臂着珠钏，腿做箕踞，右手仰掌，左手屈胸，人们称之为"交脚弥勒菩萨"。

第十七窟东西两壁各有一大佛像，东为坐像，西为立像，也非常魁梧，但风格与主像不同。由于有这3尊像，也有称之为"三世佛"，主尊定为未来世之弥勒。

第十七窟明窗东侧有"太和十三年"题记，为明确洞窟的开凿时间提供了可靠的记录依据。以此对应第十七窟的造像，佛像加冠，意在开创大业已成功，予以表彰加冕。

兼可弥补其"冠履不

第十七窟南壁第二层佛龛右侧佛像

"暇"的奔波劳碌，半蹲式的交脚坐形，可为对其"栖遑外土"不得安居寄托的纪念，同时又似在告诉人们，江山初建，无暇安坐，遇有军情可随即起身征战之感。

第十八窟形也是椭圆形平面，穹隆顶。洞窟东西最宽处约18.7米，南北最长处约7.7米，是一个非常高大、宽敞的洞窟。

第十八窟主尊佛像是一大立像，高15.5米，造型奇特而优美。佛像昂首挺立，身躯雄壮，气势宏伟。紧贴在本尊立佛两侧的服侍是两尊菩萨，头戴莲花纹三珠冠，中刻小坐佛，冠下束发垂肩，眉眼细长清秀，鼻翼俏媚，薄唇含笑，面相娇美。

在菩萨立像的外侧，东西两壁各雕一个服侍佛。服侍立佛头顶上方均罩华盖，赤脚踩踏莲座。东西两边的服侍佛和本尊像左右的紧身服侍菩萨与中央主佛相互映衬，既有主题和义理上的昭示，又有造像层次上的过渡，显得和谐、庄严和隆重。

在本尊佛像的双肩两侧，服侍菩萨头顶上方，左右各雕有5尊弟子像，合为释迦牟尼的十大弟子。整个洞窟的布局造型显得主题突出、雕琢精美。从整体上看，这一窟是昙曜五窟中最豪华、最讲究的一窟。

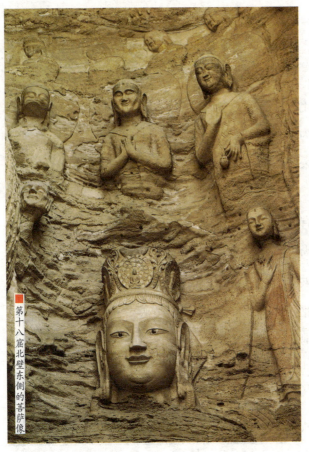

第十八窟北壁东侧的菩萨像

第十八窟主尊大像威严、肃然，具有自信、抱负和傲慢的表情。但右手下垂，左手抚胸，又显出一种谦逊的矛盾合一的神态。

■ 第十八窟南壁上层的二佛并坐

特别是那身稀有的"千佛袈裟"，引起人们的极大关注和思考：那袈裟上附着的无数禅坐小佛，是对主佛的捧奉还是对主佛的压抑？

据调查，在国内外的泥塑、彩绘、木刻、玉雕、铜铸、石凿的各类佛像中，尚未发现有如此规模的千佛，真可谓是云冈之一景。

但可以从该像的傲慢与谦逊的矛盾神态中，探讨太武帝持傲灭佛及晚年忏悔的矛盾中探寻其象征太武之处。

该像十分奇特，佛相和人形都比较鲜明，有佛感也有人感。在神态上，威严与震慑的神情十分强烈，但抚胸与反悔的表情也相当明显，是一躯交织着矛盾

加冕 把皇冠加在君主头上，是君主即位时所举行的仪式。新的皇帝如举行加冕仪式是皇帝亲政的象征，只有举行过加冕仪式的皇帝才正式代表掌握朝政。另外，古时候也是为证明年轻人成人所行的一种仪式。说人长到20岁的时候就到了结婚的时间了，古人常常把20岁的成年男子称作加冕。

感的造像。

尤其那身"千佛袈裟"，与大佛像形成鲜明而不协调的对比，这在国内外各种造像中是极为罕见的。以此代表那位既有显赫武功又有灭佛过失的太武皇帝是较为恰当的。

了解了当时的时代背景，那就不难看出这"千佛袈裟"披在此尊佛像身上的用意。这是运用"往生"的观念进行的独出心裁的设计。

古韵犹存的岩画石窟

■ 第十八窟北壁东侧弟子佛像

舍利子 释迦牟尼的十大弟子之一，又译作鹙鹭子。号称"智慧第一"。初从六师外道的删闍那毗罗胝子出家，后因听到马胜比丘说因缘所生法的偈颂，改学佛法。由于他持戒多闻，敏捷智慧，善讲佛法，因此很快就成为佛陀的著名弟子。

它的意思可能是太武帝当初杀戮佛门弟子，弟子殉道而往生极乐净土，把千百蒙难而成正果的形象，附在太武帝的衣衫上以资永念，兼示惩罚。而那些小佛像的大小不一，则是为区别遇难者的功德、身份之高低。

从佛像造型来看，左手抚胸，似在扪心自问，表示对灭佛的自省，右手下垂，似如所言"下化众生心"的四弘誓愿形象。取挽救受难众生，使之"随化佛后，生宝池中"。

第十八窟正壁上方的雕琢有诸罗汉浮雕造像，诸罗汉像不少已风化残缺，就现存的几尊看，这是释迦牟尼的十大弟子。

这10位弟子为：智慧第一的舍利弗、神通第一的目犍连、头陀第一的摩诃迦叶、多闻第一的阿难、天眼第一的阿尼律陀、解空第一的须菩提、说法第一的富楼那、议论第一的迦旃延、持律第一的优婆离、密行第一的罗睺罗。

这些弟子群像头部均为圆雕，体躯为高浮雕，而下身则完全消失在窟壁之中，弟子像的造型大都倾斜30度左右，10个造像如同斜于洞窟壁面。

这样的造型和雕琢，在佛教石窟艺术中是极为罕见的。尤其是这十大弟子造型生动活泼，个性突出，神情各异。这些生动的造像完全不同于佛教艺术中其他诸佛、菩萨等模式化，而非常富有个性，并有一种异域情调。从这几尊造像也可标榜太武帝当年征伐之武功。

除此之外，第十八窟的四周还有许多大小不同、样式各异的佛室，而且室中造像主要是释迦、多宝对坐像和交脚弥勒佛像，这便可知，这些佛龛与主尊像并非同时完成。

佛龛是后来补刻的，这种补刻一直延续至孝文帝时期，时间相跨有近40年。除了佛室以外，大部分洞窟中

■ 云冈石窟小佛龛石佛像

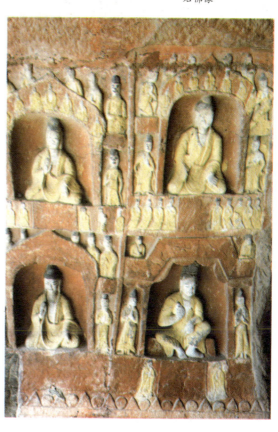

云冈石窟佛陀讲经洞

古韵犹存的岩画石窟

间又刻以千佛像，窟顶和洞窟外壁均如此。

第十九窟的窟形是在椭圆平面之外又扩出两个侧耳洞，而耳洞的地平线又高出主窟约3米，窟内设8米高的坐像。

它的主佛像是昙曜五窟中的第一大像，这个像高达16.8米，为结跏趺坐像。它气势凝重，端庄严肃，是五大像中用心、用力、用神最大的一个。

对于第十九窟的格局，普遍认为是"三世佛"的布置，以主窟大像为释迦牟尼佛，而两耳洞的两佛一则为过去佛，一则为未来世的弥勒佛。

第十九窟主佛像显示着成道者的庄严法相和圆满的福德形状。右手舒展，五指当胸，左手置膝上，微握如拳状，掌中置绢索状物。

文成帝是昙曜造像时的当朝皇帝，同时也是个贤德的皇帝，他即位后第一件事就是复佛，对昙曜又有知遇之恩，他自然就成了昙曜等佛徒要重彩浓笔描绘的对象。

这尊主佛，昙曜寄托了心中最敬重的深情，使这尊佛像端庄稳静、面容慈祥，同时作为鲜卑人的形象也有其典型性，那就是：细眉长目，直鼻方口，两耳垂肩，面颊丰润。

《大智度论·七》记载："诸坐法中，结跏趺坐最安稳不疲极。"

《嘉样法华义疏》还有记载："做此坐者身端心正也。"

昙曜心目中的文成帝是最为身端心正的，所以为他设了这种最安稳的四平八稳的结跏趺坐，以示至高形象。

这尊佛像还有一个独特之处，那便是左手所持哈达状的物品，这物品是献给佛的奉加物，是崇佛的一种表示。此处可看作是昙曜对文成帝的一片心意。这在昙曜五窟中也是仅此一例。

第二十窟的露天大

■ 第十九窟北壁坐佛

■ 第二十窟的露天
大佛

佛，被誉为云冈的代表作。主像是高13.7米的结跏趺坐像。因洞窟崩塌而使大佛露天，所以被人们称为露天大佛。

露天大佛造像富丽堂皇，面容丰满端庄，但如果从不同的视角去观赏体味，会从佛的脸上看到慈悲、庄严、欢喜、思维、入定、普救、应化、持世、震慑等"三十二相"。

细心的人能发现该佛有两撇弯曲上翘的八字胡。站在他面前，会感到一种难以言说的美。他那种自在、自信、自尊的精神品性，使你感到心灵的明净。

可能是由于某次地震灾害，窟前半壁山崖崩塌，致使坐佛暴露在外，巍然独存。据推测，他是依照北魏开国皇帝道武帝的形象雕琢的，似一位阅尽沧桑、雄才大略的长者，在阳光下俯视人间。

正因成了露天雕像，所以虽是坐姿，却仍显得高大。并且由于可以远视，更增加了他的庄严肃穆之感。

大佛全身比例适称，造型手法简练概括，他宽阔的身躯给人以稳健之感，他所具有的佛的"三十二相、八十种随形好"的精神风貌，为这一时期佛像雕琢的杰出代表。

露天大佛微微前倾的身躯和棱角分明的嘴角，仿佛在向众生宣讲着佛教的真话，他那细细的弯眉和微启的双目，使人感到慈悲为怀的气度，他不仅是云冈石刻中的杰作，即使在全国来说也是佛像艺术中的精品。

昙曜五窟的兴工，成为武州山皇家大窟大像营造的开始。同时，云冈附近的青磁窑石窟、鲁班窑石窟、吴官屯石窟、焦山寺石窟、鹿野苑石窟等，也相继完成。

阅读链接

新中国成立以后，党和政府高度重视云冈石窟，组建了专门的保护机构，面对当时洞窟裂缝纵横、坍塌严重、石雕风化剥落的凄惨景象，多次组织专家进行勘察、发掘、研究和维修保护。

1950年对云冈石窟进行勘测调查，1955年正式成立专门保护管理机构，1960年国家文物局召开云冈石窟保护会议，1961年国务院公布云冈石窟为全国重点文物保护单位。

1965年公布云冈石窟保护范围，包括重点保护区、安全保护区、地下安全线，形成上中下立体交叉与远中近多层保护体系，以确保石窟安全，为保护石窟打下良好的基础。

2006年8月，云冈石窟研究院挂牌成立，开展了大量的保护工作，建立了一支专业保护队伍，不断进行着石窟保护的科学研究。

富丽堂皇的中期洞窟

北魏前期，昙曜五窟的开凿，掀起了武州山石窟寺建设的高潮。

那时，广泛吸收民间资金，王公大臣、各地官吏、善男信女纷纷以个人、家族、邑社等形式参与石窟建造，或建一窟，或捐一龛，或

■ 云冈石窟外景

造一壁，或施一躯，于是成就了武州山石窟寺的蔚为大观。

云冈中期石窟的开凿时间为471—494年，编号第一窟、第二窟、第三窟、第五窟、第六窟、第七窟、第八窟、第九窟、第十窟、第十一窟、第十二窟、第十三窟，或称孝文时期石窟。

孝文帝在471年继位，他和祖母文明太皇太后都是大力扶持佛教的人物。这时开凿的云冈石窟无论从规模上还是内容上都超过前期，当时所征收的财力物力集中于云冈石窟开凿，所以佛龛的数量和造像数量都急剧增多。

第一窟、第二窟均位于云冈石窟的最东端，为同期开的一组，因两窟的形制、内容相似，内外设计严谨统一，故称为"双窟"。

第一窟、第二窟都凿于孝文帝迁都洛阳之前，两窟外壁东西两侧各为三面开龛造像的一层方形佛塔，两窟均上置明窗，下开窟门，窟前似共一前庭。

第一窟、第二窟窟内都是方形平面，平顶，窟内中央雕造方形塔柱，中心塔柱直抵窟顶，四壁开龛造像，窟形前狭后宽，前高后低。这种形制的洞窟被称为"塔庙窟"或"中心塔柱窟"。

■ 第二窟的中心塔柱

文殊 就是文殊师利或曼殊室利，佛教四大菩萨之一，释迦牟尼佛的左服侍菩萨。代表聪明智慧。因德才超群，居菩萨之首，故称法王子文殊菩萨，意译为"妙吉祥"，意为美妙、雅致、可爱，师利或室利，意为吉祥、美观、庄严，是除观世音菩萨外最受尊崇的大菩萨。文殊菩萨在道教中称文殊广法天尊。

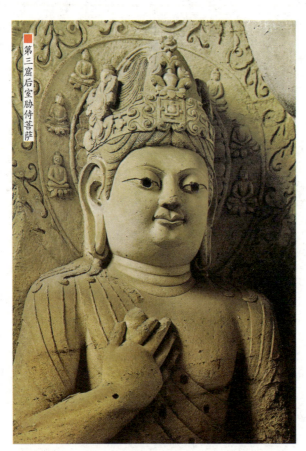
第三窟后室胁侍菩萨

第一窟东西宽7.15米，南北进深9.45米，上下高5.75米，中央雕琢出两层方形塔柱，后壁立像为弥勒，四壁佛像大多风化剥蚀，南壁窟门两侧雕有维摩、文殊画像，东壁后下部的佛本生故事浮雕保存较完整。塔南面下层雕释迦多宝像，上层雕释迦像。浮雕5层小塔。

第二窟东西宽7.55米，南北进深10.8米，上下高6.2米，中央为一方形3层塔柱，北壁主像为释迦佛，每层四面刻出三间楼阁式佛龛，窟内壁面还雕琢出5层小塔，窟南壁窟门两侧都雕有维摩、文殊画像，塔南面下层雕释迦多宝像，上层雕三世佛。

这是云冈中期出现的新的造像组合，两窟壁面最上层雕琢了天宫乐伎和千佛行列，庄严肃穆与生动活泼的形象融合，体现了佛国世界的清净和美好。

第一窟、第二窟的中心塔柱分别为两层瓦顶出檐和三层瓦顶出檐，皆为仿木结构屋顶形，塔据四角各楼雕一根八棱柱，使塔柱更加宏伟华丽，塔层的屋形檐额、瓦拢、斗拱等仿木建筑的雕琢。

两塔顶部均以两龙相交缠绕之须弥山与窟顶相连，塔身四面各层皆雕佛像，由于风化以后的塔呈上大下小，所以被称为"倒悬塔"。

第一窟、第二窟北面都有较丰富的雕琢，技法精湛。下面为一列禅定坐佛，两窟的中部为大型龛坐佛，龛楣装饰华丽，下部为浮雕佛传故事和供养人行列。

此外，第二窟北壁西侧地面自古就有泉水流出，此即"云中八景"之一的"石窟寒泉"，石窟寒泉又被称为"石鼓寒泉"。

石鼓指的是第一窟，仔细倾听第一窟，就会听到"嘭嘭"的鼓声，这种鼓声千年以来仍隐约可闻，所以又被称为"石鼓洞"。

寒泉指的是第二窟，据记载此水"清冽可饮，饮之愈疾"，是大同地区难得的清洁用水。后将此水引出洞窟，以岩石雕回旋图案"流杯渠"为泉水出口，增加了艺术效果，成为云冈石窟的景观之一。

第三窟位于云冈石窟东区西端，是云冈石窟中规模最大的洞窟，前立壁高约25米，传为昙曜译经楼。

第三窟分前后两室，前室上部左右各雕一塔，中雕方形窟室，主像为弥勒，壁面满雕千佛。后室南面两侧雕琢有面貌圆润、肌肉丰满、衣纹流畅的一佛两菩萨，坐像高约10米，两菩萨立像高6.2米。

第三窟窟形奇特，它的平面呈凹字形。从

第三窟后室的坐佛

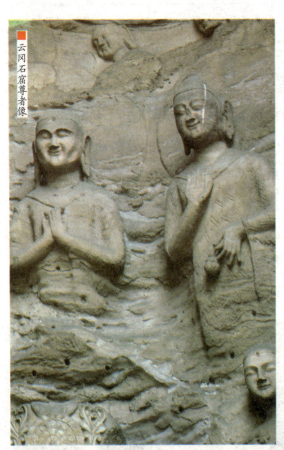

云冈石窟尊者像

外形上看，有别于一般洞窟。它的底部是两个窟门，通入内洞，似为窟门，东小洞独自成门，与内洞相通。

两小洞的顶部形成一个大的平台。平台上东西两侧有方塔遗迹，约3层，风化非常严重。

第三窟中间有一像龛，龛之两侧开两个明窗为窟照明，明窗之上最高处有一排12个大形长方架梁孔洞。梁孔之上是山顶，顶上曾有石室数间。

第三窟这样的石窟在云冈石窟中是一个奇物，在全国的石窟中也属罕见。

第三窟是个神秘的洞窟，它硕大无比、宽大深远，使人觉得它像个天然岩洞，从西小洞进入内窟。而且洞窟非常之大，洞窟的窟形也非常不规则，底边宽达40多米，两侧深达约15米，窟高近20米。

如此巨大的洞窟，仅刻3尊大佛像。这3尊造像刻在凸出的壁面的西侧，只占去壁面三分之一的位置。而这3尊造像的雕琢又十分精美，且又有别于其他云冈造像。除此之外洞窟四壁别无雕像。

关于第三窟大像的雕造时间，一直意见分歧很大，有的认为与昙曜五窟同期，有的认为在孝文帝迁都之前，更有说法如隋炀帝为其父隋文帝所建、初唐作品或者唐代中后期产物。后面三种说法，根据大同历史条件分析，基本没有可能性。

比较可信的说法是第三窟雕琢于孝文帝迁都之前，因为第三窟是云冈最大的洞窟，工程因某种变故而中途停止。

窟外两层中央的弥勒窟，呈殿堂式，居中一尊交脚弥勒。弥勒窟两侧各有一座3级石塔，这显然是一组弥勒天宫的完整造型，属于北魏作品无疑。

第三窟窟内仅有一佛两菩萨，佛做说法态，目光直视左前方，左前方隔壁正是窟外的弥勒殿。整个第三窟造像，内外呼应，刻画的是《佛说观弥勒菩萨上生兜率天经》的情景，反映的是进入净土世界的神圣与庄严。

据考证，第三窟是文献记载的"通乐寺""灵岩寺"，当时可居僧人达3000人。

云冈第五、第六窟在云冈石窟群中部，为465—494年开凿的一组双窟。庙前有1651年建造的五间4层木楼阁，朱红柱栏，琉璃瓦顶，颇为壮观。

第五窟开作椭圆形草庐形式，分前后室。后室北壁本尊为释迦牟尼坐像，主像为三世佛，中央坐像高17米，为云冈最大

隋炀帝 名杨广。是隋朝的第二个皇帝。604年7月继位。他在位期间修建大运河，营建东都洛阳城，开创科举制度，亲征吐谷浑，三征高句丽，因为滥用民力，造成天下大乱，直接导致了隋朝的灭亡。《全隋诗》录存其诗40多首。

■ 第五窟楼阁上层东侧坐佛

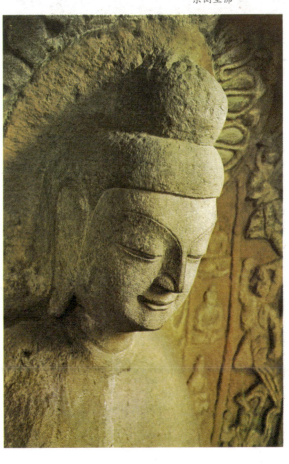

的佛像，膝上可站100人，中指长2.3米，两膝之间距离为14.3米，堪称云冈石窟佛像的鸿篇巨制。

正如元代诗人王度所写"耸峰危阁与天齐，俯瞰尘寰处处低"，这才是云冈石窟的万佛之冠。

第五窟有大小造像2300余尊，雕饰精美，为云冈石窟保存较好的洞窟之一，外部经唐代泥塑重装。

窟西侧刻有两佛对坐在菩提树下，顶部浮雕飞天，线条优美。

第五窟为"大像窟"，因而形制与云冈早期洞窟相同，平面为马蹄形，穹隆顶。北壁置隧道为诵经道。该窟壁面东北隅因山体渗水严重而多有风化，南壁和西壁则保存较好，显现了北魏雕琢艺术之精妙。

第五窟南壁窟门与明窗间列龛两排，上排为8个圆拱龛，下排为8个帷幕龛，龛内均置坐佛，整齐有序，威严肃穆。

在南壁上层东西两侧，各雕有高浮雕大象负驮须眉座5层瓦顶出檐佛塔，设计巧妙，雕琢精美，是云冈石窟佛塔雕琢的精品，也是我国传统建筑艺术与印度佛教艺术相结合的典范。

■ 第五窟北壁坐佛

■ 第五窟中层佛龛群

　　第五窟有39个附洞，编号分别由5—11号和5—39号，这些附洞的位置，除主洞明窗两侧6个、上方8个外，多数分布于主洞东侧及左侧冲沟上方的所谓"龙王庙沟"的高台上。

　　第五窟洞窟多为中期末开凿，但造像艺术水平却不乏云冈石窟中的精品。5—11号洞窟位于主洞明窗西侧第一层，尖拱式外壁，窟楣中雕坐佛。

　　5—11号的洞窟内东西宽1.3米，南北进深0.9米，上下高2.1米，东西北壁各开大龛，北壁坐佛褒衣博带，衣摆褶皱繁缛而下垂至地面，这种造像风格在云冈以后开凿的石窟中常可见到，面容清秀，显得异常俊美。

　　5—11号的洞窟内雕琢还有几处值得一提。

　　一是窟顶雕琢了演奏埙、筚篥、排箫、横笛、毛员鼓、羯鼓的8个飞天乐伎。身材修长，飘带翻飞，

埙　我国古老的吹奏乐器之一，大约有7000年的历史。相传埙起源于一种叫作"石流星"的狩猎工具。埙音色古朴醇厚、低沉悲壮，极富特色。

筚篥　即觱篥，也称管，古代管乐器之一，多用于军中，流行于我国北方。它的管身是木制的，上面开有8孔，管口插一苇制的哨子而发音。

是云冈乐伎雕琢的精品之一。

二是南壁窟门两侧对称雕琢了"踰城出家"和"乘象投胎"的佛传故事画面。

三是保存完好的地面团莲雕琢。由于该窟距地面较高，约为6米，很少有人践踏窟内地面，成为云冈石窟唯一保存完整的北魏洞窟地面的团莲雕琢。

5—39号的洞窟位于主洞明窗东侧第二层，严格地说，这更是一个雕琢在外壁的佛龛。

此龛的佛像头高0.45米，肉髻高耸，长眉细目，鼻梁高直，两翼分明，嘴角两侧上翘，笑容微微显露，身体前倾，颔首视下，蕴藏了极大的智慧与宽容。

第五窟是云冈石窟中期开凿的一个比较成熟的洞窟，所以洞窟空间规模、佛像造像都特别大。

位于第五窟前部正中足一米的佛像，雕琢细腻传神，极富艺术魅力。肉髻高耸，眉眼细长，鼻梁挺直，嘴角微微上翘，整个身躯向前倾斜做俯视状，表情深沉含蓄，神态自然端庄，与其说是佛国世界的一员，不如说是真实生活中青春、纯真的写照。

大像的两侧有立服侍像4尊，两大两小。因石雕原胎皆为肉髻，据所谓"戴花冠者为菩萨，昌状者为佛"的说法，人们以佛看待，故有"立侍佛"之称。

东侧的大小服侍及西侧的小像，皆为数泥包裹。而西侧的大立侍像非常引人注目，这是北魏造像艺术达到高峰的一幅作品，它那以洗练的刀法雕琢出的端庄和微笑，呈给世人一种超凡绝圣的境界，真是敷泥剥尽，方露出本色真容。此像可谓精美绝伦，令人惊叹。

从敷泥剥落的此像可看出，主尊释迦大佛的原像可能是肉髻而不是现在看到的螺髻，因为云冈风格的佛像皆为肉髻，几乎没有出现过螺发。

这与太安初狮子国沙门难提等在西域诸国见到佛的影迹及肉髻并带到平城，成为云冈造像的摹本有关。可以想象，敷泥剥尽这尊大佛是何等的风采夺目，何等的真容巨壮！

两佛对坐是云冈造像中经常出现的一种形式格局，尤其在中期洞窟最多，之所以会出现如此多的两佛对坐，这与当时太后临朝主政有关，其实就是为太后正名、正位。

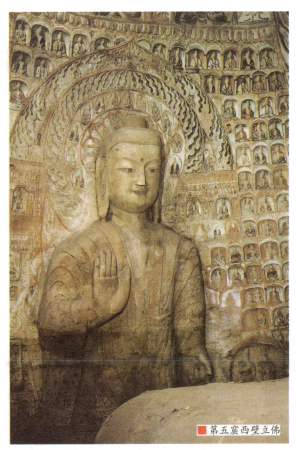

第五窟西壁立佛

这种造型在洞窟中的大量出现，说明了当时的朝政已是"两重天"的格局。

那么在洞窟造像中，大量雕琢"两佛对坐"既要为政治服务，又需有个依据。正好，就在当时大乘佛徒们最崇尚的《妙法莲华经》里，有一个《现宝塔品》的故事可以作为佛典依据：

据说在很久以前，东方有一个叫宝净的国家，国中有一佛，名多宝佛。他生前曾发下大誓愿，日后若有佛讲说《法华经》愿分一半塔座与之同坐。他死后，弟子们给他造了一个大塔，安葬在里面。

不知过了多少代，释迦牟尼在灵鹫山讲说《妙法莲华经》，当说到其中的精华要妙时，忽然从地下涌出一个巨大的宝塔，悬于空中。

这个宝塔玲珑剔透、光彩夺目，它是由七宝，即金、银、琉璃、水晶、玛瑙、珍珠、玫瑰镶嵌而成，所以叫"七宝塔"，也有人叫"多宝塔"。

第五窟南壁明窗西侧佛塔

七宝塔中有一位多宝佛，他就是过去东方宝净世界的佛，涅槃之后便全身入塔。当释迦牟尼佛演示《法华经》时，多宝佛从塔中发出大声音，赞美释迦牟尼说《法华经》的功德，而且履行本愿，将自己在塔中的座位分出一半，请释迦牟尼入座。

释迦牟尼进入塔中就在那半席上结跏趺而坐。当下亿万佛众看到两位佛

并坐在七宝塔中的狮子座上，这便是"两佛同塔"的由来。

云冈石窟第六窟是一个中心塔柱式洞窟。窟形为平顶方形，平面呈回字状，其中心塔柱呈四方形。高大的塔柱直通窟顶，占据窟内大部分空间。

塔高15米，分上下两层，下层约高10米，上层约高5米，比例匀称，一层重龛楣装饰，像高不超过5米。上下两层雕饰华丽，内容丰富，间不容隙。

塔柱四面大龛两侧和窟东、南、西三壁，以及明窗两侧，雕琢出33幅描写释迦牟尼从诞生到成道的佛传故事浮雕。此窟规模宏伟，雕饰富丽，技法精练，是云冈石窟中最有代表性的一个。

第六窟中心柱塔的本体，也是糅合了许多塔的形式混合而成。下层的4个面分成4个明显的独立区，而上层则混为一体，使塔的结构形成一种新式样。

云冈中心塔柱窟的共同之处是塔与壁皆独立于窟中央，上与顶相接，四面与窟室四壁平行间有南道，可绕塔礼佛，在佛教内容上又显

■ 第六窟中心塔柱
南面上层佛龛内立
佛

塔 一种在我国常
见的，有着特定
的形式和风格的
东方传统建筑。
它是一种供奉或
收藏佛舍利、佛
像、佛经、僧人
遗体等的高耸型
点式建筑，又称
佛塔或宝塔。

服侍菩萨 修
行层次最高的菩
萨，其修行觉悟
仅次于佛陀或等
同于佛陀。在没
有成佛前，常在
佛陀的身边，协
助佛陀弘扬佛
法，教化众生。

示着四方佛土平等的意蕴，表达佛教空间观念的意向
很浓。

云冈这种形制的出现，有接受西域与河西诸石窟
影响的一面，也有它自身的一面，这种成果又对以后
我国各地中心塔柱式洞窟产生了较深的影响。

第六窟中心塔柱上层四角各雕一座9层楼阁式塔
柱，每层雕成屋形，四面开宝，内雕3尊坐佛。

每层四角雕一小万柱，第一层四角雕覆盖钵式小
塔，极富装饰性。塔柱雕于须弥山上，由巨象承驮。
中心塔柱顶部雕为宝盖式，四面设格，内雕鸟兽，下
垂三角帏帐幕。

服侍菩萨侍立于四角塔柱内侧。立佛高肉髻，面
相丰圆，双耳垂肩，长眉秀目，慈蔼可亲。佛装宽大
合体，右襟甩于左臂，下摆向外舒展，潇洒流畅。通
身饰以舟形背卉光。

四周雕火焰纹，内雕坐佛与飞天，精美华丽。佛室设计巧丽，雕琢精细，造型宏伟，气势辉煌。

云冈第七、第八窟位于云冈石窟的中部，由于洞窟的形制及窟内造像的布局基本相同，所以这两个窟也称双窟，是云冈石窟中期开凿较早的石窟。第七窟前的木构建筑是1651年修建的。

第七、第八窟平面均为长方形，窟内布局上下分层，左右分段，具前后室，前室原依崖面架木构屋顶，前室外各雕塔柱，两窟前室置碑，碑下具龟，两窟前室后部凿有南道相通。

第七窟窟前建有3层木构窟檐，窟内分前后两室，后室正壁上层刻有菩萨坐于狮子座上，东、西、南三面壁上，布满雕琢的佛龛造像。

第七窟南壁门拱上的6个供养菩萨，形象优美逼真。窟顶浮雕飞天，生动活泼，各以莲花为中心，盘

龟 龟在我国古代与麒麟、凤凰和龙一起谓之四灵。龟在唐代以前名声很好，备受人们推崇。龟又称为玄武，即黑的意思，它生活在江河湖海，因而玄武就成了水神；乌龟长寿，玄武也成了长生不老的象征；最初的玄武在北方，殷商的甲骨占卜即"其卜必北向"，所以玄武又成了北方神。另外，还有很多与龟有关的童话故事。

■ 第七窟后室西壁的双佛

旋飞舞，舞姿十分动人。

第七窟将释迦牟尼一心求道的艰难历程描绘了下来，当人们从这30多幅浮雕画前走过时，释迦牟尼那不凡的一生便清晰地呈现在面前，这大约也是当初雕琢者的意愿吧！

第七窟下龛为释迦、多宝两佛并坐像，壁与窟顶相接处雕一排伎乐人像，各执乐器演奏。东西两壁对称开凿，壁与顶部相接处雕一排千佛。

下分4层雕有8个不同的佛龛。南壁凿有一门一窗，左右两侧各雕4个佛龛。

门窗间有6个供养人和伎乐天人像。明窗内雕菩萨和禅定比丘。内拱内雕力士、护法天王和飞天。顶部分格雕平棋，中为团莲，周雕飞天，把整个窟顶装饰得花团锦簇。

第七、第八窟与前期窟群比，在形制、内容、造像构成、题材等方面出现了诸多变化，从中折射出北魏社会变革的洪流。

云冈早期的"昙曜五窟"的顶部是较原始的密隆顶形式，主要是为了最大限度地容纳大佛。中期的石窟有了很大的不同，本尊退后，前庭宽大，窟顶进一步向我国建筑构造发展，从而出现了平顶窟、平棋、藻井图案等。

力士　即金刚力士，又叫秘籍金刚、持金刚、金刚手菩萨、执金刚神等，是一些手执金刚杵在佛国从事护法的卫士。由于手持金刚杵，所以又称为执金刚神，又因其身口意速疾、隐秘难知，因此又名秘籍金刚。

所谓平棋，即将窟顶雕为棋盘式方格状，故称平棋。藻井则为覆斗形窟顶式。

云冈的平棋藻井有它的特点，又饰以有动有静的飞天、莲花、玄武、朱雀、龙等雕琢。

第七、第八窟后室入口两侧，东西壁对称的浮雕是两尊护法神。按佛教命名他们分别是摩醯首罗天和鸠摩罗天。鸠摩罗天五头六臂，长发披肩，手持日、月、飞鸟及法器，骑乘于孔雀背上。

它们的上部各雕一处飞天，其衣纹飘带采用阴线雕饰，朴拙典雅。这两组雕琢生动无比、造型奇特，是我国石窟中少见的艺术珍品。

在佛教石窟艺术中，鸠摩罗天是作为佛的护法神出现的。据说他在海上漂浮，肚脐上长有一朵莲花，上坐大梵天，他的妻子是吉祥天女，坐骑是金翅鸟迦楼罗。

■ 第七窟后室窟顶中部南侧的飞天菩萨

他不仅有护法能力，并能创造和降魔。这位护法神，既是天上护持佛法的力士，又是主司人类生殖的人种神，他有着保障众生、镇国护民的作用。

摩醯首罗天三头八臂，面作菩萨像、身着菩萨装；面容饱满、安静慈祥。手持日、月及法器，手掌心向外托着累累硕硕的葡萄。这葡萄的图像意义，是用于象征如同葡萄一样多子的生殖愿望。

在印度的民间宗教信仰中，摩醯首罗天是一位丰收神。在远古人类的观念中，丰收的含义里也有生殖的意义。所以摩醯首罗天也具有生殖神的意义。

把他刻在第八窟的拱门东侧，首先就在于是这种创造生命的意义所在，也反映了拓跋鲜卑族渴望生殖、征求蓄衍的愿望。

第八窟后室南壁拱门上侧的供养菩萨

这位被佛教接受和改造了的生殖之神，汉译为"大自在天"。他住在色界之顶，被尊为三界之主，他有上千个名称而且是一体三尊或一体三分。

此窟拱门东侧采用高浮雕加阴线镂刻的两组多头多臂天神，彼此保持了和谐、均衡与对称的审美关系，也是云冈雕琢艺术中的精品。

第七窟主像下龛为释迦多宝，上龛正中为

弥勒菩萨，两侧为倚坐佛像；第八窟主像下龛为坐佛，上龛正中为倚坐佛像，两侧为弥勒菩萨，两龛都出现交脚坐佛和维摩文殊龛。

第七、第八窟人物造型面相丰满，躯体健壮。佛像着右袒大衣，菩萨斜披络腋，有的有短缨珞，造型与第一期接近。装饰室形有圆拱、顶帏帐两种，后者雕饰兽面，龛柱柱头有卷云纹和元宝形两种，供具只有摩尼宝珠，装饰纹带有莲瓣、单列忍冬、方格莲花。

在第七窟后室南壁门拱上面，有一组雕琢格外引人注目。那是6位单腿曲跪，双手合掌的供养天。她们以三位一组，两边排开，相向而对。她们头束高髻，佩带臂钏，帔帛绕臂向身后。她们虔诚、安详、自在、超逸，从她们的眼神、面颊、嘴角乃至身姿上散发出来的是一种女性羞涩喜悦、内心幸福的状态。

薄薄的轻纱随身垂落，翻飞的彩带随风飘起，丰满的体态优美动人。这6尊供养天真切地将北魏女子有血有肉地保存了近千年之久。

她们特有的风韵、尊贵的气质和那种超凡脱俗的神态使人为之流连，站在她们面前，人们会想起希腊的维纳斯。难怪看过她的人都称

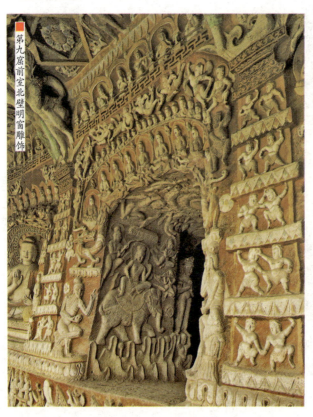

第九窟前室北壁明窗雕饰

古韵犹存的岩画石窟

赞说这是云冈石窟中最美的供养天，是东方的维纳斯。

云冈五华洞位于云冈石窟中部的第九窟至第十三窟，这五窟因清代施泥彩绘而得名。

云冈石窟第九窟分前后两室，前室门拱两柱为八角形，室壁上刻有佛龛、乐伎、舞伎，造像生动，动感强烈。

云冈石窟第十窟与第九窟同期开凿，分前后两室。前室有飞天，体态优美，比例协调。明窗上部，石雕群佛构图繁杂，玲珑精巧，引人注目。

第九窟与第十窟是一组双窟，是云冈石窟中殿堂风味最浓的两个窟。而且这两窟以其前殿有列柱开间，是云冈的一大特点。两窟的前殿各有两根露明通顶石柱，柱呈八角形，柱面各刻10层佛像，柱下刻须弥座，座置于柱础上，柱础为大象。

可惜柱身外面雕琢及柱础象头部分皆已风化殆尽，已不能显示当年的富丽景象。

两窟的外殿各由两柱分间，形成三开间的布局，外殿的雕琢极尽细腻与豪华。前室内部空间的安排，直接体现了双窟的布局原则。

第九、第十窟平面呈长方形，后室与第七、第八窟相似，前室东、北、西三壁高约10米，规划整然。水平的莲瓣纹带将三壁统一划为上下两层，与后室的层序相呼应。东、西、北三壁佛宝的配置更明确地反映出双窟的意义。

首先，第九窟西壁与第十窟东壁是同一堵隔墙的两面，两壁上层的屋形龛，左右立柱、中间的交脚佛坐像、左右的服侍菩萨立像、服侍上方的飞天，形式几乎完全相同。

其次，第九窟东壁和第十窟西壁上层屋形龛及其左右八角柱、中央交脚菩萨坐像、两服侍下半跏趺菩萨坐像形式也是相同的。

最后，两窟北壁上层东西的二佛并坐龛、下层东西翼和拱门楣龛、左右八角柱，也属相同形式，只是安置主像不同。双窟内屋形龛的建筑结构是模仿了汉魏以来的瓦顶木构建筑。

关于造像，佛、菩萨、诸天、鬼神、门神源于遥远的西方样式，但是经历了若干次类型化过程之后，又由云冈的雕工改造成质朴简练的造像。童子形象的飞天和阿特技斯在这对双窟中成了裸形童子的同类。

如第九窟后室南壁的鬼子母神像虽然也像犍陀罗风格的浮雕一样与释迦并坐，刻画出一对夫妇形象，但两像均为童颜，男女性别也无

■第九窟前室西壁的屋形佛龛

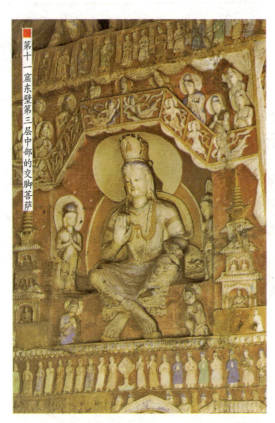
第十一窟东壁第三层中部的交脚菩萨

古韵犹存的岩画石窟

从判明，据其膝上所抱幼儿才可断定为鬼子母神。

第九、第十窟两窟中须弥山的雕琢甚多，是云冈诸窟中少有的。如东西两侧列柱的柱基刻成的须弥山，第九明窗西侧，是一幅乘大象菩萨漫步于须弥山上的浮雕，而第十窟门拱浮雕可谓是一个完全反映鲜卑民族的须弥山。

其实须弥山只是一个地理模式，它既是佛教大千世界每一世界的中心，又是印度神话和佛教中的众神之居所。

第十一窟是云冈较早出现的中心方塔式洞窟。中心塔柱分两层，下塔约占塔身的三分之二，四方雕立佛，上层南面是交脚像，其他三面为小立像。

第十一窟内的布局全部不对称。西壁满布佛宝，形式各异，雕琢精美，无统一布局。东壁有"太和七年造像志"和邑信士54人雕琢的95尊雕像。

这些佛窟大约也是当时善男信女们各自为修功德而独立雕琢的，所以才形成了这种不对称、无统一布局的雕琢。南壁不同于东西壁，南壁明窗两侧像雕琢内容极为丰富。其中有佛塔、伎乐天、供养人，还有千佛龛。

第十一窟的东西两壁不对称布局，打破了我国由来已久的开窟造像传统的主体突出、两翼对峙的局面。此窟的布局是东部小龛错落有致，西部出檐七佛立像，其大超人。

第十一窟最引人注目的是西壁中部雕琢出一个较大的屋形龛，佛龛的造型和雕琢精确而简洁。其瓦垄、屋檐等建筑形象逼真。在这宽敞气派的空间，雕琢出高约3米的7尊立佛。保存完好的有5尊。

他们头绾波状发髻、身着褒衣博带装，胸前结带、长裙飘逸；身姿优美，独立而出；在周围布满小佛龛小造像的衬托下，更显其大超人。他们身体前倾，右手着印，似在点化着人间迷途。

这7尊立佛雕法细腻。每一尊都准确地表现出它们各自不同的涵养和法用。初看它们好似一体一式，但若仔细欣赏，它们全然不同各有特色。这7尊佛都有不同的名字和不同的经历，它们站在这里呈现出一种多样而又统一的和谐美。

此塔下层正面立佛两侧的两尊服侍浮雕，完全是另一种风格，她们头戴高冠，长裙曳地，帔帛交叉，长颈消瘦，那清秀娟美的浮雕如同一位超凡脱俗的神灵。

第十一窟也是云冈题记最多的一个窟，《太和七年造像志》是云冈较完整的一通题记，在第十一窟东壁的上部。该志为磨壁石刻，呈长方形，横长0.78米，竖高0.37米。刻字24行，共有336字。此志以其年代最早、文字内容详细而成为研究

鬼子母神 即佛教中的鬼子母神，又称欢喜母、暴恶母或爱子母，梵文音译诃利帝母。原为婆罗门教中的恶神，护法二十诸天之一，专吃人间小孩儿，称之为"母夜叉"。被佛法教化后，成为专司护持儿童的护法神。在我国也称之为"送子娘娘"，在佛寺中，造像为汉族中年妇女，身边围绕着一群小孩，手抚或怀抱着一个小孩。

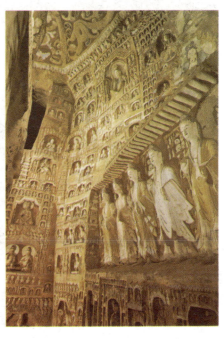

■ 第十一窟西壁的七佛

云冈石窟的一通有价值的题记。

《太和七年造像志》题记是由京都平城研习佛义经理的善男信女54人在云冈刻石造像后写下的一段心愿。题记的内容阐述了当时造像的由来及所处时代背景、佛教活动等，并将造像祈福的心愿做了细致的描述。

这通题记叙事完整、情感真诚、表达所用的文字质朴无华，陈述所用的语言很有民俗味道。

《太和七年造像志》题记是魏碑体，其风格以浑厚古拙、方重圆静为特色，字形端正平顺，用笔朴实苍劲，在书法上是魏碑早期的杰作之一。

第十二窟是云冈石窟中艺术氛围最浓的，人称"音乐窟"。的确，在这个洞窟完全可以感受到一种"庄生天籁"般的美妙境界。

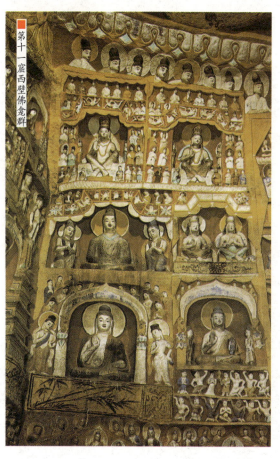

第十一窟西壁佛龛群

第十二窟最耀眼的当是前室北壁，那简直是人间石窟中最华丽的墙壁。那佛陀含笑、莲花盛开、飞天起舞、伎乐弹奏、浮雕造像色彩缤纷、琳琅满目。

飞天与菩萨分层而列，伎乐与佛龛并列而排，直至窟顶的伎乐与飞天，它们组成了一个宏大的乐舞殿堂，其华美绚丽让人叹为观止。

这里是音乐的殿堂，这

里是舞蹈的天地。佛陀在这壁低眉合掌含笑聆听，众僧在那厢痴迷凝目沉浸其中，乐手在一边怀抱琵琶忘情弹奏，飞天在四方扬袖翻飞，真可谓一座洞窟打开，现出一个华美绚丽、神佛共舞的洞天。

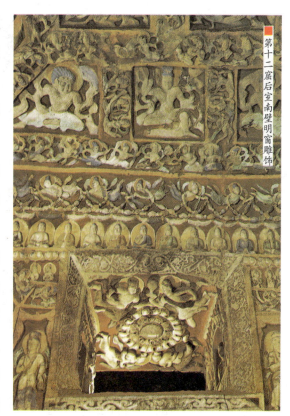

在云冈诸洞窟中，像第十二窟这样以音乐、舞蹈为主要内容的洞窟，在全国石窟中也实属罕见。当人们入居其中，环目四壁，凝神屏息，那布满四壁的十方诸佛、层层叠叠的飞天伎乐组成了一个宏大的音乐仪式，聆听到一种佛籁之音。这声音是佛国的，也是鲜卑的。

第十二窟属于云冈中期的工程。它与第十一、第十三窟同在一个面阔九间寺庙的覆盖下，窟前是4根露明温顶的大石柱，柱上刻满千佛坐像，是前殿后堂式格局。

洞窟方方正正，窟顶平平展展，已与前期的马蹄形平面和穹隆顶的简朴风格大不相同，它开始向宫廷殿堂式过渡。这也是工程进展的一个显著变化。

第十三窟位于云冈窟群中区的最西端，窟内的主尊佛像为"交脚弥勒"，像高达13米，高大的身躯直通窟顶。只可惜风化较为严重，此像经后世敷泥包裹，真容难见。只有右臂下的"托臂力士"以它奇妙的造型引人注目。

第十三窟南壁第三层的七佛

古韵犹存的岩画石窟

托臂力士用4只臂膀托举着主像仰掌的右臂，在力学上它所处的支撑点正是大佛右臂的悬空处，对大佛的右臂形成一个强有力的支撑。

同时，这个托臂力士的雕琢造型非常绝妙，在艺术上它与大佛形成鲜明的对比，它的小衬托出佛的大，它的动衬托出佛的静，这个托臂力士使这个阔大而威严的洞窟，透出一种活跃的气息。

第十三窟东壁的龛楣装饰是云冈石窟中最丰富的，龛楣两端有两龙交首、金翅鸟、蝎首、狮子等装饰，有的还在龛的基本形式上再刻以飞天化佛等，使龛式、人物、动物的装饰表现得更为明显突出，体现出宗教艺术追求庄严富丽的效果。

中期云冈石窟开窟的实际倡导者还是孝文帝和冯太后。冯太后在北魏历史以及云冈石窟开凿上所起的作用是至关重要的。

根据文献记载，476年献文帝死，在此以前，孝文帝已在延兴元年继位。

初期，孝文帝并无实权，冯氏临朝亲政，大权在握。这种情况一直延续至489年，后来出现"太后之谪"的新情况，太后逐渐失势，

490年冯氏去世。在此期间冯氏对国事起决定性作用，所以当时称孝文和冯氏为"二圣"或"二皇"。

在他们执政期间，北魏史上发生了一个重大变化，就是孝文帝的汉化改革。其中太和十年的服装改革，对云冈石窟的影响最为重要。

南朝士大夫所着的褒衣博带式服装，由皇帝带头穿着，并用行政命令加以推行，这种措施率先在平城地区执行，也首先反映在云冈石窟太和十三年以来的造像上。

文献和碑文中都提到一种叫"石祇洹舍"的建筑，根据云冈石窟的窟形和建筑形式，这是一种汉式的楼阁、殿堂式建筑。云冈中期以后，洞窟形制不再是草庐式，而是出现了仿木构形式的汉式楼阁、殿堂和佛寺，我们称之为屋形龛或屋形窟。

在孝文帝和冯太后的支持下，北魏佛教已经同文成帝复法时主要依据的凉州佛教不同了，更多受到中原及南方佛教的影响，连续出现双窟，规模较大。

中期石窟，平面大都为方形而且开凿有前后室，这种窟形最早见于龟兹石窟，称为佛殿窟。有的在窟内开有隧道式的礼拜道，如第九、第十窟。

这一时期石窟的主要特点是，汉化趋势发展迅速，雕琢造型追求工整华丽，出

第十三窟南壁明窗东壁的胁侍菩萨

现了许多新的题材和造像组合，侧重于护法形象和各种装饰，石窟艺术中国化在这一时期起步并完成。

我国传统的建筑形式在这一时期开始出现。如第九、第十、第十二窟窟前列柱，洞开三门，这是当时的檐柱，上雕瓦垅、屋脊，窟壁面雕成仿木构建筑的屋形龛。

这种建筑同南方佛寺不同，南方佛寺从一开始就前接木构屋檐，是石窟同木结构的结合。这种屋形龛屋形窟的出现，反映了汉文化因素的急剧增长。

古韵犹存的岩画石窟

阅读链接

花纹装饰图案、动植物装饰图案及纹样装饰遍及云冈各窟，几乎占据了七分之一的空隙。其中以青龙、白虎、朱雀、玄武作装饰的图案最多，特别是在中期的洞窟内。

如第十窟至第十二窟门楣上的边纹雕琢，在多方连续对称的忍冬纹浮雕带上，突出了高浮雕的朱雀、白鹿、莲花和化生童子等，这种装饰艺术可以说是民族风格的新创造。

缠枝植物图案，是南北朝兴起的装饰。它是否随着佛教传入我国现在还不好下定论，但是它和我国传统的云气纹有相吻合的地方。

从装饰题材来看，最重要的是莲花图案和缠枝植物花纹图案，它们对我国后代的装饰图案影响很大。莲花在佛教中代表净土，所以佛座也称莲花座，因此在佛教艺术中，莲花也就成了主要的装饰图案。

清新典雅的晚期石窟

　　在孝文帝定都平城后期，就佛教来说，非常注重义学和义理，所以这时《维摩诘经》《法华经》《涅槃经》等大乘佛教思想的佛经，在北魏境内得以流行。

石窟千佛窟

孝文帝和冯太后提倡的佛教也和早期凉州系统的禅行、禅修不完全一样，这时已涉及义理教义了。而佛教义学发达的是东方的徐州城区。这时的徐州城区、北燕城区、龙城城区，是新的佛教来源，给石窟造像增添了新的内容。

　　这时，北魏和西域的关系不如从前，柔然等统治着西域很大一部分城区，孝文帝时西域各国跟北魏往来较少，所以在云冈第十八窟出现了柔然"大茹茹可敦"，即皇后的造像龛和题记。

　　孝文帝时期广建佛寺，平城内外佛寺非常兴盛，见于文献的佛寺，著名的有思远佛寺、报德寺、永宁寺等。所以云冈后期出现了洞窟形制的改变，应该是依照当时平城的寺院，而当时平城的寺院是仿造汉族传统形式修建的，石窟形象的改革反映着佛寺形象的改变。

　　这个时期题材多样化，形象趋于清新，造型趋于典雅，表明汉化因素的增长和西方因素的削弱。就当时的政治形势来说，孝文帝时期可以说是魏政权最稳定最兴盛的时期。这多种因素的综合和影响，也就产生了晚期样式。

石窟一角

云冈晚期石窟的开凿时间为494—524年，主要分布在第二十窟以西，还包括第四窟、第十四窟、第十五窟和第十一窟以西崖面上的小龛。约有200余窟中小型洞窟。

孝文帝迁都洛阳后，尽管政治、经济中心南移，但平城作为北都，仍是北魏佛教要地。这时大窟减少，中、小型窟龛从东往西布满崖面。

下限时间定在524年，根据《金碑》记载，云冈造像铭记最晚一例是525年。《金碑》所记载有关云冈的史料是可靠的，当为信史。

迁都洛阳后，司州改为恒州，代尹为代郡太守，新置了平城镇。平城地区系州、郡、镇三级治所所在地。另外鲜卑拓跋部是游牧民族，习惯比较凉爽的气候，洛阳的气候比较热，北魏的皇室贵族不大习惯。所以迁都后，孝文帝下令"冬朝京师，夏归部落"。

虽然迁都了，平城和洛阳往来还是很频繁的，平城没受到太大的冷落。平城的经济实力和造像实力也未遭到削弱，因为直至迁都洛阳为止，平城已有30余年开窟的历史，培养了一大批娴熟的造像力量，积累

■ 石窟飞天雕像

郡　我国古代的行政区域，始见于战国时期。我国秦代以前比县小，从秦代起比县大，叫郡县。汉又增46郡，21国。隋朝废郡制，以县直隶于州。唐代道、州、县，武则天时曾改州为郡，很快又恢复了。明清时代称府。

石窟佛陀像

古韵犹存的岩画石窟

了相当丰富的开窟造像的技能经验。

对开窟者来说，主要是没有随皇室迁都洛阳的贵族官僚或虽迁到洛阳但夏季仍回平城度假的官僚，官职不高，中下级为主，包括一般的佛教徒。

迁都后，首先的任务是先建宫殿，佛寺的建筑还无暇顾及。文献记载，孝文帝迁都洛阳初期，城里只保存了一座永宁寺，城郭内保存了一座尼寺。说明这时候佛教中心仍在平城，孝文帝时龙门石窟造像主要是古阳洞一带。

到了孝明帝时期，他的祖母灵太后胡氏掌握了主要政权，这时洛阳佛寺急剧增加，平城云冈造像开始衰落。

云冈晚期石窟形制特点是洞窟大多以单窟形式出现，不再成组；内部更为方整、规制；造型更趋消瘦，坐佛下摆褶纹日趋重叠、繁褥；佛龛的装饰也更为复杂，龛楣、帐饰更为多变。

佛像和菩萨面形消瘦、长颈、肩窄而且下削，这种造像后来发展为"秀骨清像"，成为北魏后期佛教造像的显著特点。尽管这种像大量出现在龙门，但它的酝酿形成是在云冈晚期。

新的装束是上穿短衫、帔帛呈"X"形交叉穿璧，这种形式成为北朝后期菩萨装的代表。交叉穿璧式菩萨最早出现在云冈晚期；而飞天的服饰基本同以前一样，但早、中期飞天露脚，晚期不露脚。

这一时期多为中小型洞窟，类型繁杂，式样变化迅速，流行千佛洞、塔洞、三壁三龛式或四壁重龛式洞窟，窟门外出现雕饰。造像内容趋于简单化，形式趋于程式化。三壁三龛式窟的北壁主要题材多为释迦多宝。四壁重龛式窟北壁上为弥勒，下为释迦。

云冈石窟第四窟处于第三窟西侧一个不太引人注意的斜坡上，是一个拱门两个明窗，拱门居中，明窗两肩，走进第四窟一看就能知道，此窟造到中途而停止，整个洞窟并未完工。

从洞窟的形制来看，第四窟也该属"塔庙窟"。中央雕琢方形立柱，南北两面各雕六佛像，东西各雕三佛像，东壁交脚弥勒像保存比较完整。

第四窟据考证是云冈现存纪年最晚的造像，520—524年开凿，是第一窟至第十三窟之间仅有的晚期大窟。只是该窟造像风化严重，已无多大欣赏、研究价值。

云冈西部窟群包括云冈石窟西部第二十一窟至第四十五窟，以及一些未编号的小窟小龛。大多属于494年以后的作品。其特点是不成组的窟多，中小窟

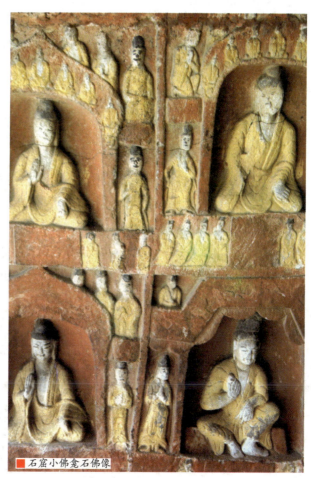
石窟小佛龛石佛像

多，作为补刻的小龛多。

这一时期的造像多为瘦骨清相，衣纹下部褶纹重叠，神态文雅秀丽，藻井中飞天飘逸洒脱，具有浓厚的汉化风格，与"龙门期"雕琢十分接近。

自第二十窟以后，为云冈的第三期工程。云冈石窟的后期，一般是指494年孝文帝迁都洛阳以后至525年，总共31年。

在这31年的时间里，先前的那种大规模的工程场面渐渐地沉寂下来，但是在仍可利用的崖壁又相继开凿了中小型洞窟200多个。

这一时期的洞窟形制小而杂、自由而灵活，没有统一的规划和安排，大多因地制宜，但正因这后期工程，才将云冈的东部区、中部区、西部区结成一体，使之成为一条1千米长的石窟群带。

一代代一批批高僧凭他们的精工匠艺，共同设计、共同制作，创造出云冈石窟一座座旷世无双的佛国天堂。北魏以后，云冈石窟衰落了，梵音唱晚之声，再没有越过雁门山峦。

阅读链接

云冈石窟的诞生绝非偶然，而是诸多历史必然性的结果。佛教自东汉进入我国，最初假借黄老道术在民间传播，魏晋时逐渐独立。

十六国时期，佛教由于来自西北胡族统治者的推奉而迅速发展，同时迎合了苦难深重的中原人民的精神需求。北魏太武帝灭佛，则从反方向刺激了佛教的勃兴。石窟建造之风，由古印度、西域、河西渐次东传，至平城而特盛。

北魏自道武帝建国，至太武帝结束北方群雄割据的战乱局面，各国各地的贵族官僚、儒士僧侣、能工巧匠、金银财富荟萃平城。

特别是随后对西域的征服，直接迎来了历史上东西文化交流的新一轮高峰。

麦积山石窟

麦积山石窟的一个显著特点是洞窟所处位置极其险峻，大都开凿在悬崖峭壁之上，洞窟之间全靠架设在崖面上的凌空栈道通达，因该山形状如堆积的麦垛而得名

它开凿的年代，大部分学者认为始于后秦，历经北魏、西魏、北周、隋、唐、五代、宋、元、明、清，历代都不断地开凿和修缮，现存造像中以北朝造像原作居多。它是我国著名的大型石窟之一，也是闻名世界的艺术宝库。

后秦首先开凿麦积山石窟

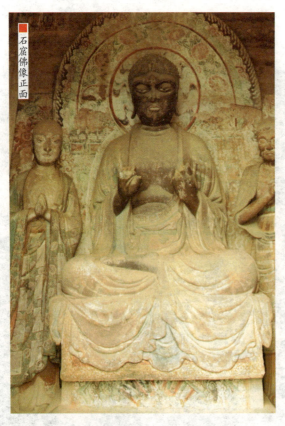

石窟佛像正面

麦积山位于甘肃省天水市东南约35千米处，是我国秦岭山脉西端小陇山中的一座奇峰，海拔约1700米，但山高离地面只有142米。山的形状奇特，孤峰突起，犹如麦垛，因此人们称之为"麦积山"。

麦积山周围风景秀丽，山峦上密布着翠柏苍松，野花茂草。攀上山顶，极目远望，四面全是郁郁葱葱的青山，只见千山万壑，重峦叠嶂，青松似海，云雾阵阵，

■ 石窟内的西方三圣
龛

远景近物交织在一起，构成了一幅美丽的图景，这图景被称为天水八景之首的"麦积烟雨"。

山峰的西南面为悬崖峭壁，举世闻名的麦积山石窟就开凿在峭壁上，有的距山基二三十米，有的达七八十米。在如此陡峻的悬崖上开凿成百上千的洞窟和佛像，在我国的石窟中是罕见的。

说到麦积山，人们不能不感叹造化的神奇。且不说它酷似农家麦垛的独特造型，单就是它壁立千仞却又扑面而来的那种气势，就足以让人高山仰止了。

但是，麦积山的高度，却绝不仅限于它的山顶以及山顶上的塔尖，这里最让人叹为观止的还是那些有着1600多年历史的文化遗存——古老的栈道、神秘的佛龛、精美的雕塑和斑驳的壁画。

麦积山是一个独峰，在它的绝壁上，不仅有大大

栈道 又称栈阁之道，是我国古代交通史上的一大发明。人们为了在深山峡谷通行道路，便在河水隔绝的悬崖绝壁上用器物开凿了一些棱形的孔穴。上面横铺木板或石板，可以行人和通车，为了防止这些木桩和木板不被雨淋变朽而腐烂，又在栈道的顶端建起亭阁，也称栈阁。

石窟佛像

小小几千座洞窟佛像，而且修建的凌空栈道更是攀缘曲折。那么在古代，人们是如何在这万仞绝壁上，凿出洞窟，塑进佛像，架起栈道的呢？这一直以来都是个谜。

关于麦积山石窟修建的起源，在当地民间有这样一个传说：

很久以前，在麦积山附近的山谷里住着一户人家，家里共有3口人，父亲、母亲和儿子，父母都是能工巧匠。

儿子渐渐地长大成人，老两口的头发也都花白了。

一天，父亲把儿子叫到身边说："我学艺将近40年了，一辈子最大的心愿，就是想凭这一身本领给后世子孙留下点什么，也不枉来人世一趟。"

儿子纳闷地看着父亲等着老人家说下去。

老父亲接着告诉儿子："咱们这里有三处地方非常奇特，一处叫麦积崖，那是一座独峰，在它的悬崖绝壁上开凿石窟是最好不过的。一处叫仙人崖，那是五座山峰，东、南、西、北四山环抱中间一峰，好似一朵盛开的鲜花。"

儿子眉峰一动，眼睛闪动着亮光。

老父亲继续说："西峰下还有天然石穴，可容纳万人，也是个修建庙宇的好地方。还有一处叫石门，那里峰峦奇秀，林木苍郁，山间常有云雾萦绕，似仙境一般。从那里建造亭台楼阁，留给后人游览赏玩，也是功德一件。"

儿子看着父亲，点了点头说："父亲，您的想法我明白了，您是想把这三个地方都开凿建造出来。"

父亲叹了口气说："我只怕自己等不到那一天啊！"

母亲最了解父亲的心思了，她听到这话，走过来说："别担心，老头子，我们三个人一人开凿一处，不就快得多了吗？"

父子俩听后，都觉着这个主意很好。于是，一家人就用抽签决定各自修建的地方，并签下契约保证如期完工。抽签结果是，父亲修建石门，母亲修建仙人崖，儿子修建麦积山。他们说干就干，第二天就出发了。

儿子来到麦积山脚下，抬头望去，山高万仞，绝壁森森。

他想，从这上面刻浮雕、凿洞窟，真是再合适不过了，自己总算可以好好施展一下拳脚了。正想得高兴，忽然他意识到，自己没法在这万丈悬崖上施工。这下可难住了他，他日思夜想，怎么也想不出办法来。

石窟佛像

这天，儿子又在冥思苦想，忽然听到远处传来一种奇怪的鸟叫声。仔细听来，仿佛在唱："砍完南山柴，修起麦积崖。"

这一下便使儿子茅塞顿开了，他高兴地冲着群山大喊："我找到修建麦积山的方法了！"他明白这一定是上天在帮他，于是更加充满信心了。

接下来的日子，儿子不辞辛苦，连着砍完了整个南山的木头，把它们顺着山脚一层层堆积起来，终于堆到了他想要的高度。

然后，他站在木头堆上，开洞窟、塑佛像、架栈道。修好一层洞窟，架一层栈道，便拆一层的木头。儿子没日没夜地干着，完全投入到艺术创作之中。

父母已经如期完成回到了家中，但是儿子到了约定日期，却还没有回来。父亲误会儿子因为懒惰耽误了工期。

古韵犹存的岩画石窟

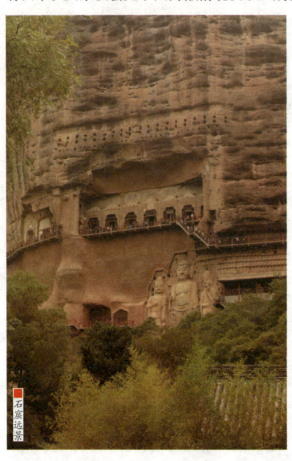

石窟远景

儿子终于修完回来了，父亲一见他，就开口大骂，说他误了工期，是个不守信用的家伙，他们辛辛苦苦就培养了这样一个不争气的东西。

儿子不服，刚要争辩，但父亲越说越气，根本不给他说话的机会。父亲又看到儿子脸上丝毫没有任何悔意，一时失去理智，竟一挥手，用手里的斧子砍死了儿子。

等老伴闻声从外面赶来的时候，儿子已经倒在血泊之中了。当父亲恢复了理智，又走到麦积山下，看到儿子建好如此奇妙、如此完美的石窟后，心里追悔莫及，到儿子的坟前痛哭了一场。

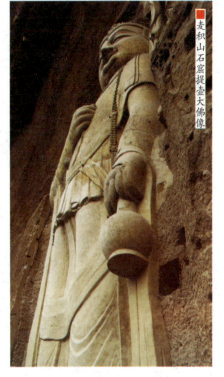
麦积山石窟提壶大佛像

后来，他们一家3口人修建的地方，成了人们游览拜佛的圣地，而其中以麦积山最为有名。

由于他们一家人造福人类、功德无量，据说他们死后都变成了佛。而麦积山东崖上3尊10多米高的摩崖大像，传说就是为了纪念他们3个人而造的。

虽说自古传说就流行很久了，但其实麦积山的精神，却是在人世的烟火中熏染出来的。

佛教传入是公元初年前后的事，当时由于丝绸之路成了连接东西方的唯一路径，所以地处丝绸之路一侧的麦积山也像敦煌一样，成了僧侣们眼中不可多得的灵岩仙境。

更遥远的已说不清楚，从史料中看出，南朝的开端420—423年，的确有一位法号昙弘的和尚隐居在了麦积山。

所以，最迟从那时开始，麦积山便不断地有高僧住持，有善男信女供奉香火，也有人倾其所有，请当时的能工巧匠凿窟塑像。

十六国时期，后秦姚兴信奉佛教，麦积山石窟就在此时开始兴建了。麦积山东崖第三、第四窟之间的崖面上原有1157年的铭刻。13世纪成书的《方舆胜览》中说，麦积山是后秦姚兴凿山修建的，主要依据就是这段纪文。

石窟前还有1222年《四川制置使司给田公据碑》，其中也指出了

西秦 十六国之一。陇西鲜卑族酋长乞伏国仁所建。都苑川。盛时有今甘肃省西南部和青海宣烈王乞伏国仁一部。历4主，共47年。西秦建立政权后，开始延纳汉族士大夫，学习汉人的统治经验，推行封建政治制度，对民族的融合起了重要作用。

麦积山石窟的创建年代在东晋，和姚秦时代不矛盾。

常言说："天下名山僧占多。"在麦积山石窟，塑佛像的最早年代，也正是佛事开始盛行之时，当时天水一带归西秦，那时候，麦积山调集众多有名的能工巧匠，在山中进行着一场浩大的凿洞造像工程。

一时间，从四面八方吸引来了100多个僧人，云集在这里，崇信佛教，追求死后或来生的快乐。把整个寺院搞得四季香火旺盛，善男信女来往不绝。

那时，在这些众多的佛教徒中，对佛经有着高深造诣，创立了自己学派的，就是玄高僧人，他是麦积山最早的一位很有名气的高僧。说起玄高，有一段奇妙的传说：玄高姓魏，本名灵育，冯翊万年人，也就是今陕西临潼的渭北一带。传说他母亲寇氏，一日梦见一僧人来家，随手散花后离去，他母亲自觉从那天以后就怀了胎，后来，生下个男孩儿，就起名灵育。

■ 生动的石窟佛像

灵育12岁时，有一天跟随一位在山中隐居的书生离家，一心想入佛门，起初山僧不答应，说是父母不听法，你不能度，他只得回到家中，向父母一再乞求要出家参佛。

两年后，他终于说服父母，来到中常山，从此背俗弃世，改名为玄高，进入佛门。

　　他15岁时就能在众多的僧人面前讲经说法。受戒以后，他更加专心钻研禅律。几年后，玄高听说关右有跋陀禅师在石羊寺讲佛法，他前去拜师。他在那里只用10天时间，就能"妙通禅法"。

　　玄高对清幽寂静的麦积山十分喜爱。对巧夺天工的佛龛彩塑，从心底里发出赞叹之声。从此，他一面钻研佛经，一面虔诚地给众弟子传授。从那以后，长安、秦地高僧纷纷来麦积山，大家友善相处，麦积山很快成为陇右佛家圣地。

阅读链接

　　1962年，北京中央美院师生在麦积山石窟测绘实习，在第七十六窟的主尊佛座上发现了覆盖在底层的墨书题记，写的是南燕主安都侯姬后造。

　　据此，可以确定麦积山石窟在十六国时期已经开始兴建。在我国的著名石窟中，自然景色以麦积山为最佳，素有"小江南""秦地林泉之冠"之美誉。

北魏北周石窟的辉煌发展

麦积山石窟佛像

后秦姚兴之后40多年中，兵戈相争不断，麦积山石窟似乎陷入停顿的局面。特别是北魏攻占西北之地后，在446年，实行灭佛，因此大量佛寺被毁，僧人被杀，十六国时期的麦积山造像也无一幸存。

而保存下来的麦积山石窟最早的作品，是第七十八窟佛坛上的墨书所题仇池镇供养人画像，应当是北魏文成帝复法之后的事。

文成帝复法，不但使造像活动重新活跃起来，而且还把造像和帝身联系起来，按照皇帝形象立佛，这大大巩固了佛教造像活动的社会

■ 麦积山石窟远景图

影响，对清除7年灭法后造成的社会畏惧心理起了很大的作用。

麦积山第七十八窟主尊佛是三世佛，形体高大，着右袒服，衣褶线条繁密流畅，有一定的厚重感。面相略呈"用"字形，眉目清秀，鼻梁高直，唇微上翘，大耳几近垂肩，直腰趺坐，体格雄伟。四周壁面则刻有千佛。

根据仇池镇供养人题记，第七十八窟三世佛的建造年代在云冈昙曜五窟完成之后的460年和仇池镇改梁州的488年之间。第七十八窟三世佛在风格上和昙曜的云冈五窟是一个系统，风格相近。

495年，下令禁止士民穿胡服，有意识推行汉化。南朝作为汉文化正朔所在，南朝士人的服饰、言行及崇尚的社会风气在北方产生影响。但麦积山地处西北，比不上洛阳龙门石窟可以得风气在先。只有在

洛阳 位于河南省，是华夏文明的发源地之一，我国建都时间最长、建都朝代较多的千年帝都。洛阳有着数千年文明史，我国古代伏羲、女娲、黄帝、唐尧、虞舜、夏禹等神话，多传于此。从夏朝开始先后有13个王朝在此定都，有105位帝王在洛阳指点江山，一统天下。

北魏之后的西魏，麦积山造像才出现带有南朝风格的变化。

麦积山石窟艺术虽然是佛教艺术，反映了佛教思想及其产生发展过程，它虽然不能像其他艺术那样直接反映当时的社会生活，但它却曲折地再现了历代人物的生活景象和当时的社会和政治、经济状况。其艺术内涵丰富，艺术风格独具。

麦积山石窟和敦煌莫高窟一样，都因山石疏松，不宜在岩石上精雕细镂，全以泥塑和壁画等艺术形式来宣扬佛教思想和佛经内容。

麦积山石窟的早期作品，大部分是未经后代染指的唐代以前的原作，填充了国内十六国至北朝时期泥塑艺术的短缺。而且各时代作品几乎都有，能系统地反映各代泥塑艺术作品的独特艺术风格。

深厚的民族传统和强烈的民族意识，是麦积山石窟泥塑艺术中最突出的特点。

麦积山石窟尊者佛陀像

尽管早期的佛和菩萨像，从形貌到衣着，都还带有一定的西域和印度风味，但那种圆雕与平刀相结合、压线条与阴刻纹同时并用的制作方法，则完全是我国本民族固有的传统技法。

北魏时期，是麦积山石窟的辉煌发展阶段，第一百一十五、第一百三十三窟是其中的代表，特点是秀骨清秀。

西魏时候，麦积山石窟一度兴旺，这就是大型洞窟第一百二十七、第一百三十五窟的兴建。这次兴旺是和当时西魏文帝元宝炬与皇后乙弗氏的生离死别的悲惨命运联系在一起的。

在麦积山的历史上，西魏文皇后乙弗氏不能不说是一个悲剧性的人物。北魏分裂成东魏、西魏之后，两国都想拉拢北方的柔然国以牵制、打击对方。

先是东魏将公主嫁给柔然国国王，元宝炬面对北方柔然族的威胁，不得不迎娶了柔然国王的长女，而把感情甚笃的皇后乙弗氏冷落一旁。

■ 麦积山石窟尊者像

乙弗氏在这种情况下，先是隐居在都城长安，后来因新皇后猜忌，又只好来到儿子武都王所在的麦积山削发为尼。当乙弗氏以比丘尼身份带着幼子来到秦州时，侍婢随从俱全，物质并不欠缺，而精神全寄托于佛教。麦积山石窟寺的修建因此有了兴旺的条件。

即便这样，她仍然为新皇后所不容，1481年，柔然国起兵，文帝迫于压力，又一次违心地将乙弗氏赐死，死后在麦积崖凿龛，埋葬了乙弗氏，这就是第四十三窟又被叫作"魏后墓"的由来。当时叫作寂陵，直至文帝死后，乙弗氏才被她做太子的儿子迁到西安与文帝葬在了一起。

此时距乙弗氏来到秦州不过两年时间。

秦州 位于我国甘肃天水，是华夏文明的主要发祥地之一。早在7000多年前，我们的祖先就繁衍生息在这片土地上。传说中的伏羲、女娲、轩辕均出生在这里，故有"羲皇故里"之称。还有李广墓、诸葛军垒和清真寺、瑞莲寺等古迹名胜，已形成了伏羲文化、秦文化、三国文化、明清建筑文化、民俗风情文化等多元文化景观。

　　西魏在文化艺术上，延续着北魏汉化的余绪，尽管它屈服于柔然的压力，但在艺术风格上，由北魏造成的汉化发展趋向一时难以克服，何况在西魏与东魏对峙的状况下，更需要强调自己是北魏的正统后继者。

　　麦积山第六十九窟北魏的菩萨立像，面容清秀，头微右倾，含笑凝视，神情安详亲切。高发髻作盘绕状，扎以饰带，发髻中间佩有玉环。内着圆领服，外罩通肩衣，广袖博带。

　　第一百二十一窟也有北魏的菩萨、弟子像。菩萨头梳高平髻，着对襟袍，右手屈肘直起手掌，左手放左腹侧。他的旁边是一位双手合十的年轻弟子着通肩袈裟。

　　两尊造像的位置相互靠近，头部均倾向一处，面容清癯、眉目清秀，笑意盈然，似乎是在窃窃私语中心有同感，才发出的粲然一笑。

　　一般认为，北魏的这些造像在形象上已完全不同于云冈早期的雄大粗壮的风格，修长的体型，清峻的面容，含蓄的微笑以及宽袍广袖的衣着，都是北魏推行汉化而引起南朝风流行的结果。

西魏第一百二十七窟的菩萨像，在造型特点上和北魏上述作品一脉相承。

第一百二十七窟左壁有两尊菩萨，上身皆裸露，披戴着项圈、长巾，巾带宽平，巾端卷折如鱼尾。其中一尊菩萨左手垂放体侧，右手屈肘上举，掌心向上。

另一尊菩萨双手皆屈肘抬起指向方向一致。头上发式都是从额上向左右分梳至后披下。高髻前有冠护持，面相较瘦，眉毛弯曲，细目如柳叶，嘴角翘起明显，精神活泼，比起北魏菩萨的含蓄笑意，显得更加轻快。

同样，主尊佛的造像也有清峻之相，如第四十四窟的坐佛，头梳流水状高髻，着双肩袈裟，博带广袖，服饰相当简洁洒脱，眉目修长舒缓，直鼻小口，笑意微妙动人，神情恬静自适。

西魏地处西北，接触胡人的机会较多，在石窟造像

麦积山石窟菩萨石像

东方雕塑馆

麦积山石窟

佛陀朝圣像

古韵犹存的岩画石窟

中，作为主尊佛、菩萨、弟子等的造型和精神状态的刻画上，追求和慕效南朝士人之风，固然是其必然。但在一些非主要形象的刻画上，造型往往有胡人特点，也能很好地注意到精神境界的表现。

第一百二十三窟左壁有一位侍者造像，头戴圆顶毡帽，身穿圆翻领窄袖长袍，面相瘦削，呈"甲"字形。眉弓高长，鼻梁高直而窄，上唇短而下颌长，一望而知是胡人的形象。

他的双手对拢放于袖口之中，头微前倾，目光下视，含一丝笑意，是一副虔敬听法而内心有所感动的样子。虽然只是一个小人物，但造像工匠一丝不苟，表现得相当出色。

西魏时期的麦积山石窟中，还出现了集中的经变故事壁画。在第一百二十七窟四壁剥蚀严重的壁画中，依稀可辨的有正壁的涅槃变、左右壁的维摩变和西方净土变、受十善戒经变等。

在当时盛行本生故事的大环境中，众多的经变题材出现在同一个窟中，是个很奇特的现象。个中原因，仍然和乙弗氏等贵族的心态有关。

乙弗氏是在万般无奈的情况下才来到秦州的，对现实生活中的不平，用善恶报应的理论来化解心中的困惑，也只有把来世寄托在极乐世界中，才能减轻精神上的苦痛，经变题材于是有了展现的机缘。

公元554年要和北齐对抗，企图再次变革图新，不过这次变革不是继续汉化，而是恢复鲜卑原貌，自此至北周宣帝大成元年（579年）时，才又经奏议而改穿汉魏衣冠。

在这样的社会背景下，西魏原先的那种博带广袖、形象清峻洒脱的造像风格随之消失，朝着鲜卑化方向趋进。似乎可以说，也就是要把云冈前期的造像风格再次发扬光大。

但是，这次发扬光大，毕竟是在石刻造像中已经风行南朝风近百年的历史上进行的，整个社会审美趣味的主流已经形成了清峻为美的格调。

西魏 535—557，北朝之一。历三帝，共十二年，都长安。管辖今湖北襄樊以北、河南洛阳以西，原北魏统治的西部地区。534年，孝武帝元修脱离高欢，从洛阳逃至长安，投靠北魏将领、鲜卑化的匈奴人宇文泰。次年宇文泰杀孝武帝，立元宝炬为帝，史称西魏，政权实际由宇文泰掌握。

■ 石窟佛像

■ 麦积山石窟璎珞

璎珞 我国古代用珠玉串成的装饰品，多用为颈饰，又称华鬘。原为古代印度佛像颈间的一种装饰，后来随着佛教一起传入我国，唐代时，被爱美求新的女性所模仿和改进，变成了项饰。它形制较大，在项饰中最显华贵。另外，璎珞还有美玉的意思。

在这一前提下，北周造像在极力挣脱这种处于主流地位的社会审美趣味规范下的结果，出现了相对而言的面相丰圆、形体结实而且璎珞满挂的造像类型。在客观上造成促使造像向着骨肉匀称的柔丽妩媚方向发展的趋势，也因此成为北周造像的基本特色之一。

乙弗氏死后不久，麦积山历史上又出现了另一件影响深远的事。那是在北周时，秦州大都督李允信，在麦积山距地面80多米的地方，为其亡父造七佛阁。

登上麦积山，走到东崖的最高顶，就能看到麦积山石窟中规模最大的一个石窟，那就是七佛阁。

佛阁里面有42尊泥塑大菩萨，阁外崖壁上绘有彩色壁画。据史料记载，这就是北周武帝保定、天和年间，秦州大都督李允信为其亡父所造的。

七佛阁中的菩萨都是泥塑而成，个个形态逼真、表情丰富、形神兼备、栩栩如生，是麦积山不可多得的艺术珍品。

传说当年李允信想用石头来雕琢这些菩萨，但最终又选用了泥土，这里面还有这样一个故事。

相传，秦州大都督李允信不但是一个大贪官，同时也是一个佛门忠实信徒。为了悼念其父亡灵，他不惜动用40多万人工，耗资万两黄金，在麦积山东崖上开凿石窟。

为了显示自己对佛的一片诚心，李允信不但要开凿最大的佛龛，还下令让主持工程的大和尚一定要用完整的大石来雕琢佛像。

开凿佛龛倒不难，难的是要从千里之外采运石头，再将大石运达山顶，才能刻成佛像，要耗费大量的人力物力，其中的艰难是无法想象的。

大和尚因此犯了难，不知如何是好，于是就跪在香案前，请求佛祖明示。一炷香未完，他隐约听到有声音在耳边说："佛，从西方净土世界而来，泥塑成身方可。"大和尚听后，急忙俯身叩谢。

第二天，大和尚将佛祖真言说给李允信听。李允信不但不相信，反倒说是大和尚怕麻烦，故意编出佛祖显灵来骗他。后来，他居然摆出道场，想要亲自问一问佛祖。

佛祖见他这样，十分生气，训斥他说："我佛以慈悲为怀，普度众生。你既为亡父超度灵魂，但要适可而止，切勿劳民伤财。"

真言 佛教语，又称陀罗尼、咒、明、神咒、密言、密语、密号。即真实而无虚假之语言之意。或又指佛、菩萨、诸天等的本誓之德，或其别名；或即指含有深奥教法之秘密语句。广义言之，不但以文字、言语表示之秘咒者称为真言，乃至法身佛之说法，也均为真言。

■面含微笑的佛像

■ 石窟外部的大佛像

李允信说："我这样做也是想表现我对佛祖的一片诚心哪！"

佛祖说："既是诚心，为何又不听从佛祖教诲？佛生西方，必用西方净土塑身！"

李允信此时仍不甘心，反问道："那为何龙门和云冈的佛像都是石雕？"

佛祖解释说："佛自西方来时，带的净土已在敦煌莫高窟用去大半，剩下的用在麦积山。因此，龙门和云冈只能用石头代替了。"

这时，李允信才相信自己错了，赶紧向佛祖叩头请罪。最后将七佛阁中的菩萨，全部用泥土塑成。

当时，正赶上颇有文名的庾信随北周皇帝巡游天水。李允信于是请庾信作铭记述这件盛事。这样就有了在麦积山历史上极负盛名的篇章《秦州天水郡麦积

庾信（513—581）字子山，南北朝时期大文学家，祖籍南阳新野。仕北周，官至骠骑大将军、开府仪同三司，故人称"庾开府"。庾信奉梁元帝名出使北朝被留，不得回归，文风萧瑟哀戚，也感染北方雄浑豪迈之气，是南北朝文学的集大成者。

崖佛龛铭》。其文中写道：

镇地郁盘，基乾峻极，石关十上，铜梁九息。

万仞崖横，千寻松直，荫兔假道，阳乌回翼。

载荤疏山，穿龛架岭，虹纷星汉，回旋光景。

……

庾信的这篇铭文，记述了麦积山历史上一个重要的事件。在以后的历朝历代，当人们说起麦积山的历史时，这篇铭文几乎就成了一个标志。

七佛阁俗称散花楼。据说，这是由于在此散花，佛将带给你好运和祝福。当登上七佛阁前廊凭栏倚立，将五彩缤纷的纸片撒向空中，就会看到美丽的纸片纷纷扬扬、徐徐飘落。

奇妙的是，顷刻之间，这些纸片又争先恐后地向上飞升，升至一定高度后才慢慢地向下散落。这一奇观，民间流行的美丽传说很耐人寻味。

相传，这"七佛阁"里面有七尊大佛塑像，这里是释迦牟尼现身说法的地方。当年，佛阁造好后，释迦牟尼第一次就位说法时，山下谷底里，盘

麦积山佛像

七佛阁中的佛陀

腿席地而坐佛家弟子，挨挨挤挤，黑压压一片，一个个全神贯注，睁大双眼洗耳恭听。

　　同时，有28位飞天仙女，也住在这七佛阁里。她们看见这天听道的人空前的多，便疑心这些人是不是都真心信佛，想试一试看。

　　这些飞天仙女鉴别真假佛徒，有个巧妙的方法，就是从空中向

石窟佛像

坐在地上的众徒身上散花，如果是真心信佛的，那花瓣儿就在远离他们头顶的上空飞走了，飘落不到他们身上；如果花瓣落在了谁的身上，就证明他事佛，心中有假；要么就是红尘未断，俗缘未了；要么就是凡心未泯，不能始终。

　　于是，这28位飞天姐妹，全都提了花篮儿，一个接一个地飞出洞去，顿时，天衣飘飘，清风习习，只见她们的胳膊舒展挥舞，随之天花乱坠，五彩缤

纷，洋洋洒洒，却没有一朵一瓣落在众徒身上。

原来，当时聚集麦积山的成千上万个佛门弟子，为了敬奉佛事，不论是焚香、布施，或者是修缮佛窟，经年累月，并无一人懈怠。

这种虔诚恭敬的本身，就已经积下了很大的功德。而这种功德，光耀无穷，泽被千秋。所以，后来这里游览的凡人，在这七佛阁上散下花来，仍然不会落地的。为了这个缘故，人们给这窟佛阁又起了个美好的名字，叫作"散花楼"。

至北魏以后，麦积山石窟的雕塑中不论是佛还是菩萨，从形象到衣着饰物，则完全变成了汉民族的样式。而那种以形写神和形神兼备的表现手法，更充分地体现出我国古代雕塑艺术的独特风格。

明显的世俗化倾向和浓厚的生活情趣，是麦积山石窟艺术中的又一个显著特征。我国多数石窟和寺院的早期造像，一般都将佛像做成庄严、肃穆、至高无上，神圣不可侵犯的样子。

在麦积山石窟里，尽管也有这样的作品，可是从北魏早期开始就有了明显的变化，尤其是北魏晚期以后的佛像，差不多都塑造成俯首下视、面容娟秀、体态端庄、慈祥智慧、和蔼可亲、美丽善良的女性形象，有的甚至类似陕甘一带农村中常见的少女。

石窟内的佛像

古韵犹存的岩画石窟

石窟外的石刻牌匾

仙鹤 就是丹顶鹤，在我国历史上被公认为一等的文禽。它与生长在高山丘陵中的松树毫无缘分，但是由于丹顶鹤寿命长达五六十年，人们常把它和松树绘在一起，作为长寿的象征。在传说中，仙鹤都是作为仙人的坐骑出现的，可见仙鹤在国人心中的印象是相当有分量的。

尤其值得一提的是，第一百二十三窟内那对童男童女，他们颈项上各套戴一个长命圈，这是陕甘一带农村常见习俗的生动写照。

第四十四窟造像，曾轰动日本，被赞为"东方的维纳斯"。第四十四窟造像虽然出自1600多年前西魏的手笔，却明显感到宛如现实生活中的孩子。这说明塑匠们在造像过程中，把民间的生活现状如实地带到佛窟中去了，使神灵与人间化为一体，因而使得麦积山石窟作品格外富有人情味和民间气息。

上彩不重彩，或者直接用素泥表现质感的独特方法，也是麦积山石窟艺术的一个重要特点。

麦积山石窟珍存的绝大多数作品，原来都是上过彩的，只是由于当时的泥塑作品在最初塑像时，便将衣服上的褶襞和身上的肌肉、血管等，都用柔和细腻的泥巴，充分地表现出来。因此，当原有色彩剥落后，仍显得质朴素净，富有雕塑感。

部分作品，由于泥巴的特殊处理，经过千百年的风吹、日晒、雨淋，已经变得具有明显的质感，甚至仍像新塑的一样。

麦积山石窟除珍贵的泥塑外，还有一定数量的石雕和壁画等艺术珍宝。如万佛洞造像碑浮雕，描绘释迦讲经说法，构图严谨，刻画细腻，人物各具神态，表情自然，非常传神。

壁画中无论是描写从容前进的马匹、凌空翱翔的仙鹤，或是表现骑马作战，追逐野兽的场面，都善于掌握动势，充满活力。这类作品数量虽然较少，但那生动优美的艺术形象和精细巧妙的构图布局，以及纯熟洗练的技法，在南北朝同期作品中，也是非常杰出的。

麦积山石窟艺术作品，是我国古代劳动人民勤劳、勇敢、智慧的结晶，它们不仅全面真实地反映了我国4世纪末以来，在雕塑、绘画等艺术方面的发展演变过程和辉煌的成就，而且对研究我国古代的泥塑、石雕、建筑以及宗教等文化，提供了形象系统的实物资料。

在洞窟形制方面，麦积山石窟与其他石窟也有不同，一开始丝毫未受印度支

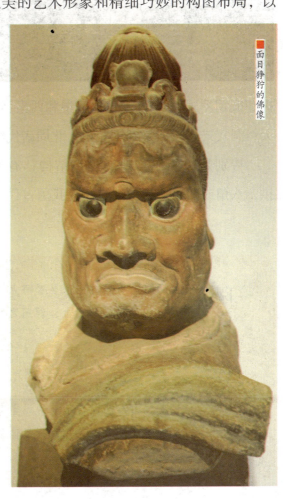

■ 面目狰狞的佛像

提和毗诃罗式的影响，尽管后秦和西秦所开的平拱敞口大龛，还带有天然洞穴式样，但是到了北魏，北周诸代纯粹变成殿宇楼阁式样。

特别是仿汉代宫殿的建筑结构，有出檐屋脊、鸱尾、额枋、斗拱、八角或四角列柱等，是研究我国古代建筑珍贵翔实的资料。

阅读链接

麦积山石窟的一个显著特点是洞窟所处位置极其险峻，大都开凿在悬崖峭壁之上，洞窟之间全靠架设在崖面上的凌空栈道通达。

古人曾称赞这些工程："峭壁之间，镌石成佛，万龛千窟。""碎自人力，疑是神功。"（唐代王仁裕《玉堂闲话》）

麦积山石窟以其精美的泥塑艺术闻名中外。著名历史学家范文澜曾誉麦积山为"陈列塑像的大展览馆"。如果说敦煌是一个大壁画馆的话，那么，麦积山则是一座大雕塑馆。

石窟历尽磨难仍魅力永存

1000多年来，麦积山遭到过风雨的侵袭、人为的破坏，历史上还经历过数次大地震。但是天灾与人祸并没有磨灭麦积山的光芒，它仍完好地保存着佛教窟龛194个，泥塑石雕、石胎泥塑7200余件，壁画

石窟牌匾

鸠摩首罗天 原印度教的守护神，在佛教中被列为护法神。《大智度论》记载其形象："童子面，骑雀，四臂擎鸡，持铎，提赤幡。"又作鸠摩罗伽天、鸠摩啰伽天、拘摩罗天、俱摩罗天、矩摩罗天，意译童子天。

1300余平方米。

麦积山景区地处我国昆仑—祁连—秦岭东西中央造山带和贺兰—川滇南北中央构造带的交接复合部位，该位置又恰处于西秦岭—松潘构造结的东北结点上。特殊的地质地貌，既塑造了麦积山北雄南秀的大地奇观，同时也埋下了地震灾害的隐忧。

从石窟"牛儿堂"向西行，有一条长38米，距地面高80米的天桥栈道将麦积山东崖和西崖连接起来。天桥之下，东西崖之间，崖壁悬空垂立，洞窟皆无。

原来，在734年，秦陇发生了强烈地震，使麦积山崖面中部窟群及东崖上部大面积坍塌，窟群自此被分裂为东西两崖。

从那以后，山峰脚下就残留着当年地震中被震落的巨大石块。这应该算是麦积山石窟历史上最惨重的损失了，很多珍贵的洞窟、塑像、壁画在山体的摇晃中跌落粉碎，还原成了泥巴。

这样的天灾在当时被视为不祥之兆，导致香积如山、僧侣过千的麦积山宗教气脉遭受毁灭性打击。

就是这场地震，使麦积山在大唐盛世时只开凿了为数不多的几个石窟。

■ 石窟里的佛像

接下来，随着我国行政中心的南移和北上，作为长安佛教文化的重要部分、"关陇石窟"的杰出代表，麦积山石窟浓妆艳抹的"主角"地位也一去不复返。

杜甫流寓秦州时，麦积山在天水大地震中，东西崖佛龛被一分为二，加之当时的"安史之乱"，所以他自然只看到了"野寺残僧少"的凄惨景象。

不过从某种意义上说，这也未必不是一件好事，因为杜甫流寓秦州之后的20多年，我国历史上就发生了著名的"会昌灭佛"事件。我们现在已很难知道，麦积山是否因位置偏远而且山路险绝逃过了那一劫。

从此，麦积山石窟在蒙蒙烟雨中销声匿迹了近千年。但就是在这次地震后不久，民间匠人还是顺着残留的栈道，摇摇晃晃地攀上了牛儿堂，并塑了一组天王踏牛的塑像，其实这组塑像更像是一个避除震灾的祈祷。

传说，天王名为鸠摩首罗天，因为脚下踩一头神牛，所以民间又称它为"踏牛天王"。天王脚踩的小牛犊是一头神牛，力大无比，要是一动，就会发生地震，于是天王牢牢踏在牛背之上，不让它乱动。

鸠摩首罗天高鼻深目、上身着铠甲、下身着战裙、双拳紧握，显示出威武不屈、不可侵犯的英雄气概，宛如驰骋沙场统领万军的将

■七佛阁中的佛陀

军。将军应该去治国安邦、建功立业，可他为什么却在这里千百年始终如一地踩着一头牛犊呢？

这还要从天水历史上频发的地震说起。天水地处青藏高原北部地震区、宁夏—龙门山地震亚区、昆仑—秦岭巨型纬向构造带和南北地震带的交汇地区，天水地区共发生过破坏性地震130余次。

古时候的人们自然科学知识水平有限，认为地震是怪兽在捣乱，为了趋吉避祸人们总希望能用神灵来镇住制造地震的怪兽，这项重任便交给了鸠摩首罗天，而他所降伏的地震祸首便是脚下的这头牛犊。

传说，这头牛犊只要从睡梦中醒来便会挺身而起，给人间带来房倒屋塌的灾难，所以鸠摩首罗天丝毫不敢懈怠，日夜紧盯着这头牛犊。

一天夜里，月黑风高。小牛睁开了双眼四下观瞧，见周围漆黑一片，除了呼呼作响的山风外再无他人，便要奋蹄而起。

眼看着人间就要发生一幕惨剧。说时迟那时快，鸠摩首罗天早在一旁看个分明，还没等牛犊站起来便纵身一跃，踩在了它的背脊之上，千钧的重量牢牢地镇住了牛犊，它喘了几口粗气后便老实了下来。

318

古韵犹存的岩画石窟

王仁裕 字德辇，其先祖太原人，后来迁居秦州长道县碑楼川。五代著名政治家、文学家，一生忧国忧民，身处乱世却满怀清明盛世的政治理想，这使得他在五代十国史上成为一个颇具实力和影响力的诗人和作家。著作甚多，有《秦亭篇》《锦江集》等，被时人誉为"诗窖子"。

为了不再让人间发生惨剧，鸠摩首罗天从那一天开始再也没有放松警惕，双脚一直踩在牛犊的身上，一踏千年。

唐代以后，麦积山在雕塑方面再无大的建树，最多只是一些数量的积累，或者是一些修修补补。但是由于有不少文人雅士、达官显贵慕名前来，相关文章也因此多了起来，如五代王仁裕等，王仁裕在登临麦积山最高处的天堂之后专门写诗留念。

宋代在开封建国之后，我国政治经济中心也随之南移，加上由河西走廊通往西域的丝绸之路逐渐被海路运输所代替，麦积山由此进入了将近1000年的幽居阶段。

其间虽然也有一些善男信女涂彩塑像，供奉香火；虽然也有一些文人雅士寻幽探奇，登高怀古；但相对于北朝及隋唐，毕竟只是一种寂寞的延续。

麦积山就这样静静地矗立了千余年。

要说麦积山的千年历史，不得不说说这里独一无二的云梯栈道，它们是麦积山历史的见证者。麦积山石窟自开凿以来，就开始修建木质的云梯栈道，以连接"密如蜂房"的窟龛。

麦积山上，古代人在悬崖陡壁上建造的凌空木头飞桥栈道，早已被火焚毁了，剩下的一些焦黑折

七佛阁中的如来佛祖

残的窟檐和桩孔，似乎在向人们诉说着昔日的壮观。

它们是怎样烧毁的？当地传说着这样一个故事：

这天，玉皇大帝早朝，登上灵霄宝殿。按照天庭惯例，他垂帘落座，眯缝了眼睛稍事养神等待着各方天王、星宿、神灵、揭谛等出班呈奏，以处理上天各界种种事务。

他静静地等了好一阵子，怎么？鸦雀无声？他欠欠身，命童子撩起帘子，一看，唉？殿下大庭空空荡荡，竟无一神在位？继而睁大眼睛细瞧，才发现只有火神独自一个，噘了嘴巴坐在那个偏背的角落里。

玉帝忙问火神：“众位天神都到哪里去啦？”

火神不高兴地答道：“都上麦积山去啦！”

“到麦积山去干啥？”

“他们说要在麦积山上永享天年哩！”

揭谛 佛教术语，意为去，即从痛苦中走向解脱，从无明中走向觉照，从二走向不二。后来随着佛教发展，演变成佛教护法神之一，也称五方揭谛：金光揭谛、银头揭谛、波罗揭谛、波罗僧揭谛、摩诃揭谛，为佛教五方守护大力神。

古韵犹存的岩画石窟

■ 石窟大佛远景

　　"怎么？多年来，大家在天宫不是一直住得好好的吗？为啥突然要移驾迁居，到区区一座麦积山上去呢？"

　　"哼！您老人家还蒙在鼓里呢！麦积山石窟比天宫还要好呢！"

　　玉帝奇怪了，问："既然如此，诸位天神都到那里去安家，你怎么不去？"

　　火神眼里闪着泪花，委屈地说："麦积山上给人家都设了神位，独独没有我的。"

　　"啊？"玉帝急了，"有我的没有？"

　　"有，有是有，"火神嘟囔着说，"但不如其他众神的位子那么显赫。"

　　"哼……"玉帝长长地出了一口气。稍停一刻，就向火神发布命令道："你去给我召回诸位天神，我有话说！"

　　"是！"火神应了声，接旨出了南天门，乘一团赤红云彩，径直来到麦积山。

　　"众位天神听着，玉皇大帝有旨！"火神从西崖喊到东崖，又从

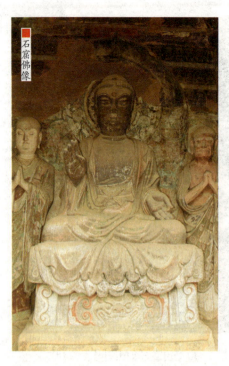
石窟佛像

东崖喊到西崖，竟然没有一个天神出龛接旨。听他喊得紧了，各窟天神都不约而同地"啪！啪"关了门窗。

火神急了，忙从云头跳上崖壁飞桥栈道，挨洞挨窟地捶门敲窗，但是，仍然没有哪位天神愿意离开这人间天宫。

火神终于火了！他重新驾起赤云，龇牙咧嘴，作起法来：面向麦积山崖，上下左右摆动脑袋，口中"呼呼"地喷出火焰，直扑各洞神窟。

麦积山上的飞桥、栈道、窟门、龛檐，统统起火，噼里啪啦乱响，顿时成了灰烬；但是，洞洞石窟，还都好好的。

原来，在火起的当儿，众位天神也都念咒作法，才保住了龛窟完好无损。并且，后世又重新修建起了神奇的云梯空中栈道。

由于山体中部突出，下部凹进，上部收缩，故而中部以下栈道由下向上层层突出，成凌空穿云之势，现奇绝惊心之景。后世的人们能够一个一个洞窟地登临观看，全靠贴壁凌空搭建的这些云梯栈道。

麦积山东崖西部和西崖东部洞窟密集，栈道多达12层，被称为"十二联架"。东西两崖之间有上下两层栈道通达，上层栈道惊险至极，有"天桥"之称。

由天桥西端至下部的第一百三十五窟天堂洞，由几道"之"字形的栈梯、栈桥回环连接，被称为"云梯"。

木栈道按照秦汉以来的传统方法建造，均采取耐腐朽的油松及水楸、漆木、山槐、山榆等硬杂木制作。挑梁一般长两米左右，里端楔

古韵犹存的岩画石窟

入崖壁的方形桩眼中，承受栈道全部荷载。

道梯斜搭于上下两层栈道的挑梁上，由斜梁、踏步板、栏杆组成，斜度一般呈45度。为此，麦积山石窟栈道堪称我国石窟一绝。

漫步在麦积山石窟艺术栈道长廊里，西秦、北魏、西魏、北周、隋、唐、五代、宋、元、明、清，一个朝代一个朝代往下看，美不胜收的石窟史一页一页往下翻。

古印度域外风格的西秦塑像、北魏的秀骨清像、北周的"曹衣出水"、隋和唐的厚重饱满、两宋的写实、元明清的繁复，都在不同时代的塑像、壁画、建窟形式上淋漓尽致地体现出来。

麦积栈道像是一个出色的历史记录员。历史上的木栈道，既真实刻录了自然界的风吹日晒、虫蛀雨

曹衣出水 又称"曹家样"，古代人物画中衣服褶纹的一种表现方式，由北齐曹仲达创造。"曹衣出水"与"吴带当风"相对，前者笔法刚劲稠叠，所画人物衣衫紧贴身上，犹如刚从水中出来一般；后者笔法圆转飘逸，所绘人物衣带宛若迎风飘曳之状。

东方雕塑馆

麦积山石窟

■ 麦积山石窟远景

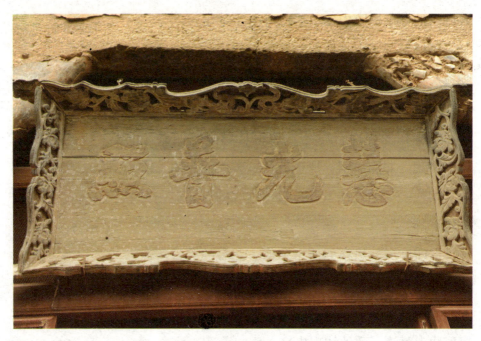

古韵犹存的岩画石窟

■石窟牌匾

淋，也留下了兵燹火灾、信众踩踏等人为破坏的斑斑伤痕。

神话传说并不足信，据记载，1132年，栈道毁于兵火。明代后期，木栈道为野火所烧，其间虽经多次修复，但仅修局部，致使西崖上部洞窟长达数百年无人登临。

东崖牛儿堂通往西崖天堂洞的凌空栈道，自唐开元年间因地震崖面崩落后，东西崖隔断一直难以通行。

有一首流传至今的民谣："千佛廊，万佛堂，鹞子翻身牛儿堂。"说的是从散花楼到牛儿堂，无栈道可通，游人要参观，只有抓住窟外峭壁上的一根荡绳，像鹞子翻身荡秋千那样，凌空荡到"牛儿堂"。

牛儿堂地势险要，被人们冠以"鹞子翻身"之名。这是从何而来的呢？

从散花楼穿过"小有洞天"的石洞来到牛儿堂非

州 我国先秦时代的行政区划单位，所辖地区的大小历代不同。真正的行政区域还只是郡、县两级，郡太守直接与中央政权联系，不必通过州一级。东汉末年，州由监察区变为行政区，成为郡以上的一级行政区划，形成了州、郡、县三级制。

常容易。

而石洞开凿于明代，在这之前人们想要从散花楼到达牛儿堂。必须要借助固定在两座洞窟间崖壁木桩上的铁索链。双手紧抓铁索挺身一荡，借助巧劲儿，荡足过去，在落地的一瞬间还要翻身挺腰站稳身形。此举惊心动魄，非胆略过人者不敢为之。

数百年间敢于此飞身激荡者寥寥无几。后来石洞是怎样开凿的呢？这里面又有一个故事。

相传在明代，有一年的农历四月初八，秦州有个州官来到麦积山逛庙会，他游性正浓，沿栈道层层攀缘，被精美的佛像和壁画所打动，不知不觉中来到了散花楼，听了属下衙役所讲的"鹞子翻身"后一时兴起，想亲身试一试。

他用纵跃姿势，游荡到牛儿堂去，众人一起为他鼓劲儿，州官居然成功了。

可是当州官站稳在牛儿堂，定睛向下观看，只见悬崖陡立，山谷人群如同蚂蚁，顿时头晕目眩，腿软抖战，说什么也不敢迈步了。

■ 念经的佛陀像

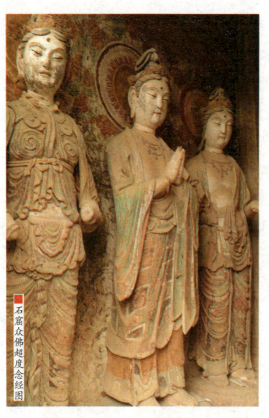

石窟众佛超度念经图

没有办法，众衙役只得火速请来一群石匠连夜开工，用了三天三夜的时间凿开了一个小洞，已吓得半死的州官才从洞里爬了过来。后来的工匠在小洞的基础上逐年开凿，才形成了后来这般规模。

麦积山石窟尽管饱经历史风霜，经历过无数的天灾人祸，但石窟里却有许多微笑的佛像。

在麦积山石窟东崖的第四十四窟，有一尊阿弥陀佛塑像，传说就是依照赐死在这里的西魏文皇后乙弗氏面容而塑，被称为"东方的蒙娜丽莎"。佛像那饱含深情的双眼，温婉安详的表情和低眉清纯的微笑，令凝视者不由得滋生出一种纯净和温暖。

从第四十四窟顺栈道而上，就是摩崖华严三圣塑像。一佛两菩萨，尽管都满含微笑，可依然难掩威仪庄严之感。顺栈道继续攀登，就到了散花楼。佛阁顶上的北周"薄肉塑"伎乐飞天，个个粉脸笑容，姿态万千。

而万佛洞里的小沙弥，更是麦积山泥塑的典型代表。他俯首、侧耳，眼睛笑得细成一条线，看那样子像是在静听，又像是在回味、领悟，更像一份对佛出自内心深处的谦卑。小沙弥的这种憨厚且稚气的笑容，被游客誉为"东方微笑"。

微笑是人类共同的语言，是沟通心灵的名片。在1600多年前农业

古韵犹存的岩画石窟

文明走向鼎盛之时，人们选中了这座形如麦垛的山崖开窟造佛，寄托丰衣足食、天下太平的美好愿景。

在千年岁月里，这座山，这些石窟，这些微笑着的塑像，这些舞动的飞天，这些精美的壁画，不管热闹也罢，冷落也罢，穿越历史的风霜，躲过无数的天灾人祸，一笑就是千年。

微笑，是当下我们最需要的一种表情。黑暗埋不住，大雪压不垮，雷电劈不碎，地震摇不倒。只要学会微笑，所有感触过那场高频率震颤的人，总会忘记忧伤、鼓足了信心。

麦积山石窟以佛教为主，反映了三佛、七佛、西方净土等内容，从壁画和雕琢石碑中反映佛本生和佛传故事是佛教文学的一种重要形式，如睒子本生、萨埵那太子舍身饲虎、涅槃等。通过对佛、菩萨、飞天等形象的塑造，反映了佛教对现实世界的精神启迪。

沙弥 出自龟兹语，意为求寂、息慈、勤策，即止恶行慈，觅求圆寂的意思。在佛教中，指已受十戒，未受具足戒，年龄在7岁以上，未满20岁时出家的男子。在佛教僧团中，首位沙弥为罗睺罗。人若想成沙弥，须受十戒。凡小孩出家，叫作沙弥。人若过了七十岁，便不准受具足戒，只能受沙弥戒，做沙弥，而不能正式成为比丘。

■佛陀讲经像

麦积山石窟真实地反映了那个时代的艺术家，对美好生活的无限向往和审美取向。

北魏造像秀骨清俊，睿智的微笑，暗含着对恐怖现实的蔑视，对人生荣辱的淡忘和超脱世俗之后的潇洒与轻松；西魏、北周造像的温婉和淳厚，沉醉于对现实生活的追求和对佛国世界的向往；隋唐造像丰满细腻；宋代造像衣纹写实，面貌庄重。

艺术家们扬弃了以往那种斤斤计较的细部讲究，而把感染力提到了统率一切的高度，神情动人，富有生活气息。

从麦积山各时代造像可窥见当时艺匠们突破佛教的清规戒律，以现实生活中的人物为主要素材，加以艺术的夸张、想象、概括、提炼而创作出来的具有浓郁生活气息的宗教人物：佛、菩萨、弟子、供养人等形象。

慈眉善目的佛像

第一百二十一窟中窃窃私语的佛弟子，第一百二十三窟中童男童女所表现的虔诚，不是苦行者的虔诚，而是在时代思潮影响下的童稚般的真诚和愉悦。

所以，麦积山塑像受当地社会环境的影响使其表现了当地的人与情，使佛教造像如在生活中似曾相识，使人感觉佛国世界的可亲可爱，从而虔诚奉教。

麦积山石窟曾是"有龛皆是佛，无壁不飞天"，由于多雨潮湿，壁画大多剥落，但仍保留北朝时期的西方净土变、涅槃变、地狱变及睒子本生、萨埵那太子舍身饲虎等本生故事，壁画中描绘的城池、殿宇、车骑和衣冠服饰多具有汉文化特色，反映这一时期的现实生活。

尤其是飞天，多彩多姿更具特色，有泥塑、雕琢、绘画以及薄肉塑4种形式。

石窟大佛

虽然飞天的故乡在印度，但麦积山的飞天却是中外文化共同孕育的艺术结晶，是印度佛教天人和我国道教神仙融合而成的中国文化的飞天。她没有翅膀，没有羽毛，她是借助云彩而不依靠云彩，只凭借飘曳的衣裙、飞舞的彩带，凌空翱翔的美丽少女，是我国古代艺术家最具天才的杰作。

同时，在壁画、雕塑中也同样反映舞蹈、乐器等内容，为研究我国古代音乐等方面提供了宝贵的资料。

在麦积山石窟中，不同时代没有留下姓名的雕塑艺术家，在手语上所下的功夫，可谓匠心独运。但它所表现出的丰富内涵，却往往为人们所忽略。

例如，有万佛堂、碑洞、极乐堂等不同名字的第一百三十三窟，它位于麦积山西崖上面。前堂正中而立的是高大立佛，高3.10米；身前合手伫立的是其儿子罗睺罗，高1.44米。

据《佛本行集经》记载：罗睺罗生于其父释迦牟尼佛苦修6年成道之夜。佛成道后回迦毗罗卫探亲时，初次见到儿子罗睺罗。

15岁时罗睺罗从佛受记出家。跟随其父而成为十大弟子之一，即所谓"密行第一"。释迦牟尼预言其将来成佛，号"七宝华如来"。以上是佛经中记载的佛教神话。

这两尊塑像的塑造者成功地实现了塑泥质料的凝重和父子生命的灵动，两者的合二为一，使体积造型的艺术魅力得到了充分的展现，躯干立体的体积美，庄重肃穆而又蕴含着动感和活力。

而如磁石一样吸引欣赏者的审美关注的是立佛的手语。立佛右手前伸，中指朝下似乎是点化罗睺罗开悟的象征；左手拂袖平举，做兰花指印。表现了自在、祥瑞、如意，不管光线从哪方照来，人们都可以看见两朵逆向盛开的玉兰。仔细琢磨就会感觉出"盛开的玉兰"自然悠久的生命来。它是麦积山泥塑艺术的万花筒在宋代达到理想美高峰的证明之一。

330

古韵犹存的岩画石窟

阅读链接　　唐代以后，麦积山在雕塑方面再无大的建树，最多只是一些数量的积累，或者是一些修修补补。但是由于有不少文人雅士、达官显贵慕名前来，相关文章也因此多了起来，清代诗人吴西川曾写过一首《麦积烟雨》，表现了麦积山石窟周围美丽的景色，诗中这样写道："麦积峰千丈，凭空欲上天。最宜秋雨后，兼爱暮时烟。境胜端由险，梯危若未连。钟声路何处？遥想在层巅。"

石刻神工

古代石刻与文化艺术

大足石刻

　　大足石刻是重庆大足县内102处摩崖造像的总称，其规模宏大，刻艺精湛，内容丰富，具有鲜明的民族特色，具有很高的历史价值，在我国古代石窟艺术史上占有举足轻重的地位。

　　大足石刻最初开凿于892年，历经后梁、后唐、后晋、后汉、后周五代至1162年完成，历时250多年，余韵延至明清，历经沧桑，是一座历史悠久的石窟艺术宝库。

三教合一与石刻艺术

在我国，儒、道、佛 "三教合一" 是各种文化在中华民间的融合过程，而它们所反映在从古自至今的文化活动中，就是流传后世的各种具象作品，而重庆的大足石刻则是其最突出的最有代表性的典型例证。

宝顶山摩崖石刻

在我国古代传统思想中，儒家思想大部分时间占据主流。这是由于汉武帝接受卫绾、田蚡、董仲舒等人的意见"罢黜百家，独尊儒术"，以及后来作为官方思想的"理学"，都是以批判佛老异端、继承儒家道统为旗帜的。而且，作为儒家思想文化的代表著作"五经""十三经"，也一直被历代封建统治者奉为中华文化的基本典籍，因此，儒家思想获得了正统地位，被视作中华文化的代表。

■ 重庆大足石刻

然而，在中华传统文化的发展过程中，还存在着除儒家思想体系以外的其他许多学派思想体系，如道家、法家、名家、阴阳家、墨家，以及后来传入我国的佛教等。

儒道两家前后都形成于春秋末期，但在春秋末至战国初，则是儒墨两家的对立最为尖锐的时期，在社会上的影响也最大，被称之为当时的两大"显学"。

道家学派发展至战国中期的庄子等人时，开始被广泛传播，从而成为先秦时期与儒墨鼎足而立的三大学派之一。战国中后期，在文化思想方面出现了一个诸子百家竞相争鸣的繁荣局面。

这时，一方面是各学派内部的大分化，《庄子·天下篇》谈到当时的道家，有"彭蒙、田骈、慎

五经 指我国儒家的五部经典，即《周易》《尚书》《诗经》《礼记》《春秋》。温柔宽厚，《诗》教也；疏通知远，《书》教也；广博易良，《乐》教也；洁静精微，《易》教也；恭俭庄敬，《礼》教也；属词比事，《春秋》教也。汉武帝立五经博士，儒教国家化由此谓之开端。

古韵犹存的岩画石窟

■ 大足石刻人物像

玄学 是对《老子》《庄子》和《周易》的研究和解说。产生于魏晋。是魏晋时期的主要哲学思潮，是道家和儒家融合而出现的一种哲学、文化思潮。"玄学"之称的由来，正是因为魏晋时期清谈家称《周易》《老子》《庄子》三本书为"三玄"，所以"玄学"之名便由此而来。

到""关尹、老聃"和"庄周"三家之别。

魏晋时期的玄学，标志着儒道思想在冲突中的进一步渗透和融合。王弼所谓"圣人体无，故言必及有，老庄未免于有，故恒致归于无"，已熔儒道有无之说于一炉。

至于郭象，在《庄子注》中高唱"内圣外王"之道，所谓"圣人虽在庙堂之上，然其心无异于山林之中"，则真可谓将儒道两家的主要思想，融会到了无法再分你我的境地。

因此，王弼、郭象的玄学体系，在我国思想文化的发展史上有着重要的地位，它对以后的宋明理学有着极深的影响。

儒家和道家的思想有根本的区别，随着佛教传入我国、道教的宗教化以及儒家的神学化，三家的关系在鼎立的基础上开始了相互融合的历史。

佛教至东晋南北朝时开始在社会上，特别是在思想文化方面，产生了广泛影响。在姚秦的首都长安，以鸠摩罗什为首的译经场，形成了我国历史上第一次大规模翻译佛教经典的高潮。其时南北高僧居士辈出，终于使佛教成为足以与儒道两家相鼎立的一种理论势力，且透露出压倒儒道的趋势。

佛教的迅速发展，也促使儒家和道教的关系首先产生了微妙的变化，道教也开始从佛教中吸取诸如仪式的完整等方面的优点，士大夫也把佛教作为退隐的依托，同时佛教也开始运用中国化的语言和借用儒道两家的术语来宣传自己的教义。

经过南北朝皇室的崇佛和灭佛运动，佛教在我国民众的生活中产生了广泛的影响，从而隋唐以来佛教不再是上层阶级的精神奢侈品，而成了广大民众逃避

居士 古代称有德才而隐居不仕或未仕的人为"居士"。因为信佛教者颇多，所以佛教用以称呼在家佛教徒中受过"三归""五戒"者。唐宋时期，佛教在我国盛行，道教修行者也自称居士，对中上层知识分子影响很深，所以许多人便以"居士"为号。

石刻瑰宝

大足石刻

■北山摩崖造像

禅宗 佛教分为九乘佛法，禅宗是教外别传第十乘，禅宗又名佛心宗摄持一切乘，也是汉传佛教最主要的象征之一。汉传佛教宗派多来自于印度，但唯独天台宗、华严宗与禅宗，是由我国独立发展出的3个本土佛教宗派。其中又以禅宗最具独特的性格。其核心思想为："不立文字，教外别传；直指人心，见性成佛。"

■ 大足石刻神像

现实的避难所。

五代到宋代这个时期的宗教形式比较复杂，民众对宗教的态度也开始变化。虽然唐代把道教放在国教的地位上，但是它在下层民众中的影响并不如佛教。

五代诸多皇帝如前蜀王建等继续推崇道教，也由于战乱使得许多士大夫隐逸于道教之中，为后来宋代道教的再次繁荣提供了基础。

佛教在唐代是最为繁荣的，随着佛教中国化的发展，中国式的派系得到繁荣，他们从另外一个角度来解释佛教，把我国传统的观念纳入佛教之中，并大量著书立说。

同时，伪经的出现也为佛教的中国化创造了经典依据，虽然五代后周世宗灭佛，但并不影响宋代佛教的繁荣。

宋代的佛教已经不像唐代那样诸家并立，此时禅宗独胜，上层士大夫沉迷于谈禅讲道之中，下层民众却多希望往生西方极乐世界，净土宗已经以其独特的优势融入佛教各派之中。

这时的密宗已经呈现出民俗化形式，与唐代开元年间的纯密大相径庭，它把其显派教义融入其中，形成了后期密教。

随着君主专制集权的加强，封建统治阶级也加强了思想控制，提出"以佛治心，以道治身，以儒治世"，从而奠定了三教大融合的格局。其标志有三：一是新儒学即理学的产生；二是佛教禅宗的建立；三是全真道教的出现。

金代王重阳在山东创全真道教，在教义、教制、教规以及内丹修炼方面，都贯彻了三教合一的思想。教义集中体现在"全真"两字，"个人内修的真功"与"济世利人的真行"，兼备而两全。这是一种高级形式的融合，所以"世以为非儒非佛，漫以道教目之""若必以为道教，也道教中之改革派耳"。

因此，"三教合一"是佛教日益中国化之必然历史趋势，而反映在民间文化活动中，大足石刻则是其最突出的最有代表性的典型例证。

道教、儒家与世俗之神占造像的近20%，这是其他地区石窟不能相比的。300多尊20多种观音，占佛经所提出的种种观音名讳的60%还多。

大足石刻的造像题材，充分体现了宗教人间化的进程。题材中有经变、佛、菩萨、明王、天王、护法神、佛教史迹、瑞相图、道教神系诸神、儒家人物、民间传说诸神、历史人物、供养人、神兽、器物、山水等。

其中观音、地藏、西方净土变、牛王菩萨、七

■ 观音造像

明王 在佛教中指佛的"忿化身"。俗话说：佛都有火，一旦发火就变身。每个佛都有个对应的"忿化身"，如弥勒佛的"忿化身"是大轮明王，大日如来的"忿化身"是中央不动尊明王等。比较有名的有不动明王、降三世明王、大威德明王、金刚夜叉明王等，最为人所乐道的是孔雀明王。

佛、千佛等13种题材是大足石刻从唐至明清长盛不衰的。92头水牛的造像，更为别处罕见。从这些题材特点可看出宗教神化世界乃是人间世界的幻化，也说明了佛教与当地民俗风情、生产劳动和生活的融合。

　　大足石刻的这种文化现象作为实物例证，反映出在我国文化史上儒、道、佛三家长期以来既斗争又融合，至宋代时"孔、老、释迦牟尼皆至圣""惩恶助善，同归于治，三教皆可通行"的"三教合流"思想占主导地位的局面已经巩固。

阅读链接

　　大足石刻不仅有规模巨大的佛教造像和体系完整的道教造像，还有石窟造像中罕见的纯儒家造像，而且"三教""两教"合一的雕刻也很多。

　　大足石刻在宝顶山、北山等区造像主要为佛教造像，这和佛教，特别是密宗在这一地区的信仰有很大关系。北山造像为唐末开凿，毗沙门天王和千手观音等密教造像一直延续至宋代造像中，可见这一地区的佛教信仰在数百年中都极为兴盛。

韦君靖首开大足石刻

　　重庆大足在758年建县，以其境内有大足川，即后来濑溪河而得名，蕴含"大丰大足"之意，隶属昌州。大足处在川东和川西地区的交界地带，居成都和重庆两大城市之间，地理位置凸显重要。永昌军

大足石刻释迦涅槃圣迹图弟子像

■ 大足北山石窟唐代三世佛石刻像

寨所处位置四周陡峭，深谷环绕，山顶呈二至三级的阶梯形，陡坡多为10—20米高，古时称为台地。

大足石刻中最早的是凿于650年唐初的尖山子摩崖造像，其后200多年间仅新开凿圣水寺摩崖造像一处。这两处初、中唐造像总共不过20龛。直至885年昌州迁治大足后，摩崖造像方渐渐大兴。

唐代局势震荡之时，陕西扶风人韦君靖在当地召集义军，并组建了一支强大的地方武装，为朝廷立下显赫战功。892年因战功卓越，韦君靖升任昌州刺史及静南军节度使，掌握昌、普、渝、合四州军权。

但此时的两川之间，"江涛未息，云陈犹横"。韦君靖感到兵马虽精，然而城栅未固，在这样的背景与心态下，韦君靖于是在北山修建永昌寨，以保存实力，静观其变。

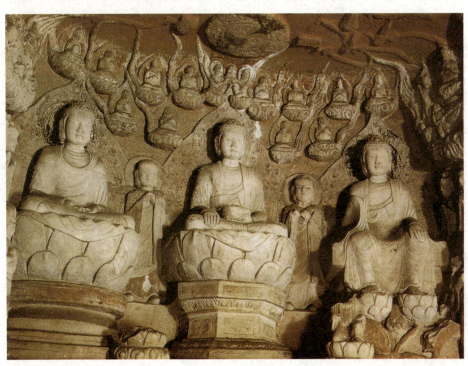

■ 大足石刻造像

韦君靖熟读兵书并擅长布阵，他将永昌军寨间的台地布置成迷魂阵。传说他受诸葛亮的八卦阵启发，在永昌取石布成，使军寨内藏玄机，变化多端。

过去，军寨台地内筑有敌楼100余所置于山峰及城堡之上。永昌寨墙与石磴道南侧的岩壁相对成30度的夹巷，这样的构造在军事古寨中极其罕见，可利用地形对侵入者用滚石檑木攻击。

史料对永昌寨有记载，峥嵘12峰，周围14千米，建敌楼200余所，筑城堡2000余间，粮贮10年，屯兵数万。从地图上看，军寨形如一头展翅的双头鹰，整个寨子由郭家坡到马脑壳2.7千米，边界周长1.5千米，军寨面积3000多平方米。

正是由于永昌军寨的存在，使昌州经济在唐代末—宋代居全川前列，无论从经济还是人文风范方面都保证了大足石刻的兴盛。

343

石刻瑰宝

大足石刻

八卦阵 我国古代军事阵法，按休、生、伤、杜、景、死、惊、开八门。此阵为战国时期孙膑首创，至三国时期，诸葛亮在中间加上了指挥使台，由弓兵和步兵守护，指挥变阵。实际上是一种经过事先针对性训练的，步卒应对马军的手段，八卦一说，则是好事者给简单的军事队列，披上了一层玄妙的外衣。

韦君靖在营建"粮贮十年，兵屯数万"永昌寨的同时，首先招募画师工匠，开始在北山凿刻千手观音。因此在大足人的心里，永昌寨主韦君靖是个英雄。

根据唐代皇帝崇尚佛教的风气、晚唐的战乱和永昌军寨的建筑水平及规模来判断，韦君靖建军寨，是为了给从长安出逃入蜀的皇帝提供"避难所"。

大足石窟中最先映入眼帘的是第一尊大型雕像，名字叫"毗沙门天王"。他身躯硕壮，怒目圆睁，威武逼人，似有力拔千钧之势。

毗沙门天王是佛教中的四大天王之一，随着佛教的东传被尊为护国天神，相传他有退敌神功。有趣的是这位来自印度的天神，身上竟披着我国古代武将的盔甲。据说，韦君靖造此像有自我比附为唐之毗沙门王之意。

传说，742年，安西城被番兵围困，有表请救援。但路途遥远，救兵难到，唐明皇即让不空和尚请北方毗沙门天王神兵救援。于是天王金身出现，大放光明，同时有"金鼠"咬断敌军弓

■ 毗沙门天王 我国藏传佛教与汉传佛教共同推崇的财神护法毗沙，其名意为多闻，表示其福德之名，闻于四方。在佛教的四天王中，毗沙门为北方的多闻天王，由于其乐善好施，又被称为财宝天王，在藏传佛教中认为他是五方佛中宝生佛的化身，在汉传佛教里他是观世音菩萨的化身。

弦和铠甲绳，神兵着金甲，击鼓声震150千米，地动山崩，番兵大败。

　　唐玄宗闻奏大悦，命令诸道节度，所在州府于城西北及营寨并设其像供养。此后，毗沙门天王像被军旅视为保护神，可得"神力"，故永昌寨韦君靖镌刻此像。而在大足石刻中的韦君靖像旁，当时的静南县令胡密留下了一通重要的史碑，即韦君靖碑。

　　韦君靖碑立于北山石记得园，记载了唐末政治、社会动乱纷争的状况，以及韦君靖为挽救唐室而修建永昌军寨和开创北山石窟等史实。

　　据韦君靖碑记载其"良工削墨，大匠设规"，前后修建3年多时间，才形成如此非凡的规模，而且出于长远战事考虑，军寨内还备有家田设施。永昌军寨如此大规模地屯兵积粮，绝不仅仅是为了对付川东和川西的战乱。

■ 千手观音　又称千手千眼观世音、千眼千臂观世音等，千手观音是阿弥陀佛的左协助，与阿弥陀佛、大势至菩萨合称为"西方三圣"。据佛教典籍记载，千手观音菩萨的千手表示遍护众生，千眼则表示遍观世间。唐代以后，千手观音像在我国许多寺院中渐渐作为主像被供奉起来。

处于封建王朝鼎盛时期的唐代，随着佛教的传入与传播，佛教文化及石刻造像艺术登峰造极。当时，全国上下大兴寺庙，广造佛像，遍地香火不断。唐代帝王信佛已久，虽在衰退之际，但在南逃途中，也不忘见佛拜佛，见庙烧香。因此，作为南逃安顿之地的大足永昌寨，就必须要有佛像来供皇帝参拜才行。

据史料记载，在开凿北山石窟的第四年，前蜀王王建攻东川，华洪率兵破昌、普、渝三州，韦君靖寨门失守，不知去向。此后由王宗靖取代了韦君靖，担任刺史，继续在北山造像。

但也有另一种说法，说王宗靖其实就是韦君靖，认为韦君靖在王建对东川的进攻中，意图自存，于是归降了王建，成为王建的义子，并改名叫王宗靖，他于唐乾宁三年在北山继续开凿佛像。

在韦君靖首开大足石刻之后，州、县官吏和当地士绅、平民、僧尼等相继效法，907—965年间，四川为蜀国，史称前蜀、后蜀，营造佛像不断，形成大足石刻史上第一个造像高潮。

阅读链接

不管是韦君靖还是王宗靖，都只是拉开了开凿大足石刻的序幕，真正把大足石刻推向极致的，是后来大足县城东北的宝顶摩崖石刻。

965—1077年，摩崖造像停滞，全县未发现一龛当时的纪年造像。1078—1173年的近百年间，大足石刻造像掀起第二个高潮。

1082年大庄园主严逊舍地开凿石篆山佛、道、儒"三教"造像区起，县境内摩崖造像此起彼伏，先后开凿出佛教、道教和"三教"造像区32处。南山、石门山造像区和北山多宝塔均于此间建成。而韦君靖首开的892年的北山造像区，历时250多年，才终于1146年建成。

赵智凤再掀石刻高潮

在韦君靖开凿北山石刻280多年之后，一位身穿袈裟、头顶斗笠的僧人，经过长途跋涉，回到了久别的故乡，他就是赵智凤。

赵智凤，法名智宗，南宋昌州，即今重庆市大足县人。5岁时在家

大足石刻

乡古佛岩落发为僧，16岁时外出云游，曾只身从大足前往四川西部的弥牟镇，进入由四川密宗始祖柳本尊创建的"圣寿本尊院"，学习密宗大法。

1179年，赵智凤作为密宗的"六代祖师"，学成返乡，返乡后传密宗柳本尊法旨，承持其教，并请工匠首建圣寿本尊殿，因名其山称宝顶。虽说他不是开凿大足石刻的第一人，却是他把大足石刻的造像艺术推向了极致。

■ 宝顶石窟南宋降三世明王刻像

大足石刻宝顶山的造像主要为南宋时期开凿，也是大足石刻最为繁荣的一个时期，这与赵智凤的努力是分不开的。其造像有明显整体构造的痕迹，从中可以看到南宋淳熙至淳祐近70年的佛教发展情况。

1174—1252年的70余年间，时称"六代祖师传密印"的赵智凤承持晚唐川西柳本尊创立的佛教密宗教派，于宝顶山传教。

赵智凤发大宏愿，普施法水。按密宗道场的格局，精心设计，巧妙安排，在宝顶山"U"形沟中一次性雕琢了上万躯佛像，极大地弘扬了密宗佛教。

为了向百姓更有效地宣讲佛教义理，赵智凤决定把佛经里的故事、人物按照事先的统一设计，依次刻在宝顶山大佛湾的崖壁上。使义理深奥的佛经，变成

瑜伽 东方最古老的强身术之一，它起源于印度，流行于世界。传说公元前古印度高达8千米的圣母山上，印度先贤们在深沉观想和静定状态下，从直觉了悟生命的认知。"瑜伽"一词是结合、联合、统一的意思，这也是瑜伽的宗旨和目的：将思想和肉体结合至最佳状态，把生命和大自然结合到最完美的境界。

一幅幅通俗易懂、图文并茂的石刻"连环画"。

其间，县境其他处造像基本停滞，四方道俗云集赵智凤座下，石刻高手聚集宝顶山竞技献艺。宝顶山成为我国佛教密宗成都瑜伽派的中心地。

宝顶山自古以来便是游客览胜、信众朝山进香、僧侣说法传经的集中地，历来每年的农历二月十九前后，相传此时为千手观音的生日，更是游客如云，数以万计。

宝顶山位于大足县城龙岗镇东北的内山岩上遍刻佛像，包括以寿寺为中心的大佛湾、小佛湾造像。

以大足大佛湾为主体，小佛湾次之，分布在东、南、北三面。巨型雕刻360余幅，以六道轮回、广大宝楼阁、华严二圣像、千手观音像等最为著名。

宝顶大佛湾处有川东古刹圣寿寺，创建于南宋。庙宇巍峨，雕梁满目，坐落于山势俊秀、环境幽雅的林木之中。寺侧南岩为万岁楼，这是一座造型别致的二层飞檐翘角楼阁。

宝顶山由总体构思组织开凿而成，是一座造像近万尊的大型佛教密宗道场。同时，也是大足石刻精华之所在，并把我国石窟艺术推上了最高峰。

宝顶山大佛湾虽是佛教造像，但一方面讲儒家入世思想"孝养"学说，一方面又讲佛教

349

石刻瑰宝

大足石刻

■ 宝顶石窟南宋大秽迹明王刻像

的业力果报出世求净土。

圣寿寺依山构筑，雄伟壮观，赵智凤创建后，曾经遭到元、明兵燹的毁坏，到明代和清代曾经两度重修。存有山门、天王殿、帝释殿、大雄殿、三世佛殿、燃灯殿和维摩殿七重殿宇，为清代重建。

大佛湾位于对寿寺左下一个似马蹄形的山湾。造像刻于东、南、北三面崖壁上，通编为第三十一号。其内容前后连接，无一雷同，犹如一幅图文并茂的画卷。

大佛湾雕刻大小造像万余躯。另有记载宝顶山造像由来和佛教密宗史实的碑刻7通，宋太常少卿魏了翁等题记17则，舍利宝塔2座。

大佛湾石刻造像依山势崖形雕刻，浮雕高大，题材广泛，龛窟衔接，布局雅谨，整体感强，气象壮观。佛像构思新奇，雕刻技艺娴熟，

古韵犹存的岩画石窟

■华严三圣 又名释迦三尊。娑婆世界教化众生的释迦牟尼佛，左胁侍菩萨是以智慧闻名的文殊菩萨，右胁侍菩萨是以大行闻名的普贤菩萨，三者合称释迦三尊。在佛教《华严经》中，文殊菩萨以智、普贤菩萨以行辅佐释迦牟尼的法身毗卢遮那佛，即大日如来，称为"释迦三尊"，又被称为"华严三圣"。

世俗色彩浓郁。内容多属佛经故事。

■ 宝顶山摩崖造像

石刻瑰宝

大足石刻

大佛湾石刻珍品比肩接踵。主要造像有"护法神像""六道轮回""广大宝楼阁""华严三圣像""千手观音""释迦牟尼涅槃圣迹图""父母恩重经变像""地狱变像""圆觉道场""牧牛道场"等，形象逼真，寓意深刻。

小佛湾位于圣寿寺右侧，坐南面北，其主要建筑为一座石砌的坛台，坛台上用条石砌成石壁、石室，其上遍刻佛像和菩萨像，通编为第九号。

宝顶山主要为佛教密宗派造像道场，从开始讲起，印度金刚智、不空和尚相继来华，与善无畏一起传播密教，并称"开元三大士"，先后为三代传人，并传给惠果禅师，惠果禅师也因此成为密宗第四代传人。惠果之后又经过了30年左右，出现柳本尊。此后250多年，发展与坎坷同在，直至赵智凤承袭密宗衣钵，成为密教的传人。

太常少卿 我国古代的官名。太常寺属于大理寺、太常寺、光禄寺、太仆寺、鸿胪寺五寺之一。北魏始置太常少卿，北齐称太常寺少卿，为太常寺副长官，历代沿置。太常寺设少卿二人，正四品上，祭祀宗庙时由其率太祝、斋郎安排香烛，整理揩拂神座与幕帐，迎送神主。举行祭礼时，与良酝署令共同斟酒。

后期密教的特点是融合显密，吸纳百宗，重视仪规，同时体现出对于孝道的重视、对于苦难解脱的重视以及对于往生净土的重视等。经过70多年的艰苦努力，宝顶山摩崖造像于1252年基本完工。

赵智凤以弘扬佛法为主旨，清苦70余年，四方募化凿造佛像近万尊，建成了我国佛教密宗史上唯一的大型石窟道场，使大足石刻造像达到鼎盛。这时的赵智凤，也已经由一个血气方刚的小伙子，变成了年逾九旬的老人。他终于实现了自己的夙愿，把宝顶山建成了全国最大的佛教密宗道场。

892—1252年的360年间，大足先后建成佛教、道教和"三教"造像区34处，造像数量占大足石刻总数的80%左右。其中除北山摩崖造像始凿于892年外，其余均为1082—1252年的170年间建成。

南宋晚期，北方蒙古军团南下，大足石刻因战乱导致造像中断。至明代永乐年间，摩崖造像方渐复苏，一直延及晚清。

15世纪初至19世纪末，大足石刻共有摩崖造像39处，其中虽不乏佳品，但多为小型造像区，造像数量也不足大足石刻造像总数的20%。

13世纪末和17世纪中叶，大足石刻曾两度遭到破坏。五山摩崖造像中，除宝顶山圣寿寺两次焚毁、两度重修外，摩崖造像终于保存了下来。

阅读链接

重庆大足宝顶山石刻的造像虽然以密宗为主，但是也把禅宗、净土宗、华严宗等派的思想纳入其中。

宝顶山造像中不仅推崇密教题材的千手观音像等，同时把本地化的密教领袖柳本尊和赵智凤本人作为重要造像主体，可见后期密教不仅中国化已经发展程度极高，并实现了本土化。

宝顶山同时期反映禅宗题材的《牧牛图》、反映华严思想的《华严三圣》、以及表现圆觉经的圆觉洞造像等也在宝顶山石刻中占据重要位置。

大足石刻的丰富文化内涵

　　以北山、宝顶山、南山、石篆山、石门山摩崖造像为代表的大足石刻五山摩崖造像，是我国石窟艺术的重要组成部分，也是世界石窟艺术中壮丽辉煌的一页。

　　大足石刻造像共计1030龛，50000余尊，内容以佛教为主，道教次

■大足石窟淑明皇后石刻像

阿弥陀佛 又称无量清净佛、无量光佛、无量寿佛等；藏传佛教称为月巴墨佛，是佛教中在西方极乐世界的教主，与观世音菩萨、大势至菩萨统称为西方三圣。大乘佛教各宗多以阿弥陀佛的净土为归，但是净土宗则以专心信愿念阿弥陀佛为其主要特色。

之，余为佛道合一、佛、道、儒"三教合一"、历史人物、供养人（又名功德主）等造像。碑文、颂偈、题记10万余字。雕刻类别主要是高、浅浮雕，少数圆雕，极个别阴线刻。

五山石刻自古以来就是名胜之地，其中北山、宝顶山更是游客览胜、信众朝山进香、僧侣说法传经的集中地。

北山，古名龙岗山，在大足县城龙岗镇北。北山石刻位于山巅，俗称佛湾，开凿于892—1162年。造像崖长300米。北山石刻龛窟密如蜂房，分为南北两段，造像264龛窟，阴刻图一幅，经幢8座。

北山石刻造像近万尊，主要为世俗祈佛出资雕刻，有造像题材51种，以佛教密宗为主，约占总数的二分之一以上。其次有三阶教、净土宗等。这些造像题材在当时民间是佛教世俗化的产物。

■ 北山石窟十三观音变石刻像

大足石窟柳本尊行化图

　　北山石刻造像以雕刻细腻、艺精技绝、精美典雅而著称于世，展示了9世纪末至12世纪中叶我国民间佛教信仰及石窟艺术风格的发展和变化。

　　9世纪末的晚唐造像题材有12种类型，以观音、地藏合龛和阿弥陀佛胁侍观音、地藏居多。造像端庄丰满，气质浑厚，衣纹细密，薄衣贴体，具有盛唐遗风。

　　北山石刻观无量寿佛经变像内容丰富，层次分明，造物造像539尊，各种器物460余件，保存了多方面的形象史料，在我国石窟同类题材造像中首屈一指。

　　北山石刻中10世纪后期至12世纪中叶的宋代造像题材广泛，达21种，尤其以观音最为突出。

　　这一时期的作品更加贴近生活，体现了宋代人们的审美情趣。造像具有人物个性鲜明、体态优美、比例匀称、服饰艳丽等特点。

　　南山，古名广华山，位于大足县城龙岗镇南。造像开凿于1131—

■ 大足石刻佛像

三清 道教用语。总称谓是"虚无自然大罗三清三境三宝天尊",指道教所尊的玉清、上清、太清三清境。也指居于三清仙境的三位尊神,即玉清元始天尊、上清灵宝天尊、太清道德天尊即太上老君。玉清境、上清境、太清境是所居仙境的区别,而天尊的意思则是说,极道之尊,至尊至极,故名天尊。

1162年间,崖面长80多米,其中造像5龛窟,主要有三清古洞、后土圣母龛、龙洞、真武大帝龛等道教题材。

在大足石刻中,11—13世纪的道教石刻,是我国道教石窟造像最多、最集中、反映神仙系统最完整的。保存完好者有5处,以南山为著。

南山三清古洞共刻像421尊,以道教最高神"三清"为主,配刻以"四御"及圣母、王母等群神,生动地反映了12世纪道教已由早期老君、"三官"崇拜演变为神系和神阶明确的"三清""四御"信仰的历史事实。

在我国宋代道教石窟中,南山石窟的雕刻最为精美,就内容而言,是最完备而又系统地反映宋代道教的实物资料,有着极高的宗教、历史、艺术价值。

南山有碑刻题记28通,其中1250年的何光震饯郡王梦应记碑,记载了13世纪中叶四川东部遭蒙古军攻掠后的社会政治历史的基本情况,保存了许多珍贵的第一手史料,具有"以碑证史""以碑补史""以碑断代"的重要价值。其余碑刻题记,多属上乘作品。

石篆山位于大足县城龙岗镇西南。造像开凿于1082—1090年,崖面长约130米。

石篆山石刻是典型的佛、道、儒"三教合一"造像区，在石窟中非常少见。其中，孔子龛正壁刻我国大思想家、儒家创始人孔子坐像，两侧壁刻孔子最著名的十大弟子。这在石窟造像中，实属凤毛麟角。

三身佛龛中的老君龛，正中凿我国道家创始人老子坐像，左右各立7尊真人、法师像。据造像记得知，以上3龛造像均为大庄园主严逊出资开凿，同时为当时著名的雕刻匠师文唯简等所雕造。

石门山位于大足县城龙岗镇东的石马镇新胜村。造像开凿于1094—1151年，崖面全长70多米。其中造像12龛窟。此外，尚存造像记20件，碑碣、题刻8件，培修记6件及文唯一、文居道、蹇忠进等工匠师镌名。

石门山石刻是以佛教、道教合一造像区，尤以道教造像最具特色。如玉皇大帝龛外的千里眼像，眼如铜铃，似能目及千里，顺风耳面貌丑怪，张耳做细听状。两像肌肉丰健，版图筋脉显露，手法夸张。

独脚五通大帝左脚独立于一风火轮上，宽广的额头，深邃的眼神，口阔唇厚，袍带飞扬，有来去如风之势。三皇洞现存造

碑碣 古代汉族人把长方形的碑石叫作碑，把圆顶形碑石叫作碣。在唐代，碑和碣的用法是有区别的，五品以上的官员用碑，五品以下的官员用碣。到后世，碑、碣混用，碑碣成为各种形制的碑石的统称。

■ 大足石窟十王侍臣刻像

像35尊，儒雅清秀，衣纹折叠舒展，手法写实，人味多于神味。

东岳大帝宝忏变相龛刻像98尊，以东岳大帝、淑明皇后居中，反映出宋代，即10—13世纪东岳世家在道教神系中的突出地位。

佛教题材主要有药师佛龛、水月观音龛、释迦牟尼佛龛、十圣观音窟、孔雀明王经变窟、诃利帝母龛等。其中尤以十圣观音窟最为精美。

石门山石窟，刻于宋代，位于大足县城东石马镇新胜村石门山巅，因其山两巨石夹峙如门故名。其沿岩造像，共13龛窟，或仙或释、或诸鬼神，居于一区，皆玲珑万状，鬼斧神工，精妙绝伦。

妙高山石刻位于大足县城西南偏南方，始建于1144年。"三教"造像区，孔子、释迦牟尼、老君共一窟，造像1000多尊。

■ 重庆大足石刻像

■ 大足石刻像

妙高山上有妙高寺，寺内存祖关通禅师石塔一座和已毁冯楫《忠诚堂诗碑》一通。寺外石岩下有石窟造像两处，一处称佛洞，另一处称猫猫岩，共有造像12窟。

佛洞"三教"窟，释迦牟尼佛坐莲台，下雕蟠龙，两旁有迦叶、阿难夹待，为佛像。左壁坐像，博衣阔袖，足着靴，高合髭须，执笏，两侍者为道像。右壁坐像，圆顶，大袖，戴冕垂流，执笏，左右各一侍者，为儒像。这种典型的"三教"窟，在大足少见，在全国更珍贵。

从妙高寺的一些记述中可知这是一处衰败的宗教胜迹。妙高寺，蜀之古刹。溯其源，自祖关通禅师开辟，已有数百年。

元妙凯，苏姓，泸州刺史，弃官遁空门，建寺于大足妙高山顶，人呼为妙高祖师。圆寂后，肉身不

五通大帝 又叫五圣大帝、五显大帝、华光菩萨等，在客家民俗中他是由神到人、又由人到神的神灵。传说玉皇大帝封其为"玉封佛中上善王显头官大帝"，并永镇中界，从此万民景仰，求男生男，求女得女，经商者外出获利，读书者金榜题名，农耕者五谷丰登，有求必应。

古韵犹存的岩画石窟

致仕 即官吏退休之制。宋代官员致仕后的生活丰富多彩。他们远离了政治生活的钩心斗角，许多致仕官选择休闲宁静的生活方式。他们或是回归自然、或是畅游林泉、或是读书赋诗、或是著书立言、或是漫淫琴棋书画、或以宗教修身养性、或教书育人。他们的活动不仅促进了宋代文化的繁荣，还给后人留下了非常可贵的物质和精神财富。

坏。其实，妙高寺经宋元代不断修建，至元代时期已成大寺，据专家考证，此山为宋宰相冯楫所开。

贵阳的致仕官韩均"驾凤鞭庭，历鉴无际，收天下奇观"神游至山，连连称奇，慨然叹称："不看此山，失却此景太可惜了。当皇帝也不过普天之下莫非王土而已，尊威而已，哪有释迦牟尼、祖师一类的人能相共一堂，得到世代人的尊敬好呢？只要奉佛顿悟，彼此相安，又何必要去当什么玉帝呢？"

于是，他慷慨解囊，"捐金数百，复铸铜像，延于此山，乃捐已俸，购地数文，聚财数千，鸠工数百，委长老持全以统众工，权山传本以分众行。至于经营庶事，经理百为，又各因能受任，器使咸宜，建阁于山之巅"。

尖山子石刻位于大足县宝山乡建角村。始建于650年，是大足石刻中凿造年代最久远的石刻，也是

■ 千佛岩石刻佛像

川东已知最早的石刻。属于佛教造像，共158尊。岩壁上刻有栩栩如生的释迦牟尼说法龛、力士龛、阿弥陀佛龛、观音龛、弥勒说法龛等。

大足石刻佛像

舒成岩，古名云从岩，又名半边庙，位于大足县城北偏西的中敖镇。凿造于1143—1153年间。属于道教造像。造像共计426尊。

千佛岩石刻因为有千尊佛像而得名。千佛岩距石篆山石刻不远，明代造像，岩面刻有金光佛龛，内有12金光佛、"忍"字碑、地藏像和"不空绢索观音""西方三圣像""八佛像龛""观无量寿佛经变像"。

大足石刻的精湛艺术

  大足石刻是佛教文化与我国传统文化融合的杰作，历史悠久，造像星罗棋布。宝顶卧佛是宝顶大佛湾最大的一尊造像，也是大足石刻最大的一尊造像，全长31米。因为这尊佛像是横卧着的，人们就俗称卧佛。而在佛经里却没有这种叫法，应该叫释迦牟尼涅槃圣迹图。

宝顶山观音佛像

大足石刻释迦牟尼涅槃圣迹图

释迦牟尼头北脚南，背东面西，右侧而卧。两眼半开半闭，似睡非睡，安详，平静。在释迦牟尼面前从地里涌出十八弟子，或内向，或外向，或合掌而立，或手捧香花水果，或手持如意，或侧首伫望，皆做悲恸状。表现了弟子对逝者崇敬厚爱而依依眷恋之情。

佛像的正中有一香案，上面摆着香花、水果等各种供品。香案上香烟缭绕，上达云端。云端上有女像9人，有说是天女，有说是释迦牟尼眷属。

全国各地都有全身卧佛像，但唯有宝顶山这尊卧佛是半身像，他下半身隐入石岩之中。这种意到笔不到的手法，有种于有限中产生无限联想的艺术效果。故大足民间对宝顶山卧佛有"身在大足，手摸巴县，脚踏泸州"的说法，给人以无限想象的空间。

宝顶大佛湾南岩西边有一个较大的石窟，那就是圆觉洞。洞口有一只做奔突怒吼状的石狮，夹巷崖面上刻有"宝顶山"三个大字，是南宋理学家、诗人魏了翁的手笔。

圆觉洞内正壁刻三身佛，两侧刻12圆觉，左右各6尊。下有基座，6个基座相连，形成一个整体。在正面佛坛下，有一张巨大的长方形供

宝顶山石窟圆觉洞石刻

案。供案下面跪着一尊菩萨，代表12圆觉，低头合掌，乞请佛祖说法。

圆觉洞是大足石刻的代表作之一。洞内石雕，刻画细腻，造型优美。袍袖飘带轻柔宛转，如绢似绸。两壁的12圆觉及其连成一体的基座，它们是从沿内的岩石中剥出来的，整个圆觉洞就像是一件镂空的艺术品，它科学地解决了大型石窟的声、光、水处理难题，令人赞叹不已。

聪明的雕塑大师在进口处的窟顶上凿了一个小天窗，日光从天窗斜射下来，正好照在窟内主像上，像舞台上的聚光灯，巧妙地解决了采光问题。

圆觉洞的排水工程也很巧妙。它的特点是，只听水声响，不见山水流。人们是看不见排水道的。下雨的时候，站在洞内谛听，就能听到"滴答滴答"的声音却看不见水在哪儿流。原来东壁靠里刻了一个托钵僧，他仰着头，左臂高擎，掌中托钵。窟顶的雨水汇集成一股细流，经孔道流进钵内，钵有孔，与暗藏在托钵僧后面的排水道相通，水流经东壁和窟底排水道排出窟外。

这个大窟的支撑手法也是别出心裁的，窟高6米，宽9米，深12

古韵犹存的岩画石窟

米。如此高大的洞窟中间没有支柱而千年不坠，其奥妙在于它巧妙地只开小窟门而不开大窟门，使整个洞窟成为帐篷状，四周落地取得环围整体的支撑效果，因而加强了对整个窟顶的支撑力，增大了支撑点。这一手法还给洞窟造成了幽深神秘的气氛，平添了几分妙趣。

"宝顶大佛湾牧牛图"画面长27米，高5多米，全图随着山岩地形的弯曲，巧妙地结合岩壁上的流水，刻出崎岖的山径，静美的林泉。在这大自然的美景里，刻出10个牧童放10条水牛。

图中牧童或袒胸憩睡、或牧歌高奏、或并肩谈笑、或挥鞭打牛、或牵牛徐行，牛儿或卧、或息，或吃草、或饮水，或昂首舔食、或控勒不可遏制。这些逼真的造像，情景交融，风趣盎然，表现了宋代牧童

钵 又称钵盂，是佛家用语，指僧侣的覆钟状饮食器皿。也称钵多罗，也是佛家用语，同样是指僧侣的食器。僧人所用的食器，有瓦钵、铁钵、木钵等。一钵之量刚够一僧食用，僧人只被允许携带三衣一钵，此钵则用作向人乞食之用。

365

石刻瑰宝

大足石刻

■ 宝顶大佛湾牧牛图石刻

杨次公 名杰，别号无为子，北宋人，1063—1086年为礼部员外郎，知润州。杨杰精于佛学，遍历禅林参寻知识。杨杰与苏轼同时，《东坡集》有杨杰诗序。杨杰所作《证道牧牛颂》，苏东坡所著《十八大阿罗汉颂》，皆为题前代名画之作。赵智凤在100余年后依颂词造像，故以杨次公证道牧牛颂命名。

■ 宝顶山石刻牧牛图牧牛遇虎组雕

生活，似史诗般地载入石刻史册。

牧牛图右刻《朝奉郎知润州赐紫金鱼袋杨次公证道牧牛颂》，可知此图系根据宋代大臣杨次公的牧牛颂而作。

牧牛图刻10组造像，每组一则颂词，第一组为牧牛遇虎组雕，共刻3组造像，出口右面刻一猛虎，头朝下，尾向上，做下山姿势，暴眼圆睁，象征邪恶，好似向牛群扑来。

牧牛遇虎组雕第一组，一牛昂头怒吼狂奔，一牧童在牛后而立，双手用力牵拽，做相持状。牛头右侧刻颂词："突出栏中莫奈何，若无纯绠总由他。力争牵上不回首，者么因循放者多。"

牧牛遇虎组雕第二组，一牧童背上背斗笠，右手举鞭打牛，左手牵牛绳，牛勉强回头。

牧牛遇虎组雕第三组，一牛奔跑下山，一牧童头

■ 大足宝顶山石刻

扎发结，身穿对襟衣，左手扬鞭，右手牵牛，立于牛首之侧。上方刻颂词：

芳草绵绵信自由，不牵终是不回头。
虽然牛似知人意，放去低昂不易收。

牧牛图第四组为雨中牧牛组雕，刻一牧童头戴斗笠，背上捆一鸟笼，爬山遇着狂风暴雨，一牛随之而来，立于山岩间。

牧牛图第五、第六组为并肩谈笑组雕，刻两牧童并肩相依而坐，他们相互耳语，谈笑自若。右旁一牛站立，偏着头竖着耳，仿佛在倾听主人的话语，左旁一牛卧下吃草饮水。

牧牛图第七组为握绳缚牛组雕，刻一牧童，面带笑容，头扎两个发髻，眼视前方，左手握绳、右手指牛，准备前去缚牛，形象生动。

牧牛图第八、第九组为牧歌高奏组雕，第八组刻一牧童偏头斜睨，笑嘻嘻地拍手与牧歌相和，牛在旁低头伸舌舔足蹄。

367

石刻瑰宝

大足石刻

古韵犹存的岩画石窟

宝顶山石刻牧牛图并肩谈笑组雕

　　牧牛图第九组刻一老牧人将牛赶至危岩耸立的岩壁下，让牛儿痛饮那流淌的山泉，他又抑制不住内心的喜悦，倚岩而坐，双手横笛、凝神吹奏牧歌，那悠扬动听的笛声，唤来放牧的同伴及天上的仙鹤。牛后有颂词一首："全身不观鼻嘹天，放者无拘坐石巅。任是雪山香细草，由疑不食向人前。"

　　牧牛图第十组为袒胸仰睡组雕，刻一牧童在树荫下，袒胸裸腹仰身憩睡，旁边一调皮的小猴却从树上爬来摸着牧童的头，唤他醒来都不知道。他放牧的牛儿，饱餐山中的野草后，也在一旁卧地休息。

　　最后刻赵智凤像，结跏趺坐，头上有题诗，写道：

无牛人自在安闲，无住无依性自宽。

只此分明谁是侣，寒山樵竹与岩泉。

　　古代工艺匠师们在封建时代里，而又在为宗教造像，所雕的题材是要严重受到宗教束缚和限制的。牧牛图是属佛教题材，以猛虎威吓，迫使牛儿狂奔怒吼，经过牧人的驯服，最后人和牛睡下安静了，这是以"牧牛比喻修心"的方法。

这幅图由于匠师们生活于民间，对牧童生活有浓厚的感情，故在造像过程中，以高超的艺术技巧，使人们看后，不为宗教题材内容所惑，反而觉得是宋代牧童社会生活的一部"史书"。

宝顶经目塔原名本尊塔，又名祖师塔。因塔上刻有《武周刊定众经目录》，遂定名为经目塔。经目塔在宝顶小佛湾，是用石砌成的亭阁型四方形飞檐塔，坐南朝北，高7米，分3层，每层都有飞檐隔开。

第一层塔正面中部有一圆龛，龛中坐一鬈发人。檐口榜书"佛说十二部大藏经"8字。塔的其他三面密密麻麻刻着佛经目录。

第二层塔正面龛内刻毗卢佛一尊。东面，龛内刻卢舍那佛，龛外两侧刻偈语：

石刻瑰宝

大足石刻

假使热铁轮，于我顶上旋。

终不以此苦，退失菩提心。

大佛湾石刻

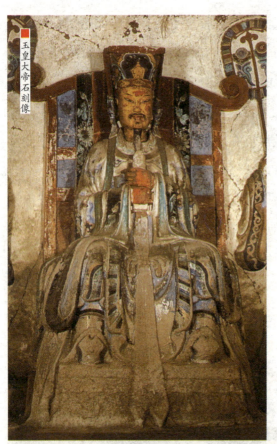

玉皇大帝石刻像

西面龛内刻释迦牟尼佛，两侧有偈语。南面，龛内刻一髻发人，两旁也有偈语。塔身各面的圆龛下方密刻佛经目录。

第三层每面都刻坐佛一尊。经目塔上有许多怪字，一般字典辞书难以查找。塔上刻的众多的佛经目录，是珍贵的历史文献。

塔原名祖师塔，或许是塔下埋着古代圣寿寺高僧的遗骸，或许塔内藏有经书。塔上刻的偈语，有的能理解，有的则令人扑朔迷离。

登上宝顶山，圣寿寺山门上悬匾额一方，书"圣寿寺"三字。庭院两侧是四大天王殿。前方大殿上高悬一张匾额，书"圣寿禅院"四字，红底金字，熠熠生辉。

第一重是玉皇殿。殿内塑玉皇大帝像，旁边侍立金童玉女，两侧配祀关圣帝君、文昌君。再往里走是第二重大雄殿，塑大日如来丈六金身。背景塑天龙八部，顶上站立大鹏金翅鸟，显出灵鹫仙境，妙丽庄严。

第三重为三世化殿。佛坛上塑三世佛，两侧塑十六罗汉，姿态各异，顾盼如生。

第四重为燃灯殿，供燃灯佛。

第五重是维摩殿，殿中佛坛上刻石床一张，床上刻做卧疾状的维摩诘居士像。居士上方刻一宝座，文殊菩萨端坐其上。

据《维摩诘经》记载，维摩诘居士精通佛理，常伪装患病，当别人前来问疾时，他就大谈佛法。释迦牟尼曾命文殊菩萨前往问疾。文殊多才善辩，两人谈佛学，妙语连珠，滔滔不绝。殿内石刻就是展现文殊问疾的场面。

圣寿寺是南宋大足僧人赵智凤所建，因晚唐密教居士柳本尊在广汉所建寺院曾得到宋神宗的赏识，敕号"圣寿本尊殿"，赵智凤为纪念祖师柳本尊，因此仍以"圣寿"命名。

在宝顶山大佛湾东面500米处的小山头上，矗立着一座八角形转法轮塔。此塔因上大下小，与通常所见的塔不同，人们把它叫作倒塔。

倒塔八面四级。第一级塔身每面宽一米，每面都镌有一个椭圆形浅龛，龛内立一尊菩萨，头戴宝冠，胸饰璎珞，栩栩如生。

第二级八面各开一椭圆小龛，龛内刻一尊佛像，结跏趺坐于莲台上。

第三、第四级与第二级略似。塔顶端稍向外突出，顶上堆有乱石。由此看出，倒塔可能是未竣工的宝塔，可能是原拟建一

关圣帝君　即在我国，道教神话传说和民间信仰的三国时期蜀国大将关羽，五虎上将之首，字云长，美须髯，武勇绝伦，与刘备、张飞结义于桃园，即所谓桃园三结义。平定西蜀，督师荆州，曾经大破曹军，他的忠义大节，永垂青史。

■ 大足宝顶石窟刻像

腰鼓形塔，建至第四级时因故未竣工，致使外形上大下小成了一座倒塔。

北山佛湾宋刻转轮经藏窟，俗称心神车窟。这窟造像秀美，雕刻精细，整体安排和谐协调，对比强烈，保存完好无损，是宋代石刻的精华和代表。

转轮经藏窟坐东朝西。窟正中凿一巨大八角中心柱。柱础高大，蟠龙缠绕，柱础上有八角露盘。

■ 宝顶山石刻转轮经藏窟

露盘周边浮雕栏杆，栏杆上有数十名嬉戏儿童，天真顽皮，活泼可爱。柱上部做八面形高厚顶盖，每面以楼阁宝塔为饰。柱中部镂空环列八柱，支撑于露盘之上，顶盖之下，成八柱亭式法轮形制。

此转轮中空透光，圆满地解决了支撑和采光的矛盾，真是匠心独具。转轮经藏表示法轮常转，佛法无边。窟正壁刻释迦牟尼，左右刻迦叶、观音和阿难、大势至侍立两侧。左右壁两组造像对称，左刻文殊菩萨、玉印和如意观音，右刻普贤菩萨、日月和数珠手观音。三壁有供养人像6身。窟口两侧各立一护法金刚，威武凶猛。左右壁雕像个个性格鲜明，尊尊气质不同，各具风采，精美绝伦。

如意 它的起源与我们日常生活中俗称"不求人"的搔背工具有着密切的关系。最早的如意，柄端做手指之形，以示手所不能至，搔之可如意，故称如意，俗称"不求人"。后来，其形态发生分化，一支保留实用功能，在民间流传；另一支强调吉祥含义，向纯粹陈设珍玩演化，有手持如意的菩萨像。

左壁文殊菩萨，结跏趺坐于莲座，莲座架在青狮背上，吼狮昂首扬鬣，好似奔驰于理想之地。手握经卷，两目平视远方，嘴唇柔薄上翘，表示他博学广闻，多才善辩，给人以精力充沛和自负的神情。

他眼睛微闭，敛指胸前，似在沉思。他头戴方形宝冠，身着褒衣博带，胸前璎珞精巧细腻，面貌圆润，鼻梁高挺，双眼细长半垂，手臂手指秀美、灵巧，被艺术家誉为"东方美男子"。

右壁普贤菩萨，结跏趺坐于莲座，莲座置于白象背上。宝冠以佩玉、珠链、花草为饰，刻纹宛转流丽。隆鼻、长眼而目光向下，薄唇而嘴角微微后收，泛起一种似笑非笑、欲笑又忍的神情。他脸型清秀、圆润，身材修长，上身向前微倾，凝神深思，端庄透温柔，文静含妩媚。

玉印观音，也叫宝印观音，结跏趺坐于金刚座上。宝冠纹样类几何形，或椭圆，或三角，条条线条皆由颗颗珍珠串联而成，整个宝冠玲珑剔透，项下璎珞繁饰，历800多年而无一损毁。

玉印观音胸前丝巾缩结下垂，衣带错落，繁复飘然

普贤菩萨　我国佛教四大菩萨之一。是象征理德、行德的菩萨，是娑婆世界释迦牟尼佛的右胁侍。许多日本真言宗人士认为卫护佛门的金刚萨埵是普贤菩萨的化身，密教是由金刚萨埵所开创。另一说金刚萨埵为大势至菩萨或其他佛、菩萨所示现。

文殊菩萨塑像

石刻瑰宝

大足石刻

座下，中间一条彩花腰带，环钏、佩玉、花瓣相串甚为别致。面颊丰满，肌肤细嫩。嘴唇由几块方块组成，没有圆润感。

日月观音，又称六臂观音。结跏趺坐于金刚座上。宝冠以花草为纹而无璎珞，镂空别致。日月观音胸前璎珞或串珠浑圆，或玉佩绫形，或莲瓣含蕊，或花蕾初绽，繁复对称，雍容华贵。鼻梁高棱，眼帘低垂，神情安详自在，端庄温和。她面庞丰满而有弹性，两只向上举的手臂圆润细嫩，胜似玉笋，肌肉质感特别强，实在让人惊叹匠师的雕刻技艺！

左壁如意珠观音和右壁数珠手观音，皆立于莲台上。如意珠观音，宝冠由珠环佩玉拥簇而成，冠上有坐佛，冠顶头巾半掩，嘴角似笑如忍，双手捧一如意珠置于腹前。相传如意珠是佛祖前生冒险入海取得的摩尼珠，能使世人富有。

数珠手观音，宝冠纹式团团卷卷，宛转回旋，变化无穷。脸庞椭

大足石刻日月观音

圆、高额、细眉、隆鼻、长耳、双眼做垂帘之状。嘴角上翘带笑。两手相抚，亭亭玉立。两像装饰味特浓，天衣厚重，全身胸、腹、两袖及天衣下部都是锦花繁缨，珠珞玉佩，似可听至微风吹动的叮当妙音。繁缨衬托纤纤玉指的白嫩脸庞，更觉吹弹可破。

文殊、普贤面前的狮奴、象奴，玉印观音、日月观音前面的两对侍者都各具个性，特征突出，栩栩

■ 数珠手观音 又称数珠观音，是我国民间艺术家依据佛教密宗经典创作的观世音菩萨像之一。本身是观音菩萨的一种，其像即由一般的观音像演变而来，因其主要特点是手掐数珠印，而称之为数珠手观音。据佛教说，掐珠念佛，能消除魔障，增长功德。而在密宗的修行中，特别注意数珠的功用。

如生。此窟雕像有男有女，有老有少，真是集东方美人于一窟，称得上美神荟萃图。

北山佛湾的数珠手观音是一尊脍炙人口的精品。这尊雕像，头戴花冠，发丝垂肩；头向左侧低俯，目光下视，含颦欲笑；右手轻拈一数珠串，左手握抚扼右腕，交叉于腹前，身段窈窕，体态轻盈，显得悠闲自若。

她袒胸露臂，衣裙飘拂，颇有静中寓动，"吴带当风"之趣。这尊数珠手观音从雕刻技巧上看，人体比例正确，动态自然，特别是对于面含微笑的处理，已达到出神入化的地步。

在北山佛湾《赵懿简公神道碑》两旁内外窟壁上刻有范祖禹敬书的《古文孝经》，被称为"环宇间仅此一刻"。在我国漫长的封建社会中，孝道被儒家学说认为是首要的人世伦理道德，主张"百行孝为先"。《孝经》又分《古文孝经》和《今文孝经》。

据传，秦始皇时，与儒家对立的法家人物掌权，焚书坑儒，烧毁了儒家的全部经典著作，《孝经》也

吴带当风 吴道子是我国盛唐最杰出的画家，在宗教画上成就突出。在用笔技法上，他创造了一种波折起伏、错落有致的"莼菜条"式描法，加强了描摹对象的分量感和立体感，所画人物、衣袖、飘带，具有迎风起舞的动势，故有"吴带当风"之称。后人也以之赞美高超的画技与飘逸的风格。

375

石刻瑰宝

大足石刻

遭焚烧的厄运。

刘汉王朝建立后，当初侥幸跑脱的儒生凭着记忆记录下来的《孝经》，叫《今文孝经》。后来，又在孔子的旧宅发现了孝经的原文，就称为《古文孝经》。文只有18章，古文有22章。除古文"闺门章"没有外，其他内容是基本相同的，只不过是分段设章不同而已。

在宗教石窟里面刻佛经是比较多的，刻儒家经典则属罕见。这也是北山《古文孝经》的又一价值所在。南宋《舆地纪胜昌州》列《古文孝经》条目，下载司马光语："始藏之时，去古未远，其书最真。"范祖禹也说："古文庶得其正。"对《古文孝经》做了高度评价。

多宝塔因其位于大足县城之北的龙岗山巅，故人们称之为北塔；又因观之是白色，人们也谓之白塔。在塔身内外，镶嵌有127龛造像，主要有释迦牟尼佛、观音、文殊、普贤、地藏、孔雀明王、摩利支天、双林法寂等造像。其造像内容丰富，表现形式生动活泼。进入塔内，拾级迂回而上，临窗四下眺望，大足县城和四周的山光水色，尽收眼底，令人心旷神怡。

古韵犹存的岩画石窟

阅读链接

关于多宝塔，传说颇多，或为鲁班所造，或为赵巧所造，或神仙所造，或为晚唐末年昌州刺史韦君靖所造，或为历代人民所造。特别是冯楫造塔之说，流传甚广，也最为普遍。

冯楫官衔颇多，相传其幼年丧父，其母于贫病交加之际，将其托养于他人，忍痛外出叫花谋生。冯楫成年后一直做官，官至劝农史，且思母心切，曾派人多方打听其母下落，皆杳无音讯，其50岁大寿时，与双目失明、成了叫花婆的母亲重逢。

冯楫将其母扶入家中，精心侍候，并请名医，为其疗疾。不久，其母双目重见光明，冯楫高兴万分，认为是佛和菩萨显灵，于是出资修了该塔，以示后人瞻仰。

传说归传说。考其史实，该塔确实为冯楫出资所造。

大足石刻流传神奇传说

大足石刻除宝顶山道场为主持僧人募化集资开凿外，大多数是信众捐资求神灵保佑而镌造的，并刻像入龛。这样挤入神龛之历史人物，供养人在大足石刻中大约1000人。

大足石刻的众多造像有很多神奇的传说故事，如媚态观音、九龙浴太子、鲁班仓的传说等，都各有它的迷人之处。

大足宝顶石窟刻像

■ 大足石刻观音像

石匠 可以采集石料，更可以将石料加工成产品。石匠是历史传承时间最长最久的职业，从古石器时代的简单打磨石头到现代的石雕工艺和艺术的完美结合，都离不开一代代石匠的贡献，石匠对中国的数千年历史文化的传承起到了功不可没的作用。

在大足石刻北山的数珠手观音石像，被称为"媚态观音"。她身高不过1米，头戴宝冠，脚踏莲花，体态轻盈仿佛随风欲动，眼角嘴角含颦欲笑而又略略带羞，给世人留下深刻的印象。关于这一尊石刻，有一个非常美丽的故事，让后人为之动情。

传说，宋代有位老石匠想在北山雕一尊数珠手观音的女神像。可他设计了许多小样，都感到不满意。一天傍晚，他坐到小溪边洗脚，忽然身后传来一阵少女的笑声："瞧您的裤角都湿了。"

老石匠回头一看，原来是一位十三四岁的牧羊小姑娘。她那善良的心地和妩媚的样子，一下子激发了老石匠的灵感。

老石匠忘却了劳累，重返山上，披星戴月，鬼斧神工，照小姑娘的神态将这尊人情味极浓的女神石像一气呵成。

按佛教经文定名，这一石像应叫数珠手观音，但她一问世，立时名震北山，后人钦羡她的美貌，便给她起了个绰号叫"媚态观音"。

宝顶大佛湾有一尊石刻。刻太子裸坐于浴盆中，顶上石雕九龙，正中巨龙口吐泉水淋浴太子。这就是九龙浴太子的传说。

传说净饭王之妻摩耶夫人身怀有孕，出游蓝毗尼园中，手攀树枝，太子悉达多从其右胁骨下降生。

太子降生即能够行走7米，步步生莲，并一手指天，一手指地说："天上天下，唯我独尊。"时有9条神龙飞至太子头顶，口吐香水，为太子洗浴，诸天护俱来守护。世代匠师巧妙地利用了自然形势，疏导岩上堰塘之水，结合佛经故事而创造出这一组石雕，龙口潺潺流水，终年不止，给人以新奇之感。

大足当地还流传着"鲁班仓"的故事：

相传大足宝鼎山上原先有48座庙宇，一座连一座，覆盖了一大片山林。每天傍晚僧人都要骑着马依次关闭各庙的山门。这些庙里的僧人多达上万。他们在这里诵经礼佛，四面的信众常到各庙烧香还愿。一时间香火鼎盛。

■九龙浴太子石刻

■ 大足石窟刻像

鲁班 姓公输，名般。又称公输子、公输盘、班输、鲁般。"般"和"班"同音，古时通用，故人们常称他为鲁班。生活在春秋末期到战国初期，出身于世代工匠的家庭，是我国古代的一位出色的发明家，两千多年以来，他的名字和有关他的故事，一直在广大人民群众中流传。我国的土木工匠们都尊称他为祖师。

可是这盛况没维持多久，因为寺庙占了种庄稼的田土，就地供应粮食成了大问题。每天都要派年轻力壮的小和尚到山下各乡镇去担粮食，来回好几十里路程，是个苦差事。许多僧人受不了苦就偷偷地出走。有的还俗，有的投奔别的寺庙。那些地处高山的寺庙留下的僧人更少了。

这件事让方丈很苦恼。当时正在宝鼎山主持修建工程的鲁班师傅得知此情况也十分忧虑。鲁班不光技艺超群，更有一副菩萨心肠。有一天，他向方丈表示："粮食的问题，我来解决。我保证每天供应各寺庙所需口粮，满足各位僧人和礼佛居士的斋饭。以3年为期。在此期间，庙里僧人要学会开荒种地，3年以后，要自给自足。"

方丈满口答应："不知师傅如何供应粮食？"

鲁班说："我连夜在宝鼎山大佛湾的南岩建一座大石仓。此仓开有一小洞口，每天天亮以前，从这小洞口流出大米，每天吃多少，流多少。明天凌晨就开始流出大米，只管派人来运米。"

从此，每天半夜，负责伙食的大和尚，带着几个小和尚，挑着10个大箩筐，一字排开，摆在鲁班仓小洞口前接米。到一定时候，停止流出大米。担回去全寺庙刚够吃一天，一粒不多，一粒不少。这件事一传十，十传百，四面八方的僧人们又陆续回到宝鼎山。宝鼎山各庙香火又旺起来了。

不知不觉过了3个月不忧口粮的好日子。可是伙房挑米的小和尚有些不耐烦了。他说要是一次多流些米出来，多管几天，也省事，这样每天半夜来挑粮食太束缚人，便把这些想法告诉了管伙食的大和尚。

这大和尚一听却生出来另外的想法。他想，要是把洞口开大，流量增加，一个晚上能多流些大米出来，吃不完的可以存起来，还可以拿到集市上换现钱花，越想越开心。

想罢，立即带上几个身强力壮的小和尚，带上大锤、錾子，来到鲁班仓，把原先流米的小洞口凿成了一个斗大的窟窿。当天深夜，这大和尚派了比平时多一倍的小和尚挑着几十个大箩筐到鲁班仓接米，可是等到大天亮，一粒米也没有流出来。他们慌了神，便搭上竹梯，爬进仓口去摸，哪有什么大米，只有些碎石渣了！他们忙将这事告诉了鲁班，请他再想办法。

宝鼎山石刻

鲁班深深地叹了一口气说道："我开这个米仓，原是为了一桩心愿。有一位大财主，家财万贯，粮食堆积如山。可是膝下无子，想做善事积德，希望上天能赐给他们夫妇一个儿子。我这石仓的通道就直接连着那财主家的大粮仓。我精心计算之后，才留下这个小洞口。这

■大足石窟刻像

样细水长流3年后，功德自然圆满，而各寺庙开荒种地也有了基础。如今成了这种结果，是我没有预料到的，现在已无计可施，看来这就是天意难违了！"

僧人们得知鲁班仓再也不能流出大米，于是，今天一个，明天一个，又陆续离开了寺庙。宝鼎山的香火也就逐渐暗淡下来。最后只剩下圣寿寺一处了。这真是：

鲁班礼佛建米仓，贪心和尚太荒唐。

铸就大错后悔迟，留与今人慢思量。

大足佛湾有一处佛窟颇有些特殊：中壁的佛、菩萨已残缺；南、北壁密密麻麻刻满拳头大小的五百罗汉像；窟内当眼的地方，隆起一座坟墓，墓前有碑文，题为"西域禅师坐脱记"。它记载了一个来自西域的和尚游历大足的情况。

明神宗万历元年夏天，一个高鼻深目、碧眼虬髯的西域和尚，万里云游，路过大足，被境内的名山古刹和石刻造像迷住了。最初他想在县内逗留几天，待遍历禅林之后，再继续赶路。

哪知大足寺庙特别多，从夏天游至秋天，竟未游完，甚至还没登上宝顶。直至仲冬季节，西域禅师才得抽身上宝顶。一路上鸣禽引路，猿猴献果。但见农舍依山建，又疑古柏傍云栽。

西域禅师上了宝顶山，进圣寿寺朝拜毕，然后走进了"三千诸佛云中现，百万神仙海上来"的大佛湾，他惊讶得张大了嘴巴，唯有频频参拜，以示崇敬。他决定不下山了，就在宝顶挂单。

他爱宝顶山的清幽，常选游人罕至之处，于青草地上结跏趺坐——学佛教始祖释迦牟尼冥思苦索，想在宝顶山悟道成佛。

遗憾的是，这位西域禅师不懂汉语，无法与他人交谈。山中人见他深目高鼻，胡貌梵相，行为诡异，在好奇心的驱使下，不免要去打扰他。最初只是一两人远远地打探，后来便三五成群地围观。在山里人心目中，他是个行为古怪的外国人。禅师受到干扰，无法修道，于是起身挥手，口中发出"伊呜"之声，示意围观者散开。山里人不懂他的话，报之一笑。这更激恼了他，起而怒斥。人们见他脸色不好，才知他已生气。

有一天，一个带着几分醉意的樵夫碰到在青草地上盘腿打坐的西域禅师，便停下脚步，好奇地打量。禅师照例呵斥，并挥手示意，叫他走开。

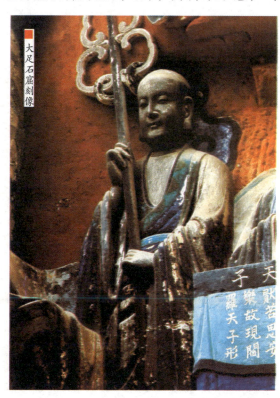

大足石窟刻像

樵夫仗着酒兴，偏偏不走。禅师发怒了，气势汹汹要打人。樵夫抓住禅师衣带，禅师往后一退，衣带被樵夫抓在手里。禅师索要，樵夫不肯，竟自扬长而去。

禅师失去衣带以后，十分懊恼，不愿再逗留，于是下山，住在报恩寺内。两月以后，死于大足。

他的死因是什么？按碑文记载，是樵夫掠去衣带引起。衣带中带着一种西域特产的石头，用它泡开水，喝了就不饿；那石头就是他旅途中的口粮。口粮被掠去，他也不想再活了，于是决定圆寂。

实际上，西域禅师是个苦行僧，他看准了大足这个地方，决定在宝顶圆寂，企求得到解脱，跳出所谓"六道轮回"。他穿的僧衣和托着的钵盂，可能是师傅传给他的衣钵，远比生命贵重。

樵夫掠去衣带，致使他成天怏怏不乐。离开宝顶山之后，他有意识地进一步作践自己的身体，希望早登极乐世界。碑中说他"绝火食，有欲设供者，唯受枣、栗、葡萄，或米、面升许"。两月后，终于自我摧残而死。

在他圆寂之前，曾有那么一天，他同报恩寺了智和尚和居士冯德浩一道"登北山，礼浮图、绕佛湾，低回者弥日，步观全邑山川，指天画地做欣喜状，更指岩头废像，愀然不乐，做忏悔状"。

禅师圆寂后，因生前喜欢北山，僧人了智等就把他葬在北山佛湾。西域禅师也成为最早游历大足的外宾。

阅读链接

在重庆大足北山佛湾第一〇三号窟的内壁正中，有一块范祖禹撰文、蔡京书写并篆额的石碑，叫"赵懿简公神道碑"，俗称"蔡京碑"。

蔡京写得一手好字，与当时的苏轼、黄庭坚、米芾同被列为宋代四大书法家。蔡京的书法严谨而不拘泥，飘逸而不乱规矩法则。蔡京为人可鄙，但他的书法艺术后人还是给予了客观公正地予以评价。因而蔡京碑一直被人们视为难得的书法珍品。

清末大足县贩卖碑帖商人马瞎子，每年拓《蔡京碑》不下千本，转售外地。为使孤本卖高价，每拓一次，即毁部分字迹，致使此碑字迹残缺甚多，实在是一件千古憾事。

乐山大佛

　　乐山大佛开凿于713年，是海通和尚为减杀水势，普度众生而发起，招集人力，募捐物力修凿的。海通死后，海通的弟子接手修筑，直至803年完工，历时90年，被人誉为"山是一尊佛，佛是一座山"。

　　乐山大佛头与山齐，足踏大江，双手抚膝，大佛体态匀称，神势肃穆，依山凿成，临江危坐。大佛通高71米，从膝盖到脚背28米，脚背宽8.5米，脚面可围坐百人以上，是真正意义上的"世界第一大佛"。

海通发宏愿修造大佛

　　乐山位于四川省，远在3000多年前的巴蜀时代，曾是蜀王开明部族的故都。公元前4世纪秦灭巴蜀，乐山隶属于蜀郡，因在成都的南面，故定名南安。

　　汉朝时期，南安隶属于犍为郡。南北朝时期，因战乱不断，乐山地

乐山大佛山门

■ 乐山风景

区的建制屡有变迁，北周置嘉州，取"郡土嘉美"之意。隋朝时，设置眉山郡，原南安县改名龙游县，传说隋朝军队从成都乘船向乐山进军追击陈国败兵时，岷江中有游龙导航，帮助隋朝军队统一天下，因此改南安为龙游。

唐代时，又恢复嘉州和眉州。乐山大佛就是这时修建的。据唐代韦皋《嘉州凌云大佛像记》和明代彭汝实《重修凌云寺记》等书记载，乐山大佛开凿的发起人是海通和尚。

在我国民间，还一直流传着一个海通建佛镇妖龙的故事：

早在唐代，贵州有个和尚，法名海通，是一位博学多才的高僧。他云游四海，发愿要为百姓做善事。这年夏天，海通来到四川嘉州，不久他便听说嘉州府城东凌云山下江水汹涌、波浪滔天，常常掀翻船只，危害生灵。

韦皋 字城武，因助唐德宗还都有功，被升为左金吾卫将军，迁大将军，又在贞元初任剑南西川节度使，成为封疆大吏。韦皋在蜀地21年，共击破吐蕃军队48万，不但将蜀地治理得很好，而且辅佐太子登上皇位，最后得封南康郡王。

一天，海通和尚想亲自去察看一下，便攀着岩壁来到凌云山脚。忽见一个激浪打在岩上，浪头退去后，一个壮年汉子躺在水边，左手拿钻，右手拿锤，一动不动。海通和尚忙上前，把汉子背到岸上，忙活了好一阵，那个汉子才慢慢苏醒过来。海通和尚询问起事情的缘由。

原来，那汉子名叫石青，是个石匠，他见凌云山下水势凶猛，来往船只常常翻沉，许多船工兄弟白白地送了性命，便决心在石壁上凿一路篙眼，好让船工们的竹篙插在篙眼中，撑住木船不碰在石壁上。不料刚打了几下，一个恶浪扑来，他就什么也不知道了。

石青的行为感动了海通和尚。第二天，海通和尚和石青相约又登上凌云山察看，他们站在百丈悬崖上，只见下面滩险水恶，江涛汹涌澎湃，如万马奔腾，直向峭壁冲来，发出惊天动地的响声。

这时，正有一只木船顺江而下。突然，那船就像离弦的箭飞奔而来，眼看靠近岩石，这时，水中猛地出现一个怪物，掀起一股黑浪，把木船吞没了。

海通和尚连声地口念"阿弥陀佛"；石青怒不可遏，苦于没有降妖的法力。

海通和尚说道："不如在这山岩上凿一尊弥勒大佛，一来借佛祖法力收妖镇怪，二来也可减弱水势，保护行船。"

石青听了连连点头。于是，石青就在凌云山上打了个石洞，让海通和尚在洞内居住下来。

海通和尚和石青分头准备雕刻大佛的事。海通翻山越岭，

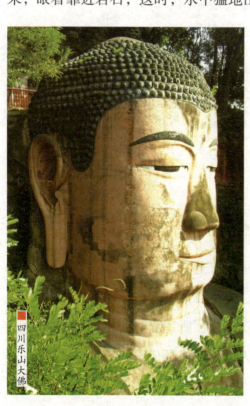

四川乐山大佛

行船过水，到江淮一带募化资金。石青在嘉州城乡物色能工巧匠，打造工具。经过了3年的准备，于718年便开始动工了。

海通和尚和石青修大佛的事，一传十，十传百，很快就传了出去，方圆数十里的百姓，出力的出力，出钱的出钱，都纷纷前来相助。一时间，凌云山上，千人挥臂，万人呐喊，闹腾起来。从山岩上打下的石头，像下雨一样轰隆隆地掉进河里，激起无数浪花。

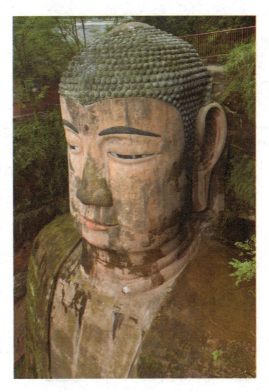

艺术珍品

乐山大佛

■ 四川乐山大佛

谁知，滚滚而下的巨石惊动了江底的那条妖龙，它是李冰当年修都江堰时，用铁链锁在江底的一条孽龙，因铁链年久锈坏，孽龙挣脱枷锁，逃到凌云山下，兴风作浪，为害人间。

这孽龙见山上滚下许多石头，堵住了洞口，赶忙施起妖法，掀起狂风恶浪，把海通和尚卷入洞中。

石青见妖龙卷走了海通和尚，急忙带领众石匠，拿着铁钎、钻子、铁锤等工具下去寻找。不一会儿，找到了石洞，石青领头杀了进去，只见孽龙支使一群小妖正要将海通和尚押向油锅。

石青大喊一声道："哪里来的妖龙，胆敢伤我法师！"随即带领众石匠冲了过去，将孽龙团团围住。孽龙见寡不敌众，只得逃下了江底。

李冰　战国时代著名的水利工程专家。被秦昭王任命为蜀郡太守。其间，他征发民工在岷江流域兴办许多水利工程，其中以他和其子一同主持修建的都江堰水利工程最为著名。2200多年来，该工程为成都平原成为天府之国奠定了坚实的基础。

海通之像

刺史 古代职官，汉初，文帝以御史多失职，命丞相另派人员出刺各地，不常置。公元前106年汉武帝始置。"刺"，检核问事之意。刺史巡行郡县，分全国为十三部，各置部刺史一人，后通称刺史。刺史制度在西汉中后期得到进一步发展，对维护皇权，澄清吏治，促使昭宣中兴局面的形成起着积极的作用。

工匠们又继续凿岩刻佛。可是没多久，平地忽然狂风不止，飞沙走石，天昏地暗，暴雨倾盆而下。接连下了七七四十九天，凌云山上洪水暴发，一股股山洪直冲大佛头顶。海通和尚发愁了，这样大的洪水，即使是铜铸铁造的佛像也会冲坏的。

石青眉头一皱，计上心来，忙安慰海通和尚说："师父不要担忧，我自有办法。"他和众石匠商量，决定在大佛头上、身上修凿排水沟排水泄流。

只见石青腰系绳索，冒着生命危险，悬空凿石。狂风和洪水一次又一次地将石青冲得悬空吊在半岩上，他一次又一次攀着绳索爬了上去。石青和众工匠们舍生忘死、坚持不懈，终于凿成了排水沟，消除了洪水的冲蚀。

这时，嘉州新任了一个刺史，爱财如命。他打听到海通和尚募化了许多银子，就带着一群衙役来到凌云山上，气势汹汹地对海通和尚说："大胆的和尚，你未经官府许可，私自动工兴修大佛，该当何罪？来人，把他给我锁走！"

几个衙役冲过去就要动手，石青冲到海通和尚前面，伸手挡住了衙役，他说："修大佛是为了镇妖降魔，减弱水势，解除灾害，有什么罪过？你们要锁就锁我吧！"

海通和尚忙对石青说："工地上没你不行，天大的事我来承担。"

那贪官见大家义愤填膺，便装模作样地说："和尚听着，本官姑念你是个出家之人，可免你牢狱之苦。不过，你等破坏我嘉州风水，得拿出白银3万两赔偿。"

海通和尚一听这贪官原是来敲竹杠的，顿时胸中升起一股怒火，他说道："这银子来自千千万万的善男信女，我海通怎敢动用半文，自目可剜，佛财难得！"

贪官以为海通和尚是说话来吓人的，就说："那就把你的眼睛剜出来给本官看看。"

海通和尚听了，淡然一笑，不慌不忙地将双指插入自己的眼睛，两颗眼珠落入手中的盘子里，"拿去吧！"

贪官和那些狐群狗党见海通和尚竟然毫不动容地剜下了自己的眼睛，一个个吓得目瞪口呆，灰溜溜地逃回去了。

乐山大佛景区石壁

海通和尚虽然失掉了两只眼睛，但刻佛的意志毫不动摇，对修建大佛更加关心。他常常挂着拐杖，由小沙弥扶着，来到工地，陪伴石匠们干活。

大家见了，感动不已，含着眼泪劝他回去休息。海通和尚执意不肯，说："我虽不能看着大佛建成，也要听着你们把大佛建成啊！"

然而，海通和尚生前并

没有实现自己的宏愿，不几年，他就圆寂归天了。以后，石青等老石匠也相继去世了。50年以后，西川节度使韦皋继承了海通和尚和石青的事业，组织人力、物力继续开凿，直至803年，整整花了90年，才修凿完工。

后来，人们为了纪念海通和尚，就把他当年住过的山洞叫作"海师洞"。直至现在，洞内还有一个盘膝而坐、神情坚毅、手托盛眼珠的玉盘的海通和尚塑像。

传说毕竟是传说。其实，乐山大佛的产生，是佛教在这一地区早期出现和长期盛行的结果。

进入唐代，佛教在道佛并重的政策下得到了发展，武后时进入了顶峰。这为乐山大佛的产生创造了非常有利的条件。武后推行的是"佛教宜在道法之上，细眼处于黄冠之前"的政策，在全国大兴寺庙。

武后的崇佛、扬佛、兴佛，使佛教在我国的发展进入了鼎盛时期。佛教的盛行，直接影响着佛教造像的产生，正是在此之后不久，乐山境内相继产生了与乐山大佛时代相近的夹江千佛崖、五通麻王洞、乐山龙私寺等摩崖石刻造像。

至开元初年，乐山大佛便在佛教文化发展到顶峰、佛教造像异常活跃的大气候中产生了。

阅读链接

从目前考古发现得知，佛教在乐山这一地区的最早出现时间是在东汉。比如，乐山东汉崖墓的麻浩一号墓和柿子湾一号墓内，均刻有佛像图，且居于墓的主要位置，即门的上方。

按东汉时"视死如生"的观念，就是要把生前的一切带到死后，由此可知当时佛教在意识形态领域中占有重要的位置。

至隋朝，隋文帝、隋炀帝等大兴佛法，这对该地区佛教的发展起到了一定的作用。

章仇兼琼韦皋完成大佛

在海通大师圆寂之后，乐山大佛修建工程一度中断，大约过了10年，剑南西川节度使章仇兼琼捐赠俸金，海通大师的徒弟领着工匠继续修造大佛，由于工程浩大，朝廷下令赐麻盐税款，使工程进展迅速。

当乐山大佛修到膝盖的时候，续建者章仇兼琼迁任户部尚书，工

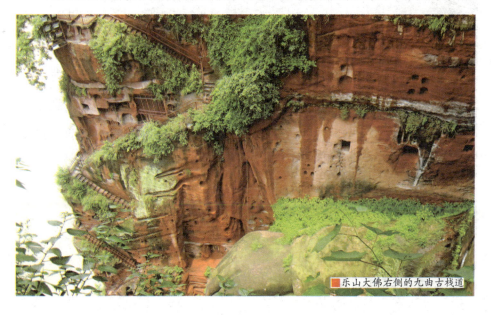

乐山大佛右侧的九曲古栈道

章仇兼琼 生卒年月不详，约生于唐武后末期，卒年在天宝末年。唐玄宗时期任剑南节度使，在四川八年，政绩较著。他较好地处理了与吐蕃、南诏的关系，他大力兴建水利，他与知识分子关系也不错。在乐山大佛建造者海通禅师去世后，拿出自己的官俸支持了乐山大佛的续建，直至调任，后世蜀人很怀念他。

程再次停了下来。又过了40年后，剑南西川节度使韦皋再次捐赠自己的俸金，并率人继续修建乐山大佛。韦皋始撰《嘉州凌云寺大弥勒石像记》的碑就在大佛右侧临江峭壁上，上面载录了开凿大佛的始末。

乐山大佛开凿前后历时90余年，713年始803年止，中间历经唐玄宗、唐肃宗、唐代宗、唐德宗四朝皇帝，换了海通大师、章仇兼琼、韦皋三届主持人。

三届主持人中除海通大师为民间僧人外，章仇兼琼与韦皋均是地方行政长官。章仇兼琼为剑南道团练副使和剑南节度使，韦皋为剑南西川节度使和南康郡王。因此，乐山大佛大部分工程其实是在地方政府的组织下完成的。

713—730年是海通大师主持修建乐山大佛的18年，其中策划与筹措资金耗时约10年，实际用于开凿的时间仅8年，他便积劳成疾病逝，《大像记》记载其"全身未毕，禅师去世"。

海通大师只开凿成形了大佛的头部至胸部工程便去世，其余大部工程都是章仇兼琼与韦皋主持完成的，特别是主持收尾工程的韦皋。

章仇兼琼大约用了7年时间主持了大佛胸至膝部的工程，而韦皋却主持了"莲花座上及于膝"工程，大佛"丹彩

■ 乐山大佛

以章""金宝以严"的通体上色工程，"像设以俱"的九曲栈道工程，"万龛灯焰"的佛窟其余小佛及韦驮护法神工程，还有尤为艰巨复杂的大像阁工程，等等，耗时15年。

也就是说，整个大佛修造工程，除去筹措资金及中途受"安史之乱""藩镇割据"影响的停工时间，实际用于开凿大佛的30余年时间，地方政府便主持开凿了22年，承担了近四分之三的工程量。

■ 乐山大佛脚趾

在工程资金的筹措形式上，海通大师仅靠十方檀越支持的民间募资形式，资金筹措量及后劲支持非常小，而后章仇兼琼与韦皋两人虽曾慷慨解囊，章仇兼琼"持俸钱20万以济经费"，韦皋"以俸钱50万佐其经费"。但实质在两人主持大佛工程的过程中，大部分工程款动用的是地方财政的税收资金。这样在修造资金上就有了根本的保证，这恐怕是大佛工程得以胜利完工的主要原因。

整个大佛工程的完工，既凝聚了几代主持人的心血，也凝聚了广大工匠们的智慧和汗水，同时也和当时统治者的倡导及国力、财力的支持分不开的。

乐山大佛最早的名称产生于大佛尚未完工的唐贞元十五年之前。

韦驮　又名韦驮天，本是婆罗门的天神，后来被佛教吸收为护法诸天之一。在我国寺院通常将之安置在天王大殿弥勒菩萨之后，面对着释迦牟尼佛像。世传佛陀涅槃时罗刹鬼盗取佛牙一双，韦驮天乃急追取还。其身着甲胄、合掌、腕捧宝剑。于我国自唐初之道宣律师感得其像后，各处之伽蓝均设有其神像。

四川乐山大佛石刻

清嘉庆《乐山县志·金石》卷十五记载：

　　明确指出当时大佛为"凌云寺灵山大像"。凌云寺创自开元年间，至贞元年间，大佛名称中含"凌云寺"之名当属自然。大佛又称"灵山"，应该与凌云山当时称为"灵山"有关。

　　凌云山又叫作灵山。可能来自于蜀王开明氏鳖灵。《太平震宇记》卷八十六记载："仙穴山在县东北十里。"《周地图记》称："灵山峰多杂树，昔蜀王鳖灵帝登此，因名灵山。"

　　《舆地纪胜》卷一八五记载："灵山，一名仙穴，在间中之东十余里宋江上，有古丛帝开明氏鳖灵庙存焉。"均证明间中县灵山是因鳖灵得名。

　　乐山大佛所在的凌云山处于青衣江、岷江交汇处，此处恰好也与鳖灵有密切关系。《水经注·江水》卷三十三记载：南安"县治青衣、江会，襟带二水矣。即蜀王开明故治也"。而"鳖灵即位，号曰开明帝"，说明鳖灵在乐山定居过一段时间。现凌云山下街道犹名"篦子街"，篦子即"鳖子"的通假，鳖子即鳖灵。

因此，凌云山极可能与间中的仙穴山一样，因鳖灵登临或建过鳖灵庙的缘故而被称为"灵山"，并一直沿用至唐代。

另外，灵山或许因佛家之说而得名。凌云山，因青衣江又名青衣山。宋代范成大《吴船录》称：

> 渡江游凌云，在城对岸，山不甚高，绵延有山顶，故又名九顶，旧名青衣山。

但随着开元年间凌云寺的创建，山上僧徒日众，佛教盛况空前，在这种情况下很可能以佛经中的山名来称呼凌云山，而与佛有关的名山，则是众所周知的"灵招山"，梵名党周崛，简称"灵山"。

《五灯会元·释迦牟尼佛》称"世尊在灵山会

《舆地纪胜》

南宋中期的一部地理总志，王象之编纂，自序谓：此书"以郡之因革，见于篇首，而诸邑次之，郡之风俗又次之，其他如山川之英华，人物之奇杰，吏治之循良，方言之异闻，故老之传说，与夫诗章文翰之关于风土者，皆附见焉"。后人以其详赡分明，体例严谨，考证极其核洽，誉为南宋全国性总志中最善者。

397

艺术珍品

乐山大佛

■ 世界上最大的石刻弥勒佛坐像

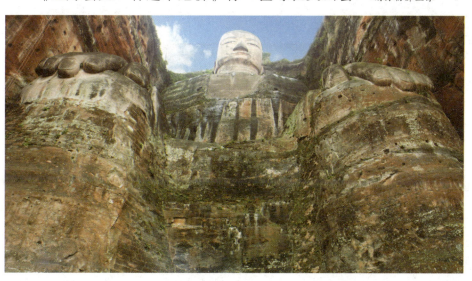

上，拈花示众"。灵山为释迦牟尼佛居住的说法地。因此，凌云寺僧因凌云山正在开凿大佛，借此与佛有关的山名称凌云山。

此外，宋人王象之《舆地纪胜》称："灵查山碑。唐正元中，僧乾光为其师道真令徐宇彝撰碑，而碑刻于长庆中。"

嘉庆《四川通志·金石》卷五十九称"灵招山碑"于嘉定府乐山县下，说明乐山在唐代有山名灵山。

贞元十九年，韦皋撰《嘉州凌云寺大佛像记》，在文中称大佛为"凌云寺大佛石象"。看来，大佛已定名为"凌云寺大佛像"了。

宋代，大佛又被称为"凌云大像"。陆游作礼佛诗，题作《谒凌云大像》，说得十分明确。王象之《舆地纪胜》卷一四六记载："佛耳泉，在凌云大像耳后。"也使用了这一名称。

明代，大佛又改称为"凌云大佛"，再不用"大像"之称了。明万历《嘉定州志》记载孙征兰一副对联，题作"凌云大佛顶"，是很好的证明。

乐山大佛在1000多年的漫长岁月中，遭到各种各样的破坏，有自然的，也有人为的。各个朝代都对它进行过维修，自明清以来的数百年间，大佛饱受自然风雨侵蚀，以致佛身千疮百孔，面目全非。

阅读链接

20世纪30年代起，乐山大佛又称为"嘉定大佛"或"嘉定镇江佛"，这是因为乐山在南宋以来直至清末，为宪章府治或嘉定州治，故名大佛。这是首次以行政区名来称呼大佛。或许说明大佛的知名度有了较大的提高。

新中国成立后，1956年，四川省首次公布第一批四川省文物保护单位，在定名为"凌云寺摩崖造像"的同时，也注明即"嘉定大佛"。同时，大佛又开始名为"乐山大佛"，这当然是以新的行政区名乐山来命名的。

独树一帜的大佛构造

乐山大佛造型独特，形体构造更是独树一帜，从头发到全身，设计精妙，雕琢精细，富于特色，不管是石块嵌就的发髻，还是木质结构的双耳，那神奇的排水设计，都是隋唐时期佛教艺术发展至巅峰的表现，令人叹为观止。

乐山大佛气势恢宏，工程浩大，在唐代竟然凭借着原始的劳动工具完成了这项威震古今的旷世工程，其间的艰苦与古代工艺的发达让人为之侧目。

乐山大佛内塔

■ 乐山大佛面部

范成大（1126
—1193），字致
能，号石湖居
士。南宋诗人。
谥文穆。从江西
派入手，后学习
中晚唐诗，继承
了白居易、王
建、张籍等诗人
新乐府的现实主
义精神，终于自
成一家。风格平
易浅显、清新妩
媚。诗的题材广
泛，以反映农村
社会生活内容的
作品成就最高。
他与杨万里、陆
游、尤袤合称南
宋"中兴四大
诗人"。

沿大佛左侧的凌云栈道可直接到达大佛的底部。在此仰望大佛，会有仰之弥高的感觉。坐像右侧有一条九曲古栈道，栈道沿着佛像的右侧绝壁开凿而成，奇陡无比，曲折九转，方能登上栈道的顶端。这里是大佛头部的右侧，也就是凌云山的山顶。此处可见识到大佛头部的雕刻艺术。

大佛顶上的头发，共有螺髻1021个，远看发髻与头部浑然一体，实则以石块逐个嵌就。单块螺髻根部裸露处，有明显的拼嵌裂隙，无砂浆黏结。大佛右耳耳垂根部内侧，有一深的窟窿，里面有许多破碎物，都是腐朽了的木泥。

南宋范成大在《吴船录》中记载："极天下佛像之大，两耳犹以木为之。"由此可知，长达7米的佛耳，不是原岩凿就，而是用木柱做结构，再抹以锤灰装饰而成。

在大佛鼻孔下端，也发现了类似的窟窿，里面露出了三截木头，成品字形。这就说明大佛隆起的鼻梁，也是以木头来衬托，外面装饰上锤灰而成。

乐山大佛具有一套设计巧妙、隐而不见的排水系统，对保护大佛起到了重要的作用。清代诗人王士禛在咏乐山大佛的诗中就说："泉从古佛髻中流。"

在大佛头部一共有18层螺髻，其中第四、第九、第十八层各有一条横向排水沟，分别用锤灰垒砌修饰而成，远望看不出，衣领和衣纹皱褶也有排水沟，大佛正胸有向左侧分解表水沟，与右臂后侧水沟相连。两耳背后靠山崖处，有左右相通洞穴。胸部背侧两端各有一洞，互未凿通。

这些巧妙的水沟和洞穴，组成了科学的排水、隔湿和通风系统，千百年来对保护大佛，防止侵蚀性风化，起到了重要的作用：左右互通的两洞，由于可汇

401

艺术珍品

乐山大佛

■ 乐山大佛发髻

古韵犹存的岩画石窟

■ 乐山大佛脚趾

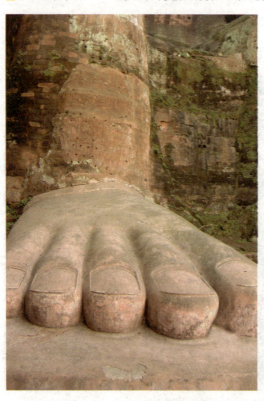

山泉,内崖壁上凝结了石灰质化合物,而佛身一侧崖壁仍是红砂原岩,而且比较干燥。

那左右不通的两洞穴,孔壁湿润,底部积水,洞口不断有水淌出,因而大佛胸部约有两米宽的浸水带。显然,这是洞未贯通的缘故。

大佛胸部有一个封闭的藏脏洞,发现里面装的是废铁、破旧铅皮、砖头等,而封门的大石竟然是宋代重建天宁阁的纪事残碑。

唐代大佛竣工后,曾建有木阁覆盖保护,以免日晒雨淋。从大佛膝、腿、臂、胸和脚背上残存的许多柱础和桩洞,证明确曾有过大佛阁。宋代重建的时候,称为"天宁阁",后来毁掉了。但这天宁阁的纪事残碑竟然嵌在了大佛的胸部,确是千古之谜!

乐山大佛全身比例之所以非常匀称,是因为在建造过程中是严格按佛教《造像度量经》上有关尺寸进行施工的,乐山大佛以全身可划为120分,其头顶肉髻高4分,即螺旋发结中间那块状如积粟覆瓯的部位,名为"无见预相"。

由肉髻之根下至发际也长4分,面长12分。颈长4分。颈下到心窝,与两乳平,为12分,由心窝到脐为12分,由脐至胯为12分。以上为上身量,

乐山大佛摩崖石刻

共60分，当全身之半。胯骨长4分，股长24分，膝骨长4分。

大佛下身胫长24分，足踵长4分，也为60分，为下身量、形象宽广的量度，由心窝向上6分处横量至腋为12分，由此下量至肘为20分，由肘向下量至腕为16分，由腕向下量至中指尖为12分，共为60分，当全身之半。左右合计等于全身之量。

乐山大佛的神态并不如一般偶像的冷漠，而是具有一种让人一下就能感觉到的亲切。乐山大佛表现了"弥勒净土"信仰的精髓，即从佛的世界走向人的世界，佛与人融合为一体。

海通大师凿石为弥勒佛像，这与当时唐代普遍信仰弥勒净土的社会背景十分吻合。

各时代佛像雕刻艺术品的鉴别，主要是从其面相、花纹、服饰等方面加以观察，如六朝的佛雕像多较丰圆，后期较为瘦长。唐代则是颊丰颐满。

大佛衣纹最初用汉代传统的阴刻手法，后来兼采用西域的凸线条，更发展成为直平阶梯式的衣纹。服饰一般采用印度的装束，由单纯而逐渐演变为复杂。

乐山大佛的造像手法较为简练，佛身各部分比例匀称，形态端严、镇静，充分体现出唐代造像的典型风格。韦皋在碑记中所言"相好"，旨在证明乐山大佛在其建造过程中是严格按照佛教造像的有关标准来进行的。

另外，一切佛像从其形体、容貌来说，基本相同。要想区别各种不同名称的佛像，只有从其"手印"来辨别。如释迦牟尼就有"说法相""降魔相""禅定相"等多种。

右手上举，以食指与大指做环形，余三指微伸，是说法相；右手平伸五指，抚右膝上是降魔相；等等，而乐山大佛不做任何手印，仅双手抚于膝上，这种造型十分少见。

可能初始时并非如此，右手曾毁于兵燹，在历次维修时皆因其手印难度大，而无法复原，故呈后来的双手抚膝状，可从乐山大佛右手腕处有一方台遗迹窥见一斑。

古韵犹存的岩画石窟

阅读链接

1962年，四川省政府拨专款对佛像做全面维修。1982年，乐山大佛被国务院列为全国重点文物保护单位。1990年，政府拨款对大佛头部进行了比较彻底的维修，同时增加了一些配套设施及服务设施。

1996年，乐山大佛被联合国教科文组织列入《世界自然与文化遗产名录》。

联合国教科文组织世界遗产专家桑塞尔博士·席尔瓦教授实地考察时，赞誉"乐山大佛堪与世界其他石刻，如斯芬克司和尼罗河的帝王谷媲美"。

乐山大佛展现佛教之美

乐山大佛是古代印度佛教文化与我国文化碰撞、融合的产物。它的修建与兴衰，也反映了佛教在我国的兴衰过程。因此可以说，乐山大佛是佛教文化中难得的丰碑。

佛像造像是随着佛教的传入一起进入我国的。《后汉书》说：

相传明帝梦见金人，长大、顶有光明。以问群臣，或曰：西方

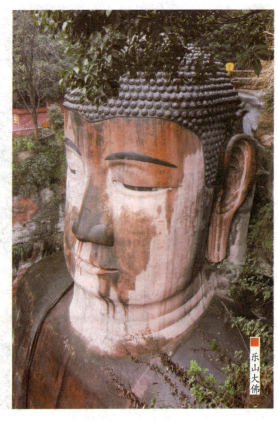

乐山大佛

有神，名曰佛，其形长丈六尺而黄金色。帝于是遣使天竺问佛道法，遂于中国图画形象焉。

晋袁宏《后汉纪》的记载与此略同；又有《佛祖统纪》等书也记载了这件事。《魏书·释老志》记载比较详细，说："自洛中构白马寺，盛饰佛图，画迹甚妙，为四方式。"又说，"明帝令画工图佛像，置清凉台及显节陵上"。这就是我国最初自作的佛像。

佛教造像在我国可以分为三个阶段：第一阶段的雕塑作品受到外来文化的强烈影响；第二阶段作品中反映出外来文化与本地文化相融合后，造就出一种浓烈的中外交融发生微妙嬗变的技艺；第三阶段的作品越来越受到华夏文化的影响，而使艺术本身达到了发展的高峰。

乐山大佛理当属于第三阶段的雕塑作品。同时乐山大佛的世俗化倾向比较明显，神秘性较少，折射出一种似能感觉到的亲切。

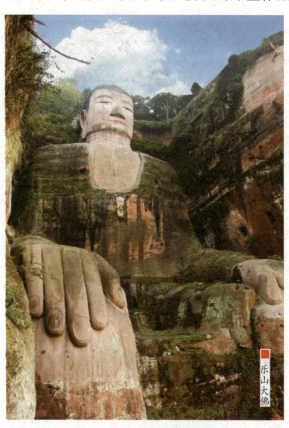

乐山大佛

我国唐代最流行的是佛教净土宗，因此净土变相在壁画中表现得最多。净土思想有两种，即弥勒净土与弥陀净土。

净土思想源于印度，早在我国东汉时期，净土的经典就已传入，支娄迦谶首译《无量清净平等觉经》《般舟三昧经》等，后来竺法护译出《弥勒菩

萨所问经》《佛说弥勒下生
经》等。

　　我国弥勒净土信仰的教团
由东晋道安所创，北魏时颇为
盛行，齐梁间还有所闻，以后
渐衰，至唐代由于武则天的推
崇才又崛起。

　　弥勒，翻译为慈氏，又名
阿逸多，译为无能胜。生于南
印度婆罗门家，将来补释迦牟
尼如来之佛位，为补处菩萨。
《弥勒下生经》记载：

　　光佛入灭，生与兜率天内院，为贤劫
千佛之第五尊佛，自今经五十六亿七千万
岁，出世于第四灭劫，下生人间，于华林园
龙华树下成等正觉。

■ 乐山大佛的木质
双耳

　　佛经预言，将来释迦牟尼的教法灭尽后，弥勒将
从兜率天内院下生人间，得成佛道，转妙法轮，救度
众生。

　　乐山大佛开凿于唐开元年间，前距武则天的"释
教宜在道法之上，缁服处于黄冠之前"的政策只不过
20余年。在武后统治时期，全国兴建了大量佛寺，佛
教各宗迅速发展，佛教的雕塑在这时也达到高潮，许
多唐代的雕塑精品多出于这一时期。

道安 我国东晋
时代杰出的佛教
学者，出生于读
书人家。7岁开始
读书，15岁对于
五经文义已经相
当通达，就转而
学习佛法。18岁
出家，由于道安
综合整理了前代
般若、禅法、戒
律等系佛学，遂
使原本零散的佛
学思想得以较完
整的面目呈现于
世。又因道安大
师出生时手臂多
长一块皮肉，时
人即称之为"印
手菩萨"。

■ 乐山大佛掩映在绿树丛中

布袋弥勒 是根据我国五代时期的一个名叫契此和尚的形象塑造而成的。契此乐善好施，能预知天气和预测吉凶，经常拿着一个布袋四处化缘，他曾说："弥勒真弥勒，化身千百亿。时时示世人，世人自不识。"因而大家都认为契此就是弥勒佛的化身，从此寺庙里的弥勒佛也塑成了他的形象，一个笑口常开、大肚能容的布袋和尚。

武则天热衷于建寺造像，洛阳龙门奉先寺内的卢舍那佛像，就是由武则天"助脂粉钱二万贯"并派亲信官员专门督造才完成的。有唐一代崇佛、佞佛之风的炽盛程度，由此可见一斑。

乐山大佛完工于803年，距离845年唐武宗李炎的毁佛运动有42年之遥。在这样一段相对稳定繁荣的社会大环境下，乐山大佛才得以历90年艰巨施工不辍。

乐山大佛是一尊弥勒佛。唐代崇拜弥勒佛，按佛教教义，弥勒佛是三世佛中的未来佛，象征着未来世界的光明和幸福。所以当海通大师修造乐山大佛时，自然选择了弥勒佛，而且弥勒佛是能带来光明和幸福的未来佛，这同平息水患的镇水之佛要求是一致的。

我国汉地佛教文化中，弥勒佛造像的变化是很大的。第一阶段是从印度传入我国的交脚弥勒；第二个阶段是具有中国特色的古佛弥勒；第三个阶段是布袋弥勒。

乐山大佛是具有我国特色的古佛弥勒。照《弥勒下生经》书中所描述的建样，这就要求他的五官、头、手、脚、身都具有不同于一般人的特征。

乐山大佛整个形体超凡脱俗，头上的发髻、阔大的双肩、高而长的眉毛、圆直的鼻孔都是按照佛教典籍的规定修建的。印度佛像的宽肩细腰，在大佛身上荡然无存，取而代之的是壮实的双肩，饱满的胸脯，体现了唐代崇尚肥胖美的时尚。

乐山大佛坐立的姿势是双脚自然下垂，这与印度佛像的结跏趺式也不一样，因为大佛是修来镇水的，这种平稳、安定的坐式可以带给行船的人战胜急流险滩的勇气和决心。

阅读链接

乐山大佛品相庄严，据《佛学大辞典》上说："就佛之身体而言，微妙之相状，可了别者，是谓之相；细相之可爱乐者，谓之好。"

而所谓相好可详细列举出"三十二相，八十种随形好"。乐山大佛无论从宏观还是微观的角度去分析，确实具备了以上所言"相好"。

其一"故治肩脯令厚大"，乐山大佛肩宽28米；其二"头上有结为好"，乐山大佛头顶有螺旋发结1021个；其三"足安平"，乐山大佛脚背宽平达8.5米，可同时围坐百人以上；其四"手指纤长相"，乐山大佛双手抚膝呈自然舒展状，其中指长8.3米；其五"如狮子相，身体平正威仪严肃""身端直相，身形端正无伛曲者"，乐山大佛上身笔直，正襟危坐；其六"眼若见若日月"，乐山大佛双目传神，眼长3.3米；其七"鼻高好"，乐山大佛鼻部丰隆高直。

工程浩大的恢宏杰作

　　乐山大佛将一座硕大的山峰开凿成一尊佛，而且这尊佛结构和谐、比例匀称、形象端庄，成为唐代佛教摩崖造像的精品，这在建筑上和石窟艺术上都是独一无二的。

乐山大佛石刻

　　大佛是依山从上向下逐步凿成的，之前在南北朝时期，中原地区已经使用这种方式凿刻佛像了。这种方式需要事先周密设计，并且要用精确的测量，才能保障工程正常实施。

　　大佛工程的困难，在于它的开凿环境险恶，一边是峭壁千仞，一边是怒涛激流，再加上佛像巨大，需要克服诸多的技术困难。

　　首先，在易于风化的砂岩中，寻找开凿巨型佛像的地点，就是一件很不容易的事情。

　　其次，就是难度极高的测量问题了。初期设计，需要测量凌云山高度。开凿中，也需要对每个部位进行精确测定。这里的环境不同于其他地方，只能在相隔近千米的江心沙洲上进行这些工作。

　　1200多年前，仅仅靠着目视与简单的工具进行测量，其困难可想而知。不过，海通大师与当时的工匠能够解决这个问题，也不是偶然的。

　　一方面他们有佛教的《造像度量经》，这是一部具有建筑科学内

乐山大佛石刻

一行 本名张遂。唐代杰出天文学家，在世界上首次推算出子午线纬度一度之长，编制了《大衍历》。佛教密宗的领袖，著有密宗权威著作《大日经疏》。唐功臣张公瑾之曾孙。724年，一行根据修改旧历的需要，组织领导了我国古代第一次天文大地测量，也是一次史无前例、世界罕见的全国天文大地测量工作。

容的佛教著作。

另一方面，也和唐代的科学成就分不开。从魏晋南北朝以来，我国的数学家求出了较精确的圆周率，解决了一些复杂的测量问题。特别是生活在魏晋时期的刘徽，他在《海岛算经》中，论述了计算距离和高度的方法。

这些成果在唐代被编辑成了《十部算经注释》，而且唐代的《缉古算经》解决了大规模土方工程中的三次方程求解问题。

此外，在724年，由唐玄宗下诏令，我国进行了世界上第一次子午线测量。

从魏晋至唐代的科学家，几乎都受到过佛教文化的影响。这和佛教同时带来了印度的数学与其他科学知识很有关系。开元时期的数学与天文学家一行，正是一位僧人。因此，海通大师可能和一行一样，也是一位精通科学的僧人。

乐山大佛是经过周密设计，才付诸实施的。南宋诗人陆游曾经做过嘉州监郡，他对大佛也是十分好奇的，有诗写道：

江干欲开千尺像，云龛先定此规模。

斜阳徒倚空三叹，尝试成功自古无。

并有题记："能仁院前有石象丈余，盖作大像时样也。"

"尝试成功自古无"，看来陆游对大佛能够开凿成功，极为惊讶，难以置信。另一方面这首诗也表明，工程经过周密设计，事先雕琢了模型，并非草草从事。石象山靠近渡口，估计海通大师与后来的修建者，都是从这里渡河，去江中沙洲测量，然后回到石

陆游（1125—1210），字务观，号放翁，浙江绍兴人。南宋诗人。少时受家庭爱国思想熏陶，高宗时应礼部试，为秦桧所黜。孝宗时赐进士出身。中年入蜀，投身军旅生活，官至宝章阁待制，晚年退居家乡。他创作的诗歌很多，存九千多首，内容极为丰富，多为抒发政治抱负，反映人民疾苦。抒写日常生活的，也多清新之作。

413

艺术珍品

乐山大佛

■ 阿弥陀佛石刻

象山，再做仔细的设计。

据《嘉定府志》记载，能仁院在乐山城西，位于大渡河畔，石象山旁。后来寺已不在，诗中所说的石佛模型，更不知去向。但可以肯定的是，当年海通大师凿刻大佛，就是依据能仁院中的弥勒石佛小样进行的。

也许，海通大师先找匠人依照能仁院中的弥勒石佛凿刻成另一尊丈余高的小样，然后将小样抬入施工现场，叫匠人将小样按1∶13的比例放大开凿。但此说法看似简单，却也存在着许多的疑点：

第一，根据韦皋《大像记》碑文记载：大佛开凿开工时是"万夫竞力，千锤齐奋"。成千上万的工匠同时挥锤上阵，各施工面同时展开，仅依靠一尊丈余小样的依标，口头交代按1∶13的比例放大，这显然是不实际的。

第二，大佛开凿工程前后，主持人换了三届，工匠也换了一批又一批，仅靠一个小样怎能保持前后风格一致呢？

实际上，海通大师选定能仁院的弥勒石佛做小样，主要是解决所塑佛像的形态问题，仿佛祖释迦牟尼的古佛形象，采取结跏趺坐的倚坐姿势，出于"镇江"的要求，其左手凿成扶膝的降魔手印，双目微

■ 乐山大佛侧像

佛经 是对佛教经典的一种简略说法。有广义和狭义两种。汉文佛教经典总称为"大藏经"，包括印度和我国的佛教主要著述在内。狭义的佛经专指经藏。佛经是记录诸佛及其弟子的言行和事迹的典籍。一切经的名称源于隋朝，它的内容包括佛所说的经典及西方释氏的著作。

张，凝神远视，威而不怒，肃穆端庄。

韦皋《大像记》中所提到的"顶围百尺，目广二丈""其余相好，一以称之"。说明大佛弥勒的建造是严格按照佛经教义规定的技术指标来进行的，这些技术指标被精确地绘制在施工平面图上，作为匠人施工时的具体依标，这样才能科学地指导造像施工，严格地按施工图的数据开凿佛像，才能做到相好统一，神形皆备，比例匀称。

照此推断，海通大师当时动念造佛，不是一时冲动，仓促行事，而是花了近10年的时间来准备。一方面在八方筹措资金，并尽量求得朝廷的支持；另一方面积极在全国范围内物色能承担此项重任的工程技术人员和优秀工匠。

待时机成熟后，海通首先叫精于石窟佛像艺术的

朝廷 在我国古代，被一些诸侯、王国统领等共同拥戴的最高统领者，从而建立起来的一种统治机构的总称。在这种政治制度下，统领者一般被称为皇帝。朝廷后来指帝王接见大臣和处理政务的地方，也代指帝王。

■ 乐山大佛

■ 壮观的乐山大佛

绢 织物为平纹组织，质地轻薄，坚韧挺括平整，一般常见的有天香绢、筛绢等。天香绢可以做妇女服装、童装等，它的缎花容易起毛，不宜多洗。绢，穿越了数千年岁月，从制衣到作画，再到绢艺，最终，它在艺术家的手里完成了华丽的转身。绢艺在历史上究竟始于何时，目前尚无确切史料可查。

工程技术人员参照能仁寺的石佛造型，按佛经教义规定的技术指标做出小样，再将确定的小样绘制在绢、绸、缎等易于保存的载体上，形成施工图，图上标明比例数据供现场施工操作。

工匠照图在现场统一画线标尺，这样才能做到各作业面同时开工，有条不紊，且能保证工程质量。

这项工程到了章仇兼琼和韦皋主持阶段时，其组织形式和操作更为严密。施工方案要报审，对工程技术人员及工匠进行严格挑选，起码要有开凿石窟艺术的经验，能看得懂图纸和现场标线，对工期及质量也有一定要求。

开凿乐山大佛，无论是受海通大师精神的感召还是后来政府工程的吸引，当时古嘉州聚集了一大批全国优秀的工匠。正是有这些能工巧匠的智慧和汗水，才能留下乐山大佛这一唐代摩崖造像的精品，留下中华民族千年文化的瑰宝。

乐山大佛的身高比阿富汗巴米羊大佛仍要高出8米多，乐山大佛是当之无愧的"世界第一大佛"。

传说西方佛祖释迦牟尼诞生时，一手指天，一手指地，称："天上天下，唯我独尊。"乐山大佛经过雕琢来到世界，它完全可以同释迦牟尼一样，在佛教艺术史上，的确是唯我独尊的。

乐山大佛是世界上最大的石刻佛像，比较体积，大佛约是一般人的10万倍。形象地说，大佛的一个脚指甲，可容4个人端坐。

我国早在先秦时代，就有了"大"这一美的形态。大即是美，即是崇高。乐山大佛具有壮阔崇高之美。如果在夏秋洪水季节，乘船沿大渡河驶入岷江，浊浪排空，惊涛拍岸，一叶扁舟随激流奔向大佛。

这时，一种压倒一切的力量，一种不可阻遏的气势，从它巨大的身躯，从它智慧的眼神中，鼓舞着搏击在惊涛骇浪之上的人们。

仿佛冥冥之中，它陪伴着你，保护着你。在动人心魄的体验中，你不能不感到，大佛具有一种超越古今、超越宗教的崇高之美。大哉，乐山大佛！巍巍

绸 在古代，丝绸就是蚕丝织造的纺织品。丝绸是我国古老文化的象征，我国古老的丝绸业为中华民族文化织绣了光辉篇章，对促进世界人类文明的发展做出了不可磨灭的贡献。我国丝绸以其卓越的品质、精美的花色和丰富的文化内涵闻名于世。目前已知的最早丝织物，是出土于距今约4700年良渚文化的遗址。

艺术珍品

乐山大佛

■ 乐山大佛佛像岩刻

乎，乐山大佛！

佛文化也把雄巍的峨眉，点化成佛经中的"大光明山"，普贤菩萨居住的地方。融入了宏大的佛文化，凌云、峨眉风光就更有了一种独特的、深邃的意境。千百年来就有"天下之山水在蜀，蜀之山水在嘉州"的赞誉。

孔子说："仁者乐山，智者乐水。"我国的儒家文化崇尚山水。佛教文化与儒家思想在山水之中，找到了它们的一个融合点。佛教文化深深地影响了我国的山水园林艺术和中国人的审美观念。

海通把大佛置于山水景观中心，岷江横流，"大光明山"飘浮于西方云端，山横紫翠，大渡河水从峨眉滔滔奔来，万象排空，真可谓匠心独运，鬼斧神工。

乐山大佛，这种融博大精神于名山大川之中的恢宏杰作，是不可企及的。作为不能复返的历史时期的艺术，它显示出永恒的魅力。

阅读链接

从1981年起，不少单位对乐山大佛的高度进行了测量。1981—1982年，乐山市城建委请四川省勘测设计院测量的结果是：从佛顶至足底身高为60.50米。

1984年，西南水利电力勘察院设计队测量的结果是：从佛顶至足底高度为60米；从佛顶至踏座底高度为62.1米。

1986年，四川省水利水电勘测设计院测量队与水利电力部华东勘测设计院测量队联合，采用近景摄影法测得的结果是：从佛顶至足底高度为59.2米。

1987年，武汉测绘科技大学采用近景摄影法，测得结果是：从足底至头顶坐高58.7米。很显然，这些年以来测绘单位4次实测的结果是接近的，大佛身高在58.7—60.5米，误差在1.8米之内。加上高2米的踏座，现存大佛的通高在60.8—62.6米。

书法奇葩

泰山石刻

　　泰山石刻是我国文化史中的一枝奇葩。它不仅仅是我国书法艺术品的一座宝库，而且是中华民族的文化珍品。

　　历代帝王到泰山祭天告地，儒、道、佛传教授经，文化名士登攀览胜，留下了琳琅满目的碑碣、摩崖、楹联石刻，而泰山摩崖石刻是名山之最。

　　泰山石刻源远流长，自秦汉以来，上下两千余载，各代皆有珍碣石刻。

秦始皇封禅的第一名刻

　　秦泰山刻石位于岱庙东御座内，是泰山石刻中时代最早的作品。铭文为秦始皇功德铭和二世诏书，由丞相李斯篆书。刻石原文222字，历经沧桑，现仅存10字，"臣去疾臣请矣臣"7字完整，"斯昧死"3字残缺。堪称稀世珍宝。

泰山石刻

■ 泰山"唐摩崖"石刻

秦始皇帝嬴政，是在战国纷争的条件下灭掉六国建立统一封建帝国的皇帝，他于公元前246年即秦王位，时年仅13岁。即王位后，励精图治，为建立统一大帝国东征西伐。

公元前230年，秦国灭韩国，前225年又灭魏，随后，在前223—前221年内，秦国连续灭掉楚、赵、燕、齐，并于公元前221年宣告统一大帝国的建成，嬴政因"功过三皇，业比五帝"而称皇帝，当年他才39岁。

这个大帝国幅员之大，在此之前任何一个朝代都无法比拟。据《史记》记载，秦的疆域"地东至海暨朝鲜，西至临洮、羌中，南至北向户，北据河为塞，并阴山至辽东"。

秦始皇统一六国建立秦王朝后，从公元前219年开始东巡，第一件事就是封禅泰山。

秦始皇（前259—前210），嬴姓赵氏，故又称赵政，生于赵国首都邯郸。我国历史上著名的政治家、改革家、战略家，首位完成中国统一的秦朝开国皇帝。他13岁即王位，39岁称皇帝，在位37年。秦始皇建立皇帝制度，中央实施三公九卿，地方废除分封制，代以郡县制，统一文字和度量衡，北击匈奴，南征百越，修筑万里长城。

■ 泰山崖壁石刻

泰山位于我国东部，山体雄伟壮观、景色秀丽。古代神话传说中，开天辟地的英雄盘古死后，头部化为泰山。

据《史记·集解》所记载："天高不可及，于泰山上立封禅而祭之，冀近神灵也。"古人形容"泰山吞西华，压南衡，驾中嵩，轶北恒，为五岳之长"。

我国古代传统文化认为，东方为万物交替、初春发生之地，故泰山有"五岳之长""五岳独尊"的称誉。因其气势之磅礴为五岳之首，所以在远古时期就有"泰山封禅"之说。

封禅的本义是异姓为王，新天子答谢天帝，兼向臣下表明自己是"天命以为王，使理群生者"，即昭显权力的正当性。这种典礼是远古时代活动在泰山周围的部落或氏族自然崇拜的原始祭天仪式。

春秋时代，"九合诸侯，一匡天下"的齐桓公欲行封禅之礼，被名相管仲以"祥瑞不现"，即天帝不承认而阻止；鲁之季孙氏也曾有泰山之旅，结果被孔子所讥讽，理由是资格不够。

当时的封禅泰山，已成为齐鲁士人心目中一统天下的帝王所行的国家大典。也就是说代周而帝的统治者必须来泰山举行封禅大典，方可得到天帝的认可，成为天下新的君主。

据《史记·秦始皇本纪》记载：

> 二十八年，始皇东行郡县，上邹峄山。立石，与鲁诸生议，刻石颂秦德，议封禅望祭山川之事。乃遂上泰山，立石、封、祠祀。下，风雨暴至，休于树下，因封其树为五大夫。禅梁父。刻所立石……

《史记·封禅书》中又说：

> 即帝位三年，东巡郡县，祠驺峄山，颂秦功业。于是征从齐鲁之儒生博士七十人，至乎泰上下。诸儒生或议曰："古者封禅为蒲车，恶伤山之土石草木；扫地而祭，席用菹稭，言其易遵也。"始皇闻此议各乖异；难施用，由此绌儒生。而遂除车道，上自泰山阳至

■ 泰山黑龙潭

博士 最早是一种官名，始见于2000多年前的战国时代，负责保管文献档案，编撰著述，掌通古今，传授学问，培养人才。秦朝时，博士官是掌管全国古今史事以及书籍典章并通晓史事的官职，后成为学术上专通一经或精通一艺、从事教授生徒的官职。

颠，立石颂秦始皇帝德，明其得封也。从阴道下，禅于梁父。其礼颇采太祝之祀雍上帝所用，而封藏皆秘之，世不得而记也。

始皇之上泰山；中阪遇暴风雨，休于大树下。诸儒生既绌，不得与用于封事之礼，闻始皇遇风雨，则讥之。

由此可知，秦始皇即帝位的第三年，就率文武大臣开始了千里东封泰山。

那时，秦始皇一行先到峄山，在山上立石铭记秦的功业，向齐鲁士人明确展示秦朝的千古功勋，表示自己在功业上已具备封禅资格，不至于重蹈齐桓季孙

■ 泰山石刻"秦始皇封禅"场景

之覆辙。

　　秦始皇的峄山之行是其封禅泰山的序曲。之后秦始皇才来到泰山脚下，召集齐鲁儒生、博士70多人，商议封禅大典的具体仪式。

　　有的博士告诉秦始皇，所谓"封禅"，就是在泰山顶上祭天，在泰山脚下祭地。前者叫封，后者叫禅。然而又说，帝王上泰山顶上祭天最好不要坐车，非坐车不可，也要用蒲草裹起车轮子，以免辗坏山上的一草一木，才能表示出对泰山的敬重。

　　这显然只是上古时代祭祀山神或祭天仪式的缩影，与秦始皇利用封禅展示其"席卷天下，包举宇内"的期望值相差很远。

425

书法奇葩

泰山石刻

泰山摩崖石刻

　　秦始皇一气之下，不许儒生们参加祭典，自己带着亲信大臣们上了山。沿途不好行车的地方，就砍树伐草，开山凿石。他心想："我倒要看看泰山的神其奈我何？"

　　秦始皇的封禅大典分两步进行，首先劈山修路，从泰山之阳登上山顶，封禅泰山后，秦始皇即命丞相李斯在泰山摩崖处刻下功德铭石。"立石颂秦始皇帝德，明其得封也。"是为封礼。向天下表明秦王朝具有封禅资格并实现了这一旷世大典。

　　秦始皇封禅大典后不久，天色突变，乌云滚滚，眼看就要下大雨。有人说泰山山神发怒的时候，就有乌云黑雨，山洪暴发，人畜都要冲走。

　　秦始皇也以为得罪了山神，拔腿就往山下跑，手下一批人也紧跟而逃。这伙人刚刚跑到五松亭这个地方，只听得一声惊雷，瓢泼大雨就劈头盖脸地下来了。秦始皇养尊处优惯了，休说山洪，这场大雨就淋得站立不住，眼看要被冲下山去。

　　正在危急时候，秦始皇忽然发现路边有一棵大松树。这位不可一世的大皇帝，赶忙双膝跪在树前，两手死死地抱住树干，口中念念有词，哀求树神保佑。

雨下得快收得也快，不久就停了。秦始皇还真以为是树神在护驾，于是就加封那棵救他的松树为"五大夫松"。

公元前209年，秦二世胡亥也来到泰山封禅，并在秦始皇功德铭石处留下了石刻诏书。

秦始皇和二世的刻石原在岱顶玉女池旁，后经多次迁移，安置在岱庙东御座大殿露台前西侧。刻石四面宽窄不等，刻字22行，每行12字，共264字。

两世的刻辞均为李斯所书，而将刻石分为两部分：前半部系秦始皇东巡泰山时所刻功德碑，共144字；后半部为秦二世刻制，共78字。

秦始皇及秦二世《泰山刻石》的书体是秦统一后的标准字体小篆。其结构特点，直接继承了石鼓文的特征，比石鼓文更加简化和方整，并呈长方形，线条

■ 小篆 秦始皇统一六国后，推行"书同文，车同轨"，统一度量衡的政策，由宰相李斯负责，在秦国原来使用的大篆籀文的基础上进行简化，取消了其他六国的异体字，创制了统一文字汉字书写的形式即为小篆。一直在全国流行到西汉末年，才逐渐被隶书所取代。但由于其字体优美，始终被书法家所青睐。

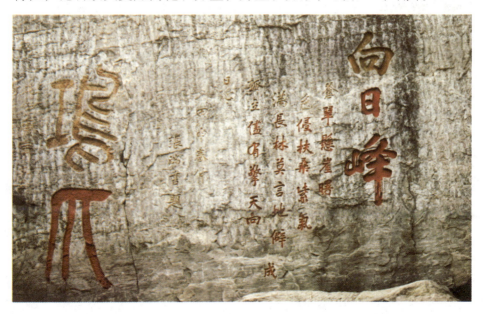

■ 泰山虎山公园内的石碑

李斯（约前280—前208），秦朝丞相，著名的政治家、文学家和书法家，协助秦始皇统一天下。秦统一之后，参与制定了秦朝的法律和完善了秦朝的制度，力排众议主张实行郡县制、废除分封制，提出并且主持了文字、车轨、货币、度量衡的统一。其政治主张的实施对我国和世界产生了深远的影响，奠定了我国2000多年政治制度的基本格局。

圆润流畅，疏密匀停，给人以端庄稳重的感觉。

泰山刻石价值极高，此石是泰山现存最早的刻石，被誉为"天下第一名刻"。因其篆法圆润，骨气丰多，故称其为"李斯小篆"或"玉箸篆"。

秦泰山刻石历代多有摹刻拓本，清聂剑光摹刻的明拓本29字和徐宗干摹刻的旧拓本29字两块刻石，均陈列于岱庙碑廊。

秦泰山刻石书法严谨浑厚，平稳端宁；字形公正匀称，修长宛转；线条圆健似铁，越圆越方；结构左右对称，横平竖直，外拙内巧，疏密适宜。

李斯小篆不仅在书体上，而且在书法神韵上都有承前启后的作用，对后世的篆、行、真、草都有较大影响。

唐张怀瑾称颂李斯的小篆是："画如铁石，字若飞动。""骨气丰匀，方圆妙绝。"

宋刘跂《秦篆谱序》中说："李斯小篆，古今所师。"

《岱史》中称："秦虽无道，其所立有绝人者，其文字、书法世莫能及。"

元赫经在诗中赞道：

拳如钗股直如筋，曲铁碾玉秀且奇。
千年瘦劲益飞动，回视诸家肥更痴。

清宋思仁《泰山述记》记载：

> 夫李斯小篆为八分之祖，斯不义不足论，而碑实为可
> 宝，能继周之石鼓鼎铭，为汉金石刻之前步焉。

李斯篆书的泰山刻石，不仅是我国书法艺术的瑰宝，而且对发展我国的历史文化也有着莫大功绩。因为没有统一的文字，就没有统一的文化；没有统一的文化，就没有统一的中国。

李斯倡导的"书同文"被秦始皇采纳，在大篆的基础上改省结体，整齐笔画，创造了小篆体，在全国范围内统一了文字，使我国成为政令统一的大一统天下。由此足见其价值之重大，所以秦泰山石刻不愧为天下第一名刻。

阅读链接

秦始皇统一六国后，在全国各地曾先后刻石七处。及二世立，又尽刻始皇所立刻石。现大都湮没无存，唯存《秦琅琊刻石》86字和《秦泰山刻石》10残字，更为历代学者视为珍宝。因此许多文人争相传拓，有的还依所藏拓本摹刻于石，以期流传永久。

据文献《金石录》记载，宋大中祥符元年，宋真宗登封泰山，兖州太守模本以献，计40余字。《广川书跋》记载，宋庆历间，宋莒公宋庠摹刻48字本于东平郡；奉符令江邻几"患四方求者日至，厌于供命，又摹刻于县廨"。

明锡山安国藏165字本和53字本，相传皆为宋拓本。清乾隆间，邑人聂剑光以明拓29字本摹刻于县署土地祠"太极图碑"之阴，岱庙碑廊。1740年，碧霞祠毁于火，刻石遂失。

光武帝封禅后石刻大兴

　　东汉光武帝刘秀，史称 "高祖九世之孙"，但是已经历了数代，由嫡系转为旁系，只能说他是西汉宗室。

　　王莽曾于公元 8 年称帝，改国号为"新"，刘氏皇权的统治被中断了。所以刘秀即位，才又续上刘氏皇权的系统，这就是东汉光武帝刘

泰山经石峪的石刻

■ 泰山石刻

秀即位的一大政治特色。

刘秀是东汉的第一位皇帝，以维护刘氏皇权正统起家，以维持刘氏正统而即帝位，又以维护刘氏正统而终，综其一生，生于末世，以种种权术平乱世，兴一统，以旁系而继嫡系正统，是政治圈中善于纵横捭阖的人物。

公元54年，富平侯张纯联系了一些官员，上书建议光武帝封禅山。当时光武帝并没有同意，但是3年之后，刘秀却一反常态，决心到泰山封禅。大约是他想到真的必须安排后事了，才马上想到泰山封禅。并且亲自寻找封禅的理由。

据《后汉书·祭祀》记载：

三十二年正月，上斋，夜读《河图会昌符》，曰"赤刘之九，会命岱宗。不慎克

张纯 字伯仁，高祖父安世，宣帝时为大司马卫将军，封富平侯。父亲为成帝侍中。张纯少年袭爵，哀平年间为侍中，王莽时至列卿。东汉建立，纯以敦谨守约，保全前封。纯在朝历世，明习故事。建武初，旧章多阙，每有疑义，就请教张纯，汉武帝非常器重，以纯兼虎贲中郎将，数被引见，一日或至数次。

■ 泰山碧霞祠前的
石阶

五行 存在于我
国古代的一种物
质观，多用于哲
学、中医学和占
卜方面。五行
指：金、木、
水、火、土，认
为大自然都是由
这五行构成的，
随着五行的兴
衰，大自然发生
变化，从而使宇
宙万物循环，影
响人的命运，是
由于我国古代对
于世界的认识不
足而造成的。如
果说阴阳是一种
古代的对立统一
学说，则五行可
以说是一种原始
的普通系统论。

用，何益于承。诚善用
之，奸伪不萌"。感此
文，乃诏松等复案索《河
洛》谶文言九世封禅事
者。松等列奏，乃许焉。

"赤刘之九"指刘秀。按
汉代传说，刘邦是赤帝子化
身。按阴阳五行说，汉为火
德，火即赤，赤刘即刘邦。刘
秀说是刘邦的九世孙，《河图
会昌符》的整体之意是：刘秀
应该上泰山封禅，如不利用这个机会，于皇位继承无
益，若能认真利用，一切奸谋都可以防止。

公元57年，刘秀的车驾从洛阳出发，到达山东曲
阜，汉王朝的宗室和孔子的后裔朝见刘秀并表示祝
贺，刘秀也到孔子故居向孔氏后裔赐酒肉。又从曲阜
出发，到达泰山奉高。

刘秀来泰山封禅，随从的贵族、官员甚多。大家
在山下斋戒的同时，做封禅的准备：增加山上庙观中
的道士，准备石刻，安置封禅坛。

关于封禅石料，光武帝女婿黄门郎梁松有一个长
长的账单，据马第伯《封禅仪记》说，石料计有：

石二枚，状博平，圆九尺，此坛上石
也。其一石，武帝时石也。时用五车不能上

也，因置山下为屋，号五车石。四维距石长丈二尺，广二尺，厚尺半所，四枚。检石长三尺，广六寸，状如封箧。长检十枚。一纪号石，高丈二尺，广三尺，厚二寸，名曰立石。一枚，刻文字，纪功德。

刘秀登泰山设坛祭天，举行封禅大典。刘秀上泰山之前，先派石工在泰山刻石。这块刻石虽未保存下来，但刻石文却完整地保存在《后汉书》中。

刘秀在泰山下东南方举火焚柴，加牲畜于火上，叫作柴祭。随后登山，刘秀居车，诸大臣步从。中午以后，刘秀到达山顶。下午，待诸大臣陆续登上山顶之后，开始举行祭天仪式。此外，刘秀还着力强调自己治国平天下的功绩。

仪式结束时，诸大臣及随从山呼万岁，山鸣谷应，十分壮观。当时，天有微云，从山下看山上，山顶在云雾之中，山顶上的人则不觉身在云中，山上山下的人互相称说，颇有神秘之感。

仪式结束之后，天色将晚。刘秀命令随从百官依次下山。刘秀自己则由数百人簇拥率先乘车而返。因为山道窄小，互相推挤，队伍绵

《后汉书》是记载东汉历史的纪传体断代史。《后汉书》是继《史记》《汉书》之后又一部私人撰写的重要史籍。其与《史记》《汉书》《三国志》并称为"前四史"。全书主要记述了上起东汉的汉光武帝建武元年，下至汉献帝建安二十五年，共计195年的史事。

■ 泰山灵岩寺石碑

延近20里。

天黑后，人们举着火把在崎岖陡峭的山道上蜿蜒而下。黑夜之中，面临高崖深谷，脚踏石响，不免胆战心惊。有的大臣饥肠辘辘，口中呻吟不绝。

刘秀于深夜回到山下，而大臣则至第二天天亮后才下山完毕。在夜间下山的途中，一些年老体弱的官员走得上气不接下气，无可奈何地瘫倒在岩石下。天亮后，刘秀派太医们一一去问候。

刘秀下山之后，认为封禅顺利，兴高采烈地对臣僚们说："昨天上山的时候，我的车子要快行，又怕催逼了前边的人；要停止，又怕踩踏了后边的人。一路上道路险峻，危险异常，真担心上不了山。幸亏我身体好，不觉劳累。只是你们诸位露宿缺饮，辛苦了。不过，我们这次封禅，无一人生病，那也是老天爷的保佑哩！"

古韵犹存的岩画石窟

■ 泰山玉皇顶

刘秀在山下稍事休息之后，到梁父山举行祭地仪式，完成了全部封禅活动。

从文献记载可知，当时已经有"刻辞碑"。光武帝在泰山所立之石为已经定型的刻辞碑。其碑有序无铭，一共刻有687字，其字数明显多于前代任何一处石刻。其立碑地点记载得也很明确，是立于光武帝封禅坛以南约7米处。

据记载，东汉自光武帝以后诸帝，多有刻碑之举。如和

东汉石刻

帝公元92年，有"袁安碑"，117年有"袁敞碑"，两碑文都是篆书，碑上有穿。128年有"王孝渊碑"，长方形；144年有"景君碑"，碑身为圭形，也有穿。可见当时的刻辞碑已基本定型，但数量不多。

到了东汉后期，特别是桓帝、灵帝时期，宦官、外戚、豪族地主等生前权势显赫，豪华无比，死后厚葬，大修陵墓，豪华的墓碑和画像石等顿时大兴，一时丰碑林立，摩崖千尺。

泰山的"衡方碑""张迁碑"分别刻于东汉灵帝时的168年和186年，保存下来的东汉后期画像石60多件。

"张迁碑"碑主张迁，字公方，曾任谷城长，迁荡阴令。故吏韦萌等为追念其功德而立。

"张迁碑"阴刻立碑官吏四十一人衔名及出资钱数，隶书，此碑通篇为方笔，方整劲挺，棱角分明，结构严谨，笔法凝练，初看似乎稚拙，细细品味才见其精巧，章法、行气也见灵动之气，沉着有力，

古妙异常。

东汉后期诸多碑刻的形制、内容、铭文体例等至此已经基本定型，后世各代的碑刻，多是在此基础上发展演变的。

就碑刻的形制而言，东汉后期的碑刻大都由碑身、碑首、碑座三部分组成。碑身一般为长方形竖石，棱角规整，加工精细，有的还刻有纹饰，其下端皆置榫，以安装在碑座的卯眼中。

东汉碑首多为圆形或圭形，有的为螭首；大都有题额，有的额下有穿；题额有的为篆书，有的为隶书，有的为阴刻，也有的为阳刻。

泰山"张迁碑"的题额为篆书阴刻，"衡方碑"的题额则为隶书阳刻。碑座多为方形，其上皆刻有卯眼，以与碑身下部的榫吻合。

就碑文的内容而言，东汉后期的碑刻字数显著增加，大都在500字以上，多者千言以上，如"衡方碑"刻文23行，满行36字，凡刻815

字，字径4厘米，隶书。碑文内容以歌功颂德者居多，也有专为纪事者。其书体大都为隶书。篆书多见于碑额，其书法更为成熟。

就碑文的体例而言，东汉后期已经趋于完备。其标题大都以题额代替，标题之下为序文。序文之后为铭文，铭文多为四字一句的韵体文。铭文之后大多刻门生故吏衔名及捐资钱数，此举已成为当时风尚，是东汉后期门阀大族门生故吏遍天下的产物。这一时期石刻不仅数量剧增，而且内容丰富，形式多样。

在前代已有刻石的基础上，又出现了形制比较定型的碑刻、摩崖、画像石、造像等一系列新形式的石刻，形成了刻石、碑刻、摩崖、画像石、造像等石刻同时并行的繁盛局面，并从不同角度反映了东汉时期的社会生活。

阅读链接

对泰山石刻的著录和研究，在我国有悠久的历史。西汉司马迁作《史记》时，曾详细著录了《泰山刻石》的铭文，为后代对秦刻石的研究提供了可靠依据。

应劭在东汉末年任泰山太守时，将汉武帝在泰山的立石铭文详细著录在《风俗通义》第二卷里，并首次著录了始皇封禅坛石阙，即无字碑的位置。

司马彪续《后汉书》时，把光武帝在泰山的立石铭文详细著录在《祭祀志》里。但真正把石刻作为一门学问来研究，是从宋代开始的，成就突出的有欧阳修的《集古录》和赵明诚的《金石录》等。

此后金石学大兴，著录石刻之书纷至沓来，著名的有明都穆的《金薤琳琅》、宋濂的《贞石志》、赵山函的《石墨镌华》和清顾炎武的《金石文字记》、王昶的《金石萃编》、孙星衍的《环宇访碑录》、冯云鹏的《金石索》和方若的《校碑随笔》等。

唐玄宗东封亲撰石刻

　　唐玄宗李隆基是唐代的第六位皇帝，在位44年。他即帝位之初，选贤任能，励精图治，以至形成了唐代以来国家兴盛的又一个高潮，历史上称为"开元盛世"。

泰山石刻

因此，朝中大臣多次上书，力请玄宗东封泰山：

　　陛下靖多难，尊先朝，天所启也。承大统，临万邦，天所命也。焉可不涉东岱、禅云亭，报上玄之灵恩，绍高宗之洪烈，则天地之意，宗庙之心，将何以克厌哉！

　　且陛下即位以来，十有四载，创九庙，礼三郊，大舜之孝敬也；敦九族，友兄弟，文五之慈惠也；卑宫室，菲饮食，夏禹之恭俭也；道稽古，德日新，帝尧之文思也；怜黔首，惠苍生，成汤之深仁也；化玄漠，风太和，轩皇之至理也。

　　至于日月星辰，山河草木，羽毛麟介，穷祥极瑞，盖以荐至而为尝，众多而不录。正以天平地成，人和岁稔，可以报于神明矣。

泰山石刻

古韵犹存的岩画石窟

　　李隆基毕竟不是一般的凡夫俗子，他在大臣们的精神进攻面前，不断地自我克制、自我调节，声称：

　　　朕以眇身，托王公之上，夙夜祗惧，恐不克胜，幸赖群
　　公，以保社稷。朕承奉宗庙，恐不克胜。未能使四海从安，
　　此理未定也；未能使百蛮效职，此功未成也。

　　在这种情况下，源干曜和张说第三次上书，坚持敦请李隆基到泰山举行封禅大典，说李隆基不去泰山封禅，是"稽天意以固辞，违人事以久让；是和平而不崇昭报。至理而阙荐祖宗"，似乎不去泰山封禅就对不起祖宗，有悖天意。

　　李隆基心回意转，接受封禅之请，发布《允行封禅诏》：

　　　朕昔戡多难，裒略先朝，虔奉慈旨，嗣膺丕业。是用创
　　九庙以申孝敬，礼二郊以展严禋。宝菽粟于水火，捐珠玉于山

谷。兢兢业业，非敢追美前王；日慎一日，实以奉遵遗训。

至于巡狩大典，封禅鸿名，顾惟寡薄，未惶时迈，十四载于兹矣。今百谷有年，五材无眚。刑罚不用，礼义兴行。

和气氤氲，淳风淡泊。蛮夷戎狄，殊方异类，重译而至者，日月于阙庭。奇兽神禽，甘露醴泉，穷祥极瑞者，朝夕于林籞。王公卿士，罄乃诚于中；鸿生硕儒，献其书于外。

莫不以神祇合契，亿兆同心。斯皆烈祖圣考，垂裕余庆。故朕得荷皇天之景佑，赖祖庙之介福，敢以眇身，而专其让？是以敬承群议，宏此大猷，以光我高祖之丕图，以绍我太宗之鸿业。

于是，725年，唐玄宗带领群臣到泰山举行封禅大典。

唐玄宗东封泰山，单就仪仗队伍前的马队，就以每种颜色的马1000匹作为一个方队，交错排列，远远望去就像彩云绣锦，可见规模之大，盛况空前。

传说当时，唐玄宗率领封禅大军，从长安来到汶河之滨，刚过汶河，河水还非常平稳，水波不兴，可到了河中，霎时间却变得白浪滔天，远处尚有一条黑龙翻滚着。玄宗心里一惊，当即手控弓弦，向黑龙直射过去。黑龙不见了，河面又恢复了原来的平静，唐玄宗顺利地渡过了汶河。

唐玄宗在河中遇见黑龙，

泰山石刻

祥瑞 又称"福瑞"，被儒学认为是表达天意的、对人有益的自然现象。比如，出现彩云，风调雨顺，禾生双穗，地出甘泉，奇禽异兽出现；等等。儒学认为，这些现象出现是上天对皇帝的行为和所发布的政策的赞成或表彰。祥瑞之中，被认为最重要的是《河图》《洛书》，它们被载入《符瑞志》之首。

不知是吉是凶，心里老犯嘀咕，便问封禅使张说。

张说顺口答道："这黑龙是汶河之神，蛟龙起舞，迎接陛下，自然是吉祥如意。"

玄宗听后，心里乐滋滋的，也就不再言语。

当大队人马浩浩荡荡来到泰山西侧的时候，突然东北风大作，从中午一直刮到晚上，随从人员住的帐篷被风撕破，支撑帐篷的柱子也被吹折了。官员们因此十分恐慌，乱作一团。

据说，以前的帝王登封泰山，如果是顺天承运，功绩显赫，则会出现诸多祥瑞之兆；如果是无德无能，不能顺应天时治理天下，则会出现诸多凶象。

而唐玄宗登封泰山时，虽有功于天下，天气却屡屡变化，给他带来了诸多的烦恼，这大概是上天对玄宗以后沉迷酒色、荒废朝政的警示。

■ "万丈碑"石刻

封禅使张说本来就为封禅之事忙得焦头烂额，这突如其来的变故，更使他手足无措。为了稳定人心，他不得不出来打圆场说："大家不要慌张，皇上是天子，如今御驾出宫，定会惊天动地，这是岱山之神来接皇上封禅的。"

张说的搪塞，才使大家的心稍稍平静下来。及至大队人马来到泰山脚下，天果

然变得丽日晴和。

玄宗前行，来到南天门，只见山上云缭雾绕，缥缥缈缈，远处尚有金石丝竹之声传来，张说忙恭维道："陛下，你听，山神已奏起了迎宾的乐章。"

但是，到了玄宗斋戒沐浴的晚上，天空突然又狂风大作，寒气彻骨。天气的再度变故，不禁使玄宗心神不宁，他停止饮食，肃立夜露之下，直至夜半。

唐玄宗虔诚地向苍天祷告："我自即帝位以来，得到苍天的佐助，国家昌盛，万民安泰。我来登封泰山，本欲为万民祈福，但是，如果是我本人有什么过失，不配来泰山封禅，请上天来惩罚我本人；如果是随从的人员没有福分参加封禅，也请上天降罪于我，随从的兵士和骑乘的马匹确实受不了彻骨的寒风，请苍天暂停风寒吧！"

玄宗祈祷之后，果然风静树止，山间的气温随之转暖，天气晴和，微风南来。天明之后，在缕缕丝竹歌乐声中，玄宗顺利地在山顶举行了隆重的封禅仪式。

第二天，大典完毕之后，天上出现了一片五彩云霞，一群白鸽在

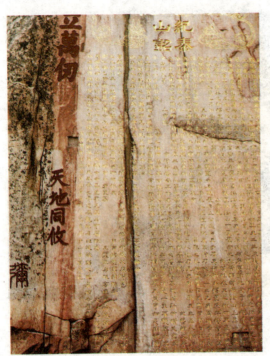

■ 泰山石刻

古韵犹存的岩画石窟

燕许 我国唐代诗人张悦和苏颋的并称。《新唐书·苏瓌滑传》记载,自景龙年以后,苏颋和张悦都因文章而地位显赫,二人的声望齐名,又因为张说被封为燕国公、苏颋被封为许国公,所以当时并称二人为"燕许",号称"燕许大手笔"。他们是开元前期文武兼备的社稷之臣,朝堂之外交往甚笃,友谊深厚。

云霞四周轻快地飞翔。官员们都前来向玄宗道喜,说这是瑞云呈祥,白鸽道喜。

一时间玄宗竟飘飘然起来。他兴致大发,分外高兴,当即封泰山神为天齐王,随行人员也都加官晋爵。为了纪念这次成功的封禅,玄宗还亲自撰写了《纪泰山铭》一文,刻在山顶大观峰,于是就有了洋洋千言的唐摩崖碑。

《纪泰山铭》刻石立于726年,在岱顶大观峰崖壁上。《纪泰山铭》的书法遒劲婉润,端严雄浑。碑文为唐玄宗李隆基亲手撰书,相传由燕许修其辞,韩休润其笔,文词典雅,对研究唐代历史、书法、镌刻艺术均有重要价值。

《纪泰山铭》在所引"铭文"之前,有一段序文,叙述与泰山有关的历史和神学思想,解释李隆基自己决定封禅的经过。

铭文记载了唐玄宗封禅的起因和规模,"朕宅帝位,十有四载,顾惟不德,懵于至道";描写了封禅典礼的过程;赞颂和夸耀了"五圣"的功绩;一扫历代帝王专为自己"秘请"天神赐福的旧习,改变了帝王封禅仅为满足个人奢望的陈规,明确提出"至诚动天,福我万姓";并谆谆告诫来者,"道在观政,名非从欲",充分反映了唐玄宗"开元盛世"的雄心壮志和务实施政的特点。

李隆基认为，秦始皇封禅"灾风雨"，汉武帝封禅"污编录"，实在是因为"德未合天"，所以才有"灾风雨""污编录"之"辱"，只有他李隆基才封禅成功，不仅无"灾""污"之辱，而且又充分享受了祥瑞之气，所以他骄傲地宣布："道在观政，名非从欲。"开元之治的盛况，使他踌躇满志。

因后人题"天下大观"4字于唐摩崖石刻上部，所以此峰又称大观峰。

阅读链接

《纪泰山铭》形制雄伟，文辞雅驯，书法遒劲婉润，端庄浑厚，为汉以来帝王摩崖石刻之最，开隶书新面目，是唐隶的代表作之一，历代书法家多有称颂。

唐窦泉《述书赋》赞玄宗的书法道："开元应乾，神武聪明，风骨巨丽，碑版峥嵘，思如泉而壮凤，笔为海而吞鲸。"窦泉兄窦蒙称："开元皇帝好图书，少工八分书及章草，殊异美特。"

宋黄庭坚《山谷题跋》道："玄宗书班班犹有祖父风。"宋朱长文《续书断》云："玄宗少能八分正书，锡之臣工，勒之金石，不倦于勤，尚艺之至。"

明王世贞道："《纪泰山铭》，唐开元帝制及手书，相传燕许修其词，韩史润其笔，以故文颇雅驯，不猥弱，隶法虽小变东京，最为郁劲，饶古意。"明孙鑛《书画跋跋》称："此铭当是帝手书，不然则是择木特效帝作此肥笔耳。"

清王澍《竹云题跋》称："唐人隶书多尚方整，与汉法异。唯徐季海《嵩阳观碑》，明皇《纪泰山铭》为得汉人遗意。《孝经注》肉重骨柔，弗及也。"纵观此摩崖体势，知以上所赞不虚。其书体偏肥，当是中唐崇尚肥美的见证。

宋真宗岱庙两大丰碑

　　北宋真宗年间，宋辽签订澶渊之盟议和后，宋以巨额钱物换得边境的暂时安宁。这时宋辽双方信使往还，相安无事。

　　不过，宋真宗赵恒一直将澶渊之盟视为奇耻大辱，却又没有挽回面子的办法。当时正主编《册府元龟》一书的王钦若见状，献上一

■ 岱庙北门

计："唯封禅泰山可以镇服四海，夸示外国。"

封禅必须要有"天瑞"。王钦若"引经据典"地劝说真宗："陛下以为《河图》《洛书》真有其事吗？无非是圣人利用神道设教罢了。"

真宗半信半疑，又垂询直学士杜镐那《河图》《洛书》究竟是怎么一回事。这位饱学之士也如是说，真宗终于明白了那些"天瑞"原来是可以人造的。

■ 泰山碑群石刻

1008年，真宗召集文武百官，宣布一个特大喜讯"去年冬天十一月二十七日将近半夜，朕正准备就寝，忽然室内大放光彩，看见一位戴星冠、穿绛衣的神人对我说，如果下个月在正殿做一个月的黄道场，就会降下天书《大中祥符》三篇。

"于是，朕从十二月初一开始就在朝元殿斋戒，建道场以求神人保佑。今天，皇城司报告，发现左承天门南面的鸱尾上挂着一条黄帛，派太监去观察，帛长约两丈，像封着书卷，用青丝绳缠着，隐约看出里面有字，这就是神人所说的天降之书。"

群臣在崇政殿致贺，真宗赐宴款待。又派专使策告天地、宗庙、社稷，大赦天下，改年号为"大中祥符"；又赏赐群臣，并特许京城百姓开怀畅饮5天。

澶渊之盟 1004年，辽萧太后与辽圣宗亲率大军南下，宋真宗至澶州督战。宋军坚守辽军背后的城镇，又在澶州城下射杀辽将萧挞览。辽军害怕腹背受敌，便提出和议。双方订立和约，规定宋每年送给辽岁币银10万两、绢20万匹。因澶州在宋代也称澶渊郡，故史称"澶渊之盟"。

■ 泰山石刻

消息传出，举国上下欢欣鼓舞，各种祥符纷纷上报。为了表达全国臣民的迫切心情，宰相王旦等率领文武百官、军队将士、地方官员、少数民族首领、和尚道士、社会名流和各地长老2.4万多人，5次上书，请求举行封禅大典。

于是，真宗下诏宰相王旦为封禅大礼使，王钦若、参知政事赵安仁为封禅经制置使，命丁谓经办沿途粮草费用，命引进使曹利用、宣政使李神福整修行营道路，命翰林学士李宗谔、杨亿等详订封禅礼仪。

1008年10月，宋真宗自汴京出发，千乘万骑，东封泰山。改乾封县为奉符县；封泰山神为"天齐仁圣帝"；封泰山女神为"天仙玉女碧霞元君"；在泰山顶唐摩崖东侧刻《谢天书述二圣功德铭》。

另外，宋真宗下诏，令王旦撰《封祀坛颂》、王钦若撰《社首坛颂》、陈尧叟撰《朝觐坛颂》，各立碑山下。

宋真宗还亲自篆额并撰书，御制《登泰山谢天书述二圣功德之铭》碑。碑原刻两处，文字与书体相同，一在岱顶德星岩，俗称"宋摩崖碑"，共计1143

字。其碑铭文主要颂扬宋太祖赵匡胤和太宗赵炅的功德伟业。由于宋真宗的书法远不及唐玄宗，故碑文多被后人题刻凿毁。

另一处在泰安城南门外，由五石合成，碑文北向朝岱宗，俗称"阴字碑"。该碑仅存拓片。

同时还有"倩帝广生帝君赞碑"，该碑原在泰山西南麓小金山前的青帝观殿西，至1747年被俗吏所毁，碑遂佚，形制无考。20世纪初觅得此碑残石9块，将其拼凑，空处以砖石充之，修复于岱庙东御座内，与秦"泰山刻石"东西并列。

残碑其额剩5字，赞铭、祝文尚存56字。碑文是宋真宗封泰山神为"东岳仁圣天齐王"的同时，又将所谓天神青帝加封懿号为"广生帝君"，并撰书立碑，碑篆额"青帝广生帝君赞之碑"。

449

■ 泰山石刻

壁画 墙壁上的艺术，即人们直接画在墙面上的画。作为建筑物的附属部分，它的装饰和美化功能使它成为环境艺术的一个重要方面。壁画为人类历史上最早的绘画形式之一。如原始社会人类在洞壁上刻画各种图形，以记事表情，这便是流传最早的壁画。在埃及、印度、巴比伦、中国等文明古国保存了不少古代壁画。

真宗赞颂青帝："节彼岱宗，奠兹东土，生育之地，灵仙之府。"碑阴刻同年真宗遣尚书兵部郎祭青帝的祝文。该碑是研究青帝主泰山的唯一碑刻。

民间传说，真宗封禅以后，下诏修建天贶殿。建好以后，需要画一幅壁画，以便招募天下画家来为泰山神作像，但都因不合真宗之意而被杀。

后来有一个聪明的画家，仿照真宗封禅泰山的情景创作了一幅壁画，真宗非常高兴，重赏了这位画家。于是，天贶殿内就有了这幅《启跸回銮图》。

该图绘在大殿东、西、北三面墙壁上，自殿后门为界，东为"启跸"，西为"回銮"，气势恢宏，为古代壁画之精品。

在天贶殿西南，有一通《大宋天贶殿碑》铭，立

■ 岱庙内的石碑

于1009年。该碑是天
贶殿建成以后所立，
记载了真宗夜梦神
人、天书降临、封禅
泰山、诏建天贶殿的
经过。

在天贶殿东南，
还有一通《大宋封祀
坛颂碑》，立于1009
年，方座圆首，碑文
为楷书碑阳刻文，是
由宰相王旦撰文，裴禹书并篆额。铭文虽有残缺，但
尚可认读。

■ 岱庙中的石碑

该碑是宋真宗封泰山时的奠仪纪实，如碑载：

臣闻天地之文，著明含章，焜焕于庶
物；礼乐之用，象功崇德，昭格于至神。王
者宣淳耀之烈，建中和之极。于是锡天瑞，
出坤珍，觉悟于蒸民。鲜不登泰山蹑梁父，
聿崇于明德。

祀前一日，未质明，备法驾，至于山
趾，更衣于帷殿。上乃乘轻舆……

其碑文翔实，描述栩栩如生，与《宋史》记载完
全吻合，可补正史之缺。因此，该碑对研究宋史及宋
代封禅大典具有较高的史料价值。

《宋史》我国二
十五史之一，
1343年由元丞相
脱脱和阿鲁图先
后主持修撰，
《宋史》与《辽
史》《金史》同
时修撰。《宋
史》全书有本纪
47卷，志162卷，
表32卷，列传255
卷，共计496卷，
约500万字，是
二十五史中篇幅
最庞大的一部官
修史书。

泰山天齐仁圣帝碑

此外，岱庙配天门西南还有一通"大宋东岳天齐仁圣帝碑"，龟趺螭首。这是1013年真宗加封泰山为"天齐仁圣帝"的记事碑。

"大宋东岳天齐仁圣帝碑"又名"祥符碑"，碑阳刻文。翰林学士晁迥撰文，尹熙古行书并篆额。

该碑是宋真宗1011年将泰山神由"王"晋封为"帝"之后所立。碑文叙述了自唐玄宗至宋真宗不断为泰山神追加封号的经过，以及真宗封泰山、谢天书后的重大变化。

"大宋东岳天齐仁圣帝碑"形制雄伟，气势非凡，立于岱庙正阳门内西碑台上，与岱庙炳灵门外的"宣和重修泰岳庙碑"东西相对，被称为岱庙两大丰碑。

阅读链接

据以往统计，泰山现存宋代碑刻37通，其中铭文为行书的17通：《青帝广生帝君赞碑》《加青帝懿号诏碑》《大宋封祀坛颂碑》《大宋天贶殿碑》《大宋天齐仁圣帝碑》《李公颜金像记碑》《楞严经偈语碑》《灵岩寺崇兴桥记碑》《五苦颂碑》《净照和尚诚小师碑》《韩夫人游灵岩寺碑》《升元观敕牒碑》《蔡安特题诗碑》《回回翁题诗刻石》《陈恬题诗碑》《妙空禅师题诗碑》《宋居卿题诗碑》。

另有大观圣作碑为瘦金体，苏轼题黄茅岗诗碑为草书，朱济道题诗碑为篆书。其余17处为楷书，仅占宋代碑刻总数的43.2%。

明清将石刻推向高潮

我国明清时期，是封建社会由鼎盛逐步走向衰亡的历史时期。

在这种社会环境下，各种形式的石刻均得以大量使用，涉及的内容广泛，但均属沿袭，创新者无几。

明太祖朱元璋《去东岳封号碑》立于1370年。碑载："自唐始加神之封号，历代相因至今。"

朱元璋认为："因神有历代之封号，予起寒微，祥之再三，畏不敢效。盖神与

泰山"空翠凝云"石刻

穹同始，灵镇一方，其来不知岁月几何，神之所灵，人莫能测；其职受命于上天后土，为人君者何敢预焉。惧不敢加号，特以'东岳泰山之神'名其名，以时祭神，惟神鉴之。"由此看出朱元璋对泰山神封号思想的认识和改革。

该碑立于岱庙天贶殿院西碑台上，碑文保存尚好。

明"洪武祭祀碑"立于1377年。碑阳刻文，正书。该碑为明太祖朱元璋亲撰碑文，遣臣李文忠、吴承舆、邓子方为代表祭祀泰山神而立的碑。

碑文通俗无华，概括凝练，是明太祖朱元璋祭祀泰山神的历史见证。立于岱庙天贶殿西南侧，碑文保存尚好。

到了清代，康熙皇帝东巡3次到泰山，两次登临

454

古韵犹存的岩画石窟

■ 康熙泰山刻石

■ 泰山风光古松园

岱顶。第一次来泰山是在1684年。康熙祭泰山神仪式比较简单，只行二跪六叩礼，在山上烧了一堆柴火，仿照传说中帝舜的"柴""望"之礼。

康熙在御帐崖观飞瀑直泻，在岱顶抚摸无字碑挥毫赋诗：

> 岩岩岱岳高无极，攀陟遥登最上头。
> 路转天门青霭合，峰回日观白云浮。
> ……
> 欲与臣邻崇实政，金泥玉检不须留。

康熙帝对百官说："朕向来崇尚时政，古人重金泥玉检，徒劳民力，实无意义，故此行只为巡查社会

无字碑 泰山玉皇顶玉皇庙门前有一座高6米，宽1.2米，厚0.9米的石碑。碑顶上有石覆盖，石色黄白，形制古朴浑厚。奇怪的是，碑上没有一个字，因而被人称为"泰山无字碑"。正因为它没有留下文字，所以此碑究竟是何时、何人所立，便成为一个疑问。

■ "云峰"石刻

利病，省观民隐，体念黎民疾苦，问俗观风，以资勤求治理，决不效前人铭功纪德，告成于天也。"

听了皇帝的训谕，群臣山呼万岁，盛赞皇帝是至仁至圣的天子，德可比尧舜。

康熙帝遂乘兴御题"普照乾坤"四字，并谕旨在"孔子小天下处"建亭悬额；复书"云峰"两字，令于大观峰极顶处勒崖。

康熙还下令刻"重修岱庙碑"，螭首龟趺。此碑是岱庙最详细的记事碑，山东布政使施天裔撰书，碑中记载了在"康乾盛世"中大规模的修建活动。始自1668年，告成于1677年。

更为珍贵的是，碑阴还附有《重修岱庙履历纪事》。其碑文把这次浩繁工程的经历时间，所费财力，所购材料，所栽树株，所建殿庑、斋堂、垣堞、楼观一一刻记，是一份珍贵的重修岱庙的档案资料。

乾隆皇帝到泰山的次数，在我国封建帝王中，可以说是首屈一指。从1748年陪母亲第一次登泰山，到1790年最后一次巡幸山东并登泰山为止，前后共11次，其中6次登上山顶，共留下颂岱诗84题，132首。摩崖与碑刻就有80余处。

尧舜 唐尧和虞舜的并称。他们都是我国远古部落联盟的首领，古史传说中的圣明君主。《礼记·大学》："尧舜率天下以仁，而民从之；桀纣率天下以暴，而民从之。"后世则泛指圣人。

在康熙帝题"云峰"刻石下面，是乾隆皇帝的"夜宿岱顶作"摩崖石刻。其《咏朝阳洞》摩勒在朝阳洞东北高耸的绝壁上：

迥峦抱深凹，曦光每独受。
所以朝阳名，名山率常有。
是处辟云关，坦区得数亩。
结构寄幽偏，潇洒开窗牖。
历险欣就夷，稍憩复进走。
即景悟为学，无穷戒株守。

乾隆一方面描写朝阳洞高旷幽静，坦区建屋，是赏景的好地方；同时又指出不能株守一地，仍须努力上达，更好的风光还在前头呢！

另外"谒岱庙诗碑"立于1757年，乾隆作诗并

■ 泰山风光

書。碑陰刻《謁岱廟六韻》，行書；碑陽刻《謁岱廟作》；碑側刻《謁岱廟瞻禮作》。

碑文內容主要是謁岱廟、拜泰山神，表明乾隆皇帝並不舉封禪，而是虔誠地為民祈福，稱：

泰山"絕頂雲峰"題刻

来因瞻岱宗，岱廟竭誠恭。
封禪事無我，阜安祈為農。
代天敷物育，福國賜時雍。
九叩申虔謝，八旬實罕逢。

阴刻　是我国雕刻中一种独特的方式。阴刻是将笔画显示在平面物体之下的立体线条。阴刻为凹形状，凹陷下去的字是阴字，凸出来的字就是阳字。刻图章一般都刻凸出来的字，这就是阳刻；如果刻凹陷下去的字，这就是阴刻。

从乾隆帝的詩中不僅能窺見帝王蹤跡，而且還能反映出帝王封禪的演變。封禪大典雖然早已被廢除，但延續下來的祭祀活動仍然非常盛行。

《對松山詩》刻在對松亭對面的溪東高崖上。也是乾隆帝寫的頌岱詩。

诗道：

岱岳最佳处，对松真绝奇。

古心谁得貌，变态不容思。

万嶂唯全碧，四时无改枝。

依稀俭羡辈，倚树斫灵芝。

乾隆采用诗人浪漫主义的手法，描述对松山的古松，虬枝万千，峰峦叠翠，穆穆清风，四时如春。在这幽静绝奇的地方，依稀看见山上的仙人正采那使人长生不老的"灵芝草"。

阅读链接

从泰山的石刻资料看，明清时期的石刻有以下几个特点：

第一，题词、题名、题记等石刻，明清达到极盛时期，反映了封建社会后期文人墨客的精神面貌。

第二，北宋以后各代，俗吏铲毁前代人题词、题记、题名的事屡有发生，而以明代俗吏尤甚。究其原因，一是题词、题名、题记石刻发展至鼎盛时期，凡游泰山者，都想留下自己的墨迹；二是泰山可供题刻的自然石有限，所以只好在已有的石刻上再次刻石。

第三，清代中后期，泰山周边各县百姓来泰山立"香火碑""还愿碑"者大增。

第四，就泰山而言，宋代碑刻铭文近半数为行书，其次为楷书，间或有篆书、草书、瘦金体，但无一例为隶书。这种情况在唐以后各代极为少见。

第五，北宋时期，题诗刻石始兴，极盛于清代。据统计，现存泰山的题诗刻石大都刻于北宋以后各代。

第六，北宋时期还出现了多处异常的摩崖石刻形制，即"竖写左读"，刻写仍是自上而下，读取则要"自左而右"。

泰山石刻荟萃中华文化

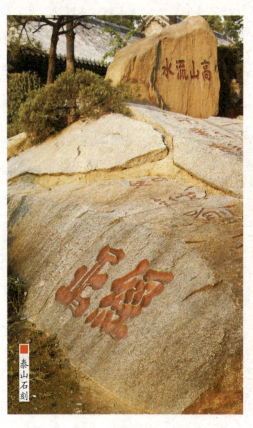

泰山石刻

泰山石刻主要包括历代帝王封禅告祭文、寺庙创建重修记、石经墓铭、颂岱诗文、题景及楹联五类，大部分是自然石刻。其文字既有洋洋数千言的鸿篇巨制，也有一字之惊；既有帝王御言，也有黔黎之说。

其形式有雄伟高大的"万丈碑"，也有盈尺小碣；既有龟遗失螭首、精雕细磨之作，也有粗犷片石之刻。其书法艺术，既有真草隶篆，也有四体糅融；既有如斗大字，也有蝇头小楷；既有古拙若痴者，也有龙飞凤舞者；

■ 泰山经石峪

既有大家之手，也有石匠之书。真乃瑰丽多姿，把泰山装扮得更加庄严典雅，无愧为最壮观的"中国天然书法展览"。

泰山及其周围，历代皇帝和文人名士如苏轼、蔡京、康熙、乾隆等留下的题字题诗数量众多，仅乾隆皇帝就在泰山及其周围留下了几十首御制题诗。

这类题刻，以诗为最多，其次是颂文题句。著名的诗刻有唐代大诗人杜甫的《望岳》，北宋文学家苏轼的《黄茅岗》，其弟苏辙的《题灵岩寺》，明代文学家于慎行的《登岱六首》，诗人崔应麒的《题晒经石水帘》。

颂文有泰安知府朱孝纯撰书的《泰山赞碑》，陈昌言《汉柏图赞碑》，袁家普题《高瞻远瞩》，等等。这些名人佳作，与山川竞美争辉。

杜甫 （712—770），字子美，自号少陵野老。盛唐时期伟大的现实主义诗人。他忧国忧民，人格高尚，他的约1400余首诗被保留了下来，诗艺精湛，在我国古典诗歌中的影响非常深远，备受推崇。杜甫被世人尊为"诗圣"，其诗被称为"诗史"，与李白合称"李杜"。

《望岳》诗碑是1784年清代泰安知县何人麟草书:

岱宗夫如何?齐鲁青未了。
造化钟神秀,阴阳割昏晓。
荡胸生层云,决眦入归鸟。
会当凌绝顶,一览众山小。

这首五言古诗是《杜甫诗集》中最早的作品,着重描写泰山的雄伟和灵奇秀美。书写如行云流水,潇洒自如。存于岱庙东碑廊内。

宋神宗元丰元年间,苏轼与好友一起登云龙山饮酒而醉,经黄茅冈时体力不支,因卧于石上,并唱出醉酒七句诗《黄茅岗》:

醉中走上黄茅岗,满岗乱石如群羊。
岗头醉倒石作床,仰观白云天茫茫。
歌声落谷秋风长,路人举首东南望,
拍手大笑使君狂。

草书如水流瀑泻,豪放潇洒与其词相融,浑然一体,颇富新意,为泰山石刻草书中之珍品。其弟苏辙的《题灵岩寺》诗与苏轼的《黄茅岗》诗同刻在灵岩寺。

《泰山绝顶对酒》是明代诗人于慎行于1592年和次年两次登岱，留下的6首诗。诗碑均在凌汉峰前三阳观旧址，其中《泰山绝顶对酒》构思新颖，楷书规整庄雅：

> 茫茫今古事，欲问岱君灵。
>
> 汉柏虚称观，秦松枉勒名。
>
> 此生游已倦，何地酒能醒。
>
> 杖底千峰色，依然未了青。

其诗用对比衬托的手法称颂泰山的无限风光，并借酒反映作者悲观厌世的情绪和对现实的态度。

《题晒经石水帘》诗刻于1591年，崔应麒登泰山游经石峪诗：

> 晒经石上水帘泉，谁挽银河落半天。
>
> 残月控钩朝挂玉，长风吹浪夜疑烟。
>
> 梵音溅沫高还下，曲洞流云断复连。

泰山"泉"题刻

■ 泰安知府萨楂题
"体乾润物"石刻

选胜具觞恣幽赏，题诗愧乏笔如椽。

这是一首七言律诗，刻在经石峪西侧的巨石上。经石之北，有大石横亘，下有崖隙，旧时溪水自短崖下泻，点缀如珠，故称水帘。该诗一气呵成，其水帘、幽谷、铭刻相映争辉，如行云流水，似龙飞凤舞，为泰山增辉加色。

《岱宗颂》刻在对松亭南路西石壁上：

岩岩气象岱宗开，五岳首推信壮哉。
势接沧溟藏雨露，形连霄汉起风雷。
千丛脉秀龙鳞树，万丈骨高虎卧台。
策杖重游堪纵目，盘桓懒去问蓬莱。

崔应麒 明代廉吏。历任知县、户部主事、济南知府、河南按察副使、陕西督粮参政、四川右部正使，一生清正廉洁。晚年荣归故里时，乡亲们聚集在街头等候了好久，见一个老人角巾素袍，自己赶着牛车慢慢走来。有人问这个老人可见到崔应麒大人的车轿，老人下车摘去头巾，有人认出来他就是崔应麒。

作者任克溥欣赏泰山的岩岩气象和对松山的云壑松涛等风景，迷恋泰山的一草一木，竟连蓬莱仙岛也不愿意去了。

"泰山赞碑"立于1775年，清泰安知府朱孝纯撰书。碑阴刻泰山全图。碑文完好无缺，比较概括而完整地歌颂了泰山的雄伟壮丽和古老文明。

序称："盖夫泰山者，上应角亢之精，下据青兖之封。综万物而交代，冠五岳以独宗……"另有赞语。碑文书体为隶书，端雅秀丽，隶中有篆，变化多端，实为岱庙碑刻隶书之杰。立于岱庙配天门西侧。

颂岱题词、题景咏物石刻自山麓至岱顶，自岱阳至岱阴，道旁崖壁，谷壑峰峦，处处皆是。

颂岱题词自山麓至岱顶，知名的有："孔子登临处。"戴玺于1565年行书"登高必自"。

万仙楼之北。济南名士刘廷桂于1899年隶书"洞天福地"及正书之谜"虫二"。

关于"虫二"的来历，在民间还有一些传说，刘廷桂在与朋友游览泰山时，谈到杭州西湖的那座"风月无边亭"，刘廷桂有些不以为然，认为泰山景色峻拔奇峭，松壑云深，才是真正的"风月无边"。于是，为了与杭

■ "置身霄汉"及"岩岩"题刻

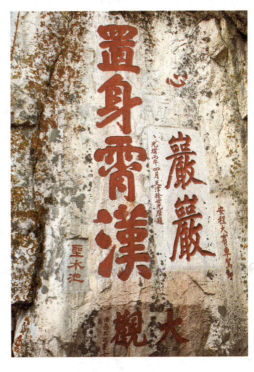

■ 泰山一百〇八景

466

古韵犹存的岩画石窟

亭 我国传统建筑。一般为开敞性结构，没有围墙，顶部可分为六角、八角、圆形等多种形状。亭在我国园林的意境中起到很重要的作用。亭的历史十分悠久，但古代最早的亭并不是供观赏用的建筑，而是用于防御的堡垒。

州的"风月无边亭"有所区别，刘廷桂在书写这幅作品时，有意舍弃了两字的部首，只写了字芯，这便有了"虫二"之谜。

五松亭及朝阳洞一带。明山东按察使吴丈华于1571年书"发育万物，峻极于天"，清山东巡抚法敏于1739年楷书"维天东柱"，宋思仁于1788年行书"空翠凝云"，孔庆镕于1814年正书"群峰拱岱，"升福于1856年行书"栏环翠秀"，裕德于1889年正书"抚松盘桓"。

岱顶。山东巡抚王国昌于1699年正书"雄峙天东"，宝清于1841年隶书"拔地通天"，泰安知县玉构于1907年正书"五岳独尊"，辛耀文于1908年正书"昂头天外"，等等。

题景咏物岱麓至后石坞知名的有：

岱阳王母池，西王母之醴泉"王母泉"，小虬被吕祖点化成龙后的龙窝"虬仙洞"。

五贤祠，巨石如卧象的"卧象石"，北宋泰山书院传授儒家经典的一处"讲经台"，象征孙复先生如磐石不屈的"景贤石"，象征学者石介师事于先生而常恭伺侍立左右的"侍立石"，等等。

泰山楹联石刻主要分布在泰山景区内的石坊、石亭、庙宇及门洞等。这些楹联的内容主要是揭示景点的特点、歌颂人物的功德、劝学劝善等。

泰山楹联石刻知名的坊联有岱庙坊、玉皇阁、天阶坊、红门宫等。亭联有普照寺筛月亭、五贤祠洗心亭、黑龙潭西溪石亭、经石峪高山流水亭、云步桥酌泉亭等。

岱庙坊的正面，是清康熙年间山东布政使施天裔书联：

峻极于天，赞化体元生万物；

行书 在楷书的基础上发展起源的，介于楷书和草书之间的一种字体，是为了弥补楷书的书写速度太慢和草书的难于辨认而产生的。"行"是"行走"的意思，因此它不像草书那样潦草，也不像楷书那样端正。实质上它是楷书的草化或草书的楷化。楷法多于草法的叫"行楷"，草法多于楷法的叫"行草"。

467

书法奇葩

泰山石刻

■ 泰山"虫二"题刻

古韵犹存的岩画石窟

■ 泰山长寿桥

帝出乎震，赫声濯灵镇东方。

背面山东巡抚赵祥星题书：

为众岳之统宗，万国具瞻，巍巍乎德何可尚；
揽群灵之总摄，九州待命，荡荡乎功孰于京。

玉皇阁坊联为清乾隆年间泰安知县冯光宿书：

庙貌巍峨威镇千山灵佑；
神光普照恩敷万国咸宁。

天阶坊坊联为明嘉靖年间巡抚、山东监察御史高应芳题书："人间灵应无双境；天下巍岩第一山。"

红门宫坊联是清康熙年间题书："万壑泉声沉宝磬；千峰云影护禅关。"红门宫东临中溪清泉，西依丹壁悬崖，处在千峰云影之中，泉声与宝磬声断续悠扬，回荡于山谷中。

普照寺筛月亭四周皆有联：亭南侧清道光年间泰安知县徐宗干题："引泉种竹开三径；援释归儒近五贤。"北侧沈毓寅题："收拾岚光归四照；招邀明月得三分。"东侧王清黎题："高筑两椽先得月；不安四壁怕遮山。"西侧东野崇阶题："曲径云深益种竹；空亭月朗正当楼。"

五贤祠洗心亭南侧清赵起鲁题："碧间潺湲溯游道脉；苍岩巉崿卓立儒修。"北侧蒋大庆题："艮止坎流会心不远；言坊行表即目可寻。"东为周桐题："秋月清光凝碧涧；春风余韵满烟萝。"西为贾培荣题："真山水不须图画；大圣贤皆自奋兴。"亭内为金棨题："云过峰头流墨气；水来祠畔度书声。"

黑龙潭西溪石亭北侧清光绪年间玉构题联："龙跃九霄云腾致雨；潭深千尺水不扬波。"

经石峪高山流水亭北侧明万历年间山东巡抚钱岱

469

■ 泰山题刻

题联："天门倒泻一帘雨；梵石灵呵千载文。"

云步桥酌泉亭西侧有双联，外联清宣统年间刘振声题："风尘奔走，历尽艰辛思跪乳；因果研究，积成功德敢朝山。"内联刘光照题："跋险惊心到此浮云成幻梦；登高极目从兹俗虑自销沉。"

亭内三面也有联，东为刘光启题："曲径通幽处；连山到海隅。"西为段友兰书："断崖瀑落晴天雨；一线路入青冥端。"北为自称种庶老圃题："且依石槛观飞瀑；再渡云桥访爵松。"

遍布泰山上下的各种石刻楹联，一处接一处，一联接一联，引导着人们渐入佳境，使人仰观俯察，进一步认识泰山的真面目。

古韵犹存的岩画石窟

阅读链接

"虫二"，是泰山刻石中为数不多的字谜之一，它是繁体字"風"和"月"的字芯。即繁体字的"風"字，去掉里边的一撇和外面的边儿，就剩个"虫"字；"月"字去掉四周的边儿就剩下个"二"字。

寓意为"风月无边"，所表现出来的真正内涵，是说泰山风光的幽静秀美和雄浑深远，这样的书法构思可谓精深独特，别出心裁。寓意中的"风月"，是清风明月之意，指景色清雅秀丽。

《褚彦·回传》中有"初秋凉夕，风月甚美"之句，"无边"是指眼前的一切景物都在云盘雾绕之中，引申得非常远。以当代人的眼光看，这副刻石，应该是现实主义与浪漫主义相结合的佳品，具有非常丰富的审美价值。